高职高专物流类专业系列教材

物流方案设计

第 2 版

唐少麟　编著

机 械 工 业 出 版 社

本书分为 6 个项目。项目 1 着重介绍了现代物流的本质，以及一些优秀物流企业提供综合物流服务和增值物流服务的方式；项目 2 着重介绍了读者应该熟悉的物流设备的作用及其常用技术参数；项目 3 主要介绍了工业物流中供应、生产、销售、逆向物流的特点及其合理化方法和设计要点；项目 4 根据商业物流的特点，主要介绍了配送的规划及其改善措施，越库配送以及生鲜商品的配送模式；项目 5 根据配送中心作业流程，着重介绍了手工作业与使用条码作业的不同以及不同阶段作业的改善措施；项目 6 着重介绍了物流中心规划所需的资料及其分析方法、作业区域的设计方法以及设施、设备的规划及选择等。

本书结合作者的企业工作经验和任教授课经验编写，内容符合企业的实际，适应高职高专学生的特点。本书配有电子课件，便于教师授课。

本书可作为高职高专学生的教材，也可作为企业中层、基层管理人员的培训教材。

图书在版编目（CIP）数据

物流方案设计/唐少麟编著．—2版．—北京：机械工业出版社，2020.8（2024.5重印）
高职高专物流类专业系列教材
ISBN 978-7-111-66242-6

Ⅰ．①物…　Ⅱ．①唐…　Ⅲ．①物流管理—高等职业教育—教材
Ⅳ．①F252.1

中国版本图书馆 CIP 数据核字（2020）第 138696 号

机械工业出版社（北京市百万庄大街 22 号　邮政编码 100037）
策划编辑：孔文梅　　责任编辑：孔文梅　於　薇
责任校对：赵　燕　　封面设计：鞠　杨
责任印制：邓　博
北京盛通数码印刷有限公司印刷
2024 年 5 月第 2 版第 6 次印刷
184mm×260mm・15.5 印张・382 千字
标准书号：ISBN 978-7-111-66242-6
定价：45.00 元

电话服务　　　　　　　网络服务
客服电话：010-88361066　　机 工 官 网：www.cmpbook.com
　　　　　010-88379833　　机 工 官 博：weibo.com/cmp1952
　　　　　010-68326294　　金 书 网：www.golden-book.com
封底无防伪标均为盗版　　机工教育服务网：www.cmpedu.com

前言

2019 年 1 月 24 日，国务院印发了《国家职业教育改革实施方案》（国发〔2019〕4 号），文件中强调了职业教育对我国经济社会发展的重要性，对新引进教师的企业工作经验、原有教师进入企业或实训基地轮训以及课程标准、教材修订等提出了具体的量化指标要求。

为顺应国家深化职业教育改革的要求，我们对本书第 1 版进行了修订，新版采用项目形式，每个项目以知名企业案例分析导入，内容强调与企业实践相结合，案例以编著者为企业做的项目为主，使其能够适应新时期职业教育的要求，具体体现了以下特色：

1. 能够培养学生综合运用多学科知识的能力，包括运输、配送、采购、仓储、物流管理、物流技术等方面的知识。

2. 能够让学生在广泛进行市场调研、认真进行企业情况分析的基础上，提出把产品或服务推向市场的完整、具体、有实施可能的物流方案。

3. 能够让学生就创业理念、团队合作、演讲经验等方面进行交流和沟通，提高综合素质。

4. 能够让学生把物流方案设计和今后的职业发展有机结合起来，为今后就业、创业提供实实在在的帮助。

本次修订时关注物流行业的新情况、新趋势，对第 1 版中的数据进行了更新，并将新零售等新业态、无人仓等新科技应用的介绍作为项目的导入案例，同时兼顾物流职业技能大赛的要求，将物流职业技能大赛获奖作品作为项目 5 的课后案例。获奖作品为马秀丽老师提供，在此向马秀丽老师表示感谢！

为方便教学，本书配备了电子课件等教学资源。凡选用本书作为教材的教师，均可登录机械工业出版社教育服务网 www.cmpedu.com 免费下载。如有问题请致电 010-88379375，服务 QQ：945379158。

本书的编著者有十余年的企业工作经历和十余年的教学经验，因此本书内容与企业实践贴合紧密，也考虑到了高职高专学生的特点，力求通俗易懂。本书可作为高职高专物流管理及物流工程等相关专业的专业核心课程教材，也可作为物流从业人员的参考资料。

由于编著者水平有限，本书难免存在不足之处，敬请专家、同行、读者批评指正！

编著者

Contents
目录

项目 1
认识现代物流

项目学习目标

通过本项目的学习，能够树立现代物流的理念，认识到现代物流不是运输加仓储，而是与商流、资金流、信息流相整合，同时与经济发展状况密切相关。

本项目中应掌握的知识点

1. 物流的内涵与本质
2. 我国物流企业的现状
3. 现代物流的概念
4. 商贸物流的概念
5. 可视物流的概念
6. 网络物流的概念
7. 绿色物流的概念
8. 物流金融的概念
9. 市域物流系统
10. 区域物流系统
11. 国际物流系统
12. 物流市场的分类
13. 现代物流的发展趋势
14. 现代物流的人才要求

▰▰▰▰ 导入案例 ▰▰▰▰

新 零 售

有消息称，天猫的管理团队已达成共识：传统电商时代已经过去，天猫将开启线上、线下融合的新纪元。2016 年年初，被视为"新零售模板"的盒马鲜生首家门店在上海开业，开启了新零售探索。

2017 年，更是被称作为新零售爆发的一年，这一年催生出了无数头顶新零售概念的店铺，如喜茶、番茄便利、果小美。2017 年"双十一"，海内外超过 100 万商家打通线上线下，线下参与方包括 60 万家零售小店、5 万家金牌小店、4 000 家天猫小店和 3 万个村淘点。全国52 个核心商圈及百联、银泰等传统零售商全面接入天猫新零售和近 10 万家智慧门店。从效果看，全国 51 家银泰商场在 2017 年"双十一"当天客流同比增长 59%，销售同比增长 54%。

1. 新零售的概念

线上线下和物流结合在一起，才会产生新零售。在 2016 年 10 月的阿里云栖大会上，马云在演讲中第一次提出了新零售的概念，"未来的 10 年、20 年，没有电子商务这一说，只有新零售。"

新零售，即企业以互联网为依托，通过运用大数据、人工智能等先进技术手段，对商品的生产、流通与销售过程进行升级改造，进而重塑业态结构与生态圈，并对线上服务、线下体验以及现代物流进行深度融合的零售新模式（见图 1-1）。

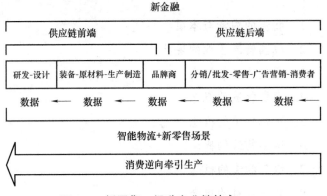

图 1-1　新零售：提升产业链效率

（来源于：阿里研究院，有改动）

此概念被提出以来，包括阿里巴巴、腾讯、百度、京东、小米、网易、前海云集品等在内的诸多企业开始了新零售的探索之路。其中比较出名，并且从一开始就完全按照新零售模式操作的，有阿里巴巴的"盒马鲜生"、腾讯京东系的"7FRESH"、小米公司的"小米之家"、网易公司的"网易严选"等。

如"7FRESH""盒马鲜生"这样的新零售终端有一些共通特性：都是以大数据、人工智能等核心技术为基础；营造场景，迎合新一代消费群体的消费升级需求；布局线上线下，打通二者之间的数据连接；自建物流或者合作物流，追求极高的物流效率，使消费体验达到极致。

在物流方面以京东为例。京东在 2014 年就建立了亚洲一号自动化物流中心，在大部分环节上都实现了自动化，提高了仓储的运营效率。京东物流独立运营后成立了京东 X 事业部智慧物流实验室，第一次向众人展示了由机器人、人工智能算法和数据感知网络打造的全自动仓储场景。同时，京东也在数据分析方面不断发力，京东智慧物流对全国不同区域的消费者的购买行为、下单频次有了越来越清晰的分析和预测，这也有助于京东物流更好地调配运力，从而在保证用户体验的前提下减少仓配资源的浪费。

2．发展动因

一方面，经过近年来的全速前行，传统电商由于互联网和移动互联网终端大范围普及所享受的用户增长以及流量红利正逐渐萎缩，传统电商所面临的增长"瓶颈"开始显现。国家统计局的数据显示：全国网上零售额仍保持增长，但增速继续下滑。2017 年，全国网上零售额为 7.175 万亿元，同比增长 32.2%；2018 年，全国网上零售额为 9.006 万亿元，同比增长 23.9%；2019 年，全国网上零售额为 10.632 万亿元，同比增长 16.5%。传统电商发展的"天花板"已经依稀可见，对于电商企业而言，唯有变革才有出路。

另一方面，传统的线上电商从诞生之日起就存在着难以补平的明显短板：线上购物的体验始终不及线下购物是不争的事实。相对于线下实体店给顾客提供商品或服务时所具备的可视性、可听性、可触性、可感性、可用性等直观属性，线上电商始终没有找到能够提供真实场景和良好购物体验的现实路径。因此，线上途径在用户的消费过程体验方面要远逊于实体店面。不能满足人们日益增长的对高品质、异质化、体验式消费的需求，将成为阻碍传统线上电商企业实现可持续发展的"硬伤"。特别是在我国居民人均可支配收入不断提高的情况下，人们对购物的关注点已经不再仅仅局限于价格低廉等线上电商曾经引以为傲的优势方面，而是越发注重对消费过程的体验和感受。因此，探索运用"新零售"模式来启动消费购物体验的升级，推进消费购物方式的变革，构建零售业的全渠道生态格局，必将成为传统电子商务企业实现自我创新发展的又一次有益尝试。

1.1 概述

1.1.1 社会经济活动的三大领域

社会经济活动由生产领域、消费领域和联结两者的流通领域组成，三者相互依存，如图 1-2 所示。生产领域与消费领域之间存在时间和空间的间隔，随着现代社会高度专业化的分工，生产领域和消费领域之间的间隔逐渐加大，因此需要流通领域加以联通，消除间隔，以保证经济活动顺畅进行。

图 1-2 社会三大经济领域

1．生产领域

生产领域是将生产资料进行物理变化或化学变化，制成各种产品来满足社会消费需求的经济活动领域，生产的结果为有形产品。生产领域包括取得生产原材料，对其进行物理加工、化学加工、生物加工，并进行变形、组合等，使之变成社会需要的各种产品。在经济不发达的过去，生产的产品基本在原地消费。但在今天，某地所生产的大部分产品被全国甚至全世界消费。

2．消费领域

消费领域是消耗产品的使用价值，满足社会的某种需求的经济活动，消费的结果为废弃物。随着消费领域与生产领域的间隔逐渐变大，连接两者的流通领域的作用日渐突出。

3．流通领域

流通领域是将生产和消费联结起来的领域，流通的结果是产品的物权转移和产品在时间和空间上的转移。流通领域在经济生活中主要有两个作用：一是实现产品价值的主要途径；二是使产品增值。

（1）商流

产品的物权转移是指通过经济手段取得产品所有权的转移，如人们在购买某种商品时，交款取得发票后，即获得此商品的所有权。

产品的物权转移称为商流，其表现形式为代表物权的凭证在时间和空间上的转移，商流的实质是物权凭证交易。完成产品的物权转移后，紧接着是产品本身在时间和空间上的转移，以克服生产和消费领域的"间隔"，达到产品实现其价值的最终目的。

（2）物流

产品在时间和空间上的流动全过程简称"物流"，其表现形式是物品本身在时间和空间上的转移。"物流"的表现形式是物品的运动和停滞。例如，在生产钢铁时，把铁矿石从矿山运到钢铁厂所克服的"间隔"主要是距离，又称为运输；又如，农民生产的粮食当年不会全部消费掉，其大部分要储藏起来以备来年消费，这时所克服的"间隔"主要是时间，又称为仓储。

1.1.2　物流的基本功能

在物流概念产生以前，产品本身流动和停滞的全过程由各个不同的运作独立完成，这些不同的运作被称为物流环节。物流环节包括运输、仓储、保管、配送、装卸和搬运、信息处理、包装及对产品的简单加工等。物流的基本功能主要表现在两个方面：克服"空间"间隔的运输和配送，以及克服"时间"间隔的仓储和保管。

1．运输和配送

运输是指用运输工具克服"空间"的经济行为，此处克服是指移动，经济行为是指移动方要获取报酬，即发生票款结算的行为。运输和配送最大的区别在于，运输关注的重点是距离，配送关注的重点是货物的批量。

2．仓储和保管

仓储和保管是指利用库场等克服"时间"间隔的经济行为。此处所说的克服，是指把商品放在仓库中加以保管。仓储和保管的区别是：保管需要精心地对在库货物进行各种管理活动；而仓储只是把货物存放在库中。

物流概念产生之前，物流中的海运、空运、陆运、保管、仓储、配送等各个物流环节由不同的企业完成，从事上述各个环节的企业又有着不同的名称。如从事运输环节的称为运输公司，运输公司又细分为海运公司、空运公司及铁路、公路运输公司等。

案例 1-1 │ **宝供物流的发展历程**

宝供物流企业集团有限公司（P.G.LOGISTICS GROUP CO.,LTD）创建于 1994 年，是我国第一家经国家工商总局批准以物流名称注册的企业集团，也是目前我国领先的第三方物流企业。集团公司总部设在广州，目前在全国 130 多个城市建立了分支机构，并在广州、上海、北京、沈阳、苏州、成都、合肥、南京、顺德、天津等全国 20 个中心城市投资兴建了 25 个大型供应链一体化服务平台，形成了覆盖全国的业务运作网络和信息网络。宝供物流的服务品质得到了一批全球 500 强企业、国内大中型制造及商贸企业的认可，与联合利华、宝洁、强生、庄臣、玫琳凯、三星、飞利浦、美孚、阿克苏诺贝尔、中石油、吉利汽车、东鹏陶瓷等全球众多的知名企业结成战略联盟，创造供应链价值。

宝供的创始人刘武原来是汕头供销社的一名"社员"，被单位派到广州火车站从事货物转运工作。1992 年，他承包了广州的一个铁路货物转运站。在那个时候，这个小小的转运站在铁路货运方面已经开始小有名气，这主要是因为它承担下来的货运任务大多都能及时完成，运输的质量比较好，仓库也比较干净，另外，刘武的货运站也是当时唯一一家能够提供 24h 货运仓储服务的货运站。也正是这些原因，1994 年，刘武终于迎来了一个对自己和自己未来事业都将产生巨大影响的客户——宝洁公司（P&G）。

被宝洁这样一个大客户看上，使当时还处在个体户形态的刘武颇感紧张。他说："最开始的第一单生意，我记得是发了 4 个集装箱，通过铁路从广州发到上海。那时我做得非常仔细。宝洁一再明确重申自己的标准和要求，这使得许多我们实际上已经很娴熟的具体操作程序都被重新讨论了一遍。在整个发运过程中，我们好像是在照料小孩一样，对宝洁的货物真是呵护备至。"为了保证这次运输的质量，刘武将集装箱送上火车以后，马上乘飞机去了上海。

刘武在宝洁这次"考试"中得了高分。不过，这单生意的成本也确实很高，刘武说那次根本没有赚到钱。但是，这次没赚钱的生意却给刘武承包的转运站带来了越来越多让同行"眼红"的单子。宝洁从此开始陆陆续续地给刘武加大业务量，甚至一度把自己所有的铁路货运业务全部交给了刘武的货运站。

"那时候，我在头脑中就有了这样一个想法，"刘武说，"传统的运作方法必须改变，我必须要知道客户需要什么，然后想办法去满足他，否则人家又何必来找你一个小公司呢？这个想法后来也促使我下决心创办了宝供储运这个公司。"其实，刘武之所以寻求自己创业，很大一部分原因是在经营理念上受到了很多国有企业体制的掣肘。为了可以按照自己的理解来做储运，不在这个框框里面受那么多限制，1994 年，刘武拿出那几年攒下的积蓄，注册成立了广州宝供储运有限公司。宝供储运刚刚成立的时候规模很小，仓库和车队都是租的，而且只有宝洁这么一家客户。

宝洁曾经一再表示：传统的储运公司让客户觉得很麻烦，货到了以后，还要委托另外一个供应商来提货，或者派自己的人去提货，而一旦出现短少、破损或提货不及时等问题时，往往就会造成互相扯皮的现象。

在宝洁的启发下，刘武决定要在全国建立一个运作的网络，以保证货物都是按照同样的操作方法、同样的模式和标准来运作，而且这样在公司内部进行信息沟通、协调起来也会比较方便。宝供储运成立后的两个月里，刘武一直都是在外面搞试点，并很快就在成都、北京、上海、广州设立了 4 个分公司。分公司的设立，比较好地解决了以上的大部分问题。由宝供承运的货物到达目的地后，由专门受过统一培训的宝供储运的人来接货、卸货、运货，为宝洁公司提供门到门的"一条龙"服务。

1995 年，也就是刘武的企业开始走上正轨加速发展的时候，他开始感觉到一种对信息技术的需求。实际上，刘武那时候虽然已经很"前卫"地花大价钱买了好几台计算机，不过他还真的说不清信息技术到底是什么意思。

宝供储运在发展到高速发展阶段的时候，遇到了信息瓶颈的问题。经过一年左右相对的"蜜月"期之后，宝洁对宝供储运的意见开始越来越大。以前宝洁发现问题后，宝供储运马上就会去改进，可现在业务量越来越大，宝供储运的反应速度却在明显下降。1996年，宝洁连续几次向刘武投诉，批评宝供储运不能提供及时准确的货运信息，进而指出经他们统计，发现某地的到货时间不准时，破损率也有上升。

这件事除了让刘武为公司的管理再次深感担忧之外，也使他发现宝洁公司不仅要求提供安全、准确、及时、可靠的储运服务，还对在物流各个环节产生的信息非常关注，比如货物什么时候发运、用的是哪趟火车、预计何时到货、货物情况如何、有无破损、是否已经签收，等等。

那时候，刘武还没有意识到，在宝洁的影响下，他的思想正在贴近现代物流管理的概念，当然他也不知道自己"一举两得"的构想将通过基于互联网/内部网（Internet/Intranet）的信息系统来实现。

1.2 物流的产生、形成与发展

1.2.1 物流概念的产生与形成

物流（Logistics）的概念源于第二次世界大战。当时，美国军方研究军方物资采购、运输、储存、分配、保养以及废弃处理的一体化解决方案，并把此方案称为 Logistics，即"后勤学"。其基本思想是把战争物资从供应地到作战前线的整个流通过程作为一个系统，把各个环节，如军用物资仓储、运输、保养、运送到各个战区等作为子系统，研究如何提高效率、降低成本，从而能够及时而准确地发挥军用物资在战争中的作用。

第二次世界大战后，美国的经济迅速发展，先进生产理论和观念不断被引入，新技术不断出现，管理水平和生产力水平不断提高，促进了美国社会产品的大幅度增加。产品的极大丰富和激烈的市场竞争迫使企业必须降低成本、提高质量。美国的工商业界及时地把物流理论及其思想方法应用于生产和流通领域，取得了显著的成果，物流概念逐渐形成。

1956年，日本向美国派出了"流通技术专业考察团"，考察团详细研究了美国的物流，发现这是一个在日本可以产生巨大利润的领域。因此，日本把物流称为除生产资料、生产效率之外的"第三利润源"。意思是说，把物流理论和运作方法引入日本后，能克服日本当时流通领域混乱、效率低、成本高的状态，可以产生巨大的利润。日本引入物流概念后，对其加以研究和不断创新，提出了 JIT（准时制生产方式）生产理论以及共同配送、物流团地等概念，在日本掀起了流通领域的一场"革命"。

20世纪90年代中期，我国在发展社会主义市场经济的大潮中，物流概念被政府和企业界所关注。1996年，为满足宝洁公司物流配送的需要而成立的宝供物流公司，标志着我国第三方物流企业的诞生。20世纪90年代末，海尔物流也应运而生，标志着我国第一方物流的诞生。进入21世纪，我国各级政府也在全力推进物流行业的发展，我国物流行业展现出一片欣欣向荣的局面。

1.2.2 物流的本质

随着人们消费水平的提高、消费结构的变化，对商品的品种、样式、规格、质量等方面提出了更高要求。一方面，工厂生产为了满足消费者的需求，朝着小批量、多品种、新款式、国际化的方向发展；另一方面，为了适应不同层次的消费需求，零售业中便利店、专卖店、廉价店铺等销售格局各具特色的业态应运而生。生产销售结构的变化，推动了物流的现代化和高效化以及物流各个运作环节的重新组合。

生产销售结构的变化，使得传统物流按照环节运作的方式越来越难以适应现代市场日益激烈的竞争的要求，现代物流因而愈加重视将物流的各个运作环节加以整合，以求在恰当的时间，由恰当的人，将恰当的物品，按恰当的成本送到恰当的地方。通过不断提高物流的运作效率，降低企业的运作成本，来提高盈利能力。

广泛采用先进技术对物流的各个运作环节进行整合优化，使得商流、物流、信息流、资金流在企业间的无阻碍流动得以实现，这不仅为资源在整条供应链上进行配置奠定了基础，还为供应链管理的发展创造了重要的先决条件。

1.2.3　我国物流的发展历程及现状

物流行业发展状况与经济发展水平具有直接关系。近十几年来，我国物流行业快速发展主要得益于国内经济的发展：一方面物流市场结构不断优化，以"互联网+"带动的物流新业态发展较快；另一方面，社会物流总费用占 GDP 的比重逐渐下降，物流行业转型升级态势明显，物流运行的质量和效率均有所提升。

社会物流总费用是一定时期内国民经济各个部门用于物流活动的总支出，在一定程度上反映了社会对物流的总需求和总规模。而社会物流总费用占 GDP 的比重是用来衡量社会物流成本水平高低的基本指标，该比重越低，表明社会总体物流效率越高，物流行业的现代化水平越高，因此也意味着物流行业的专业化、集中化水平越高。

根据国家发改委、国家统计局、中国物流与采购联合会共同发布的《全国物流运行情况通报》（2006 年—2015 年）的统计数据：自 2006 年以来，我国社会物流总费用逐年增长，体现了社会经济活动对物流总需求的日益增长。社会物流总费用占 GDP 的比重从 2006 年的 18.3%下降到了 2015 年的 16.0%，社会总体物流效率有所提升，如图 1-3 所示。但是，我国社会物流总费用占 GDP 的比重一直远高于发达国家，例如美国、日本、德国均不到 10%，如图 1-4 所示。

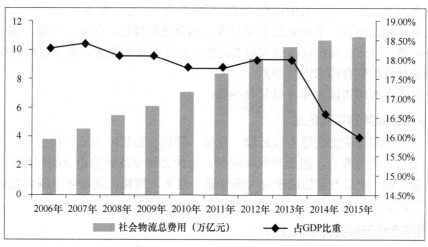

图 1-3　2006 年—2015 年社会物流总费用及其占 GDP 的比重（智研咨询整理）

注：由于 2014 年货运量、货物周转量的调整以及 GDP 的修订，社会物流总费用及占 GDP 的比重也进行了相应调整，2014 年以后社会物流总费用占比的统计口径与往年有所不同。

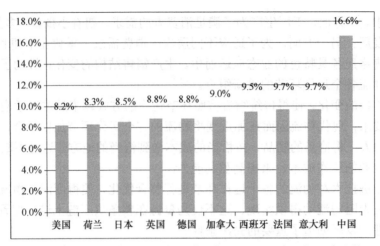

图 1-4　2014 年全球主要发达国家及中国物流费用与 GDP 的比率（智研咨询整理，有改动）

中国物流与采购联合会发布的统计数据显示，2017 年我国社会物流总费用为 12.1 万亿元。我国物流总费用如果降低 10%，就会节省 1.21 万亿元。因此，与物流发展较快的国家相比，我国物流的发展前景更加广阔。我国的物流市场，特别是第三方物流市场是一个充满商机的领域。

目前，我国物流行业的市场集中度较低。国家统计局发布的数据显示，2015 年全国物流业总收入达 7.6 万亿元，前 50 家物流企业总收入共达 8 414 亿元，占全国物流总收入的 11.1%。入围前 50 强的门槛由 2008 年的主营业务收入 7.62 亿元提升至 22.5 亿元，从中可以看出我国物流企业的规模开始扩大，行业集中度在提升。但如果采用主营业务收入前十强的企业与当年社会物流总费用的比例（CR10）作为行业集中度的指标，那么 CR10 仅为 5.21%，所以当前市场还相对分散，行业整合度将进一步提升。

我国物流行业集中度低，导致市场竞争过于激烈，并且呈现以降低服务价格为主要竞争手段的特点，行业整体缺乏差异化的产品和服务。进入门槛低是导致物流行业集中度低、价格竞争激烈的重要原因之一。近年来，行业的集中度虽在不断提升，但行业仍缺乏具有定价权的龙头型企业。

规模较大的物流企业可以利用规模经济，在网络覆盖、运力配置等方面发挥及时、安全、低成本等优势。相比而言，小企业服务项目少，综合化程度低，管理、竞争、信息能力弱，经营秩序不规范，不适应现代物流追求动态运作、快速响应的要求。基于目前我国市场的这些情况，物流行业的整合需求十分强烈。

目前，我国现有的物流企业可以分为四类：

1. 提供基础服务的物流企业

这类企业一般都提供如公路专线运输、仓储、货代、船代中的某一种服务。市场上，这类服务供大于求、竞争激烈，因此利润率较低，比如公路专线运输企业的利润率一般在 5% 左右。我国现有的 30 多万家物流企业大部分属于这类，规模上通过兼并联合发展壮大，服务上向综合物流服务提供商转变是这类企业更好的出路。

2. 提供综合物流服务的物流企业

这类企业一般有自己较充分的物流资源，如仓库、车队等，还有一定的物流方案设计能力，能够将仓储、保管、运输、配送、装卸搬运、包装、流通加工、报关、报检等物流环节进行整合，提供一体化的物流服务，一般针对的是外资工业制造企业或者大型国有、民营工业制造企业的产成品销售物流。这类企业的利润率相对提供基础服务的物流企业较高，但一般仅在 10% 左右。增强自身的物流方案设计能力，提供增值服务是这类企业的发展方向。

3. 提供增值服务的物流企业

这类企业有充分的物流资源、很强的物流方案设计能力，具有全国甚至全球的业务网络，除了能够提供综合物流服务之外，还能够提供采购、结算、融资、信息反馈等增值服务。随着我国经济的快速、平稳增长，走新型工业化的道路，产品的技术含量、附加值的不断提高，这类企业具有更加广阔的前景，必将获得越来越多的客户的青睐，占据越来越大的市场份额。

4. 提供物流方案设计服务的物流咨询企业

这类企业属于知识密集型、轻资产型的企业，一般有先进的物流理念、强大的物流方案设计能力，但是物流方案运作与监控的能力却明显不足，设计的方案有时候难免会脱离实际，有纸上谈兵的嫌疑。这类企业将来可能作为大型工业制造企业的项目顾问团队参与到工业制造企业的项目方案设计和运营中去；或者作为总承包商，在设计出物流方案之后，通过业务分包来整合社会上的物流资源，管理和监控项目运营。照此经营，这类企业在未来也许会大有可为。

1.3 现代物流的概念

1.3.1 我国对物流的定义

物流的概念已经出现了 70 多年，但国际上至今对物流未有统一的定义。尤其在我国，由于针对物流的解释太多，已经引起了许多误解。

我国物流学者们给出了许多不同的物流定义，最有代表性的是《物流术语》（GB/T 18354—2006）的定义："物品从供应地向接受地的实体流动过程。根据实际需要，将运输、储存、装卸、搬运、包装、流通加工、配送、回收、信息处理等基本功能实施有机结合"。

在我国物流定义的各种版本中，这是颇有权威性的定义。该定义的特点是：强调物流的各个功能，强调物流实现用户需求，但没有强调物流是物品流动的全过程，即忽略了逆向物流过程，没有指出高效率、低成本是物流的本质。另外，这个定义是对物流现象的大写意式的、几乎是直观描述的定义，易使人误解，"好像过去从事的物流环节都是物流"，因此我国一下子"涌现"出了数十万家物流企业。

物流是一个发展中的概念。现代物流是指在信息网络平台的基础上，以高新技术为支撑，对各种物流资源进行优化处理，最大限度地降低物流成本，提高物流效率，满足客户对物流服务需求的过程。

现代物流是经济发展到一定阶段的必然产物，是经济发展的客观需要。现代物流追求的是物流的质量、成本、速度、可靠性、灵活性的不断优化。

1.3.2 物流是一个发展中的概念

随着市场的不断发展、变化和竞争的日趋激烈，人们对物流也提出了越来越高的要求，物流的概念和内涵也在不断地发展和丰富。例如，将物流和商流加以整合，提出了"商贸物流"的概念；将物流和资金流加以整合，提出了"物流金融"的概念；将物流和信息流加以整合，提出了"可视物流"的概念。另外还有"网络物流""绿色物流"等。

1．商贸物流

商贸物流是指现代物流企业采取的大商贸、大流通和大市场的发展战略。就大商贸而言，其不仅具有跨国采购、跨区域采购的功能，还具有商品进行跨国贸易，跨区域批发零售的功能；不仅具有仓储、运输、配送乃至流通加工的物流功能，还具有报关、报检、租船、订舱等功能。就大流通而言，不仅着眼于实物交易和流通，而且为商品流通提供了信息收集、整合、传递以及融通资金的服务功能。通过商流、物流、信息流和资金流的互动，实现跨地区、跨省市，乃至跨国界的流通。就大市场而言，既具有有形的集散中心和仓储商店，又具有无形的渠道网络和交易平台。

2．可视物流

现代物流更着眼于物流流程的管理和高科技信息情报的利用，通过应用 WMS（仓储物流管理系统）、GPS（全球定位系统）、GIS（地理信息系统）等信息系统，传统运输和仓储等环节的"黑箱"作业变得公开和透明，以获取和反馈货物的在库信息、在途信息，对车辆资源进行跟踪管理等，有利于适应现代化生产的节奏和产品的销售计划。

3．网络物流

现代物流重视物流网络的建设和完善。我国的企业通过跨区域的兼并和联合，乃至在国际上进行兼并与联盟，逐步形成了跨区域的乃至世界性的物流网络。全球正处于新一轮的产业升级和结构调整之中，不仅全球航运界的各大船舶公司在兼并、联盟、联营，国际物流业在加速集中，我国的企业也在积极兼并、联合。这些兼并、联合活动不仅拓宽了这些企业的物流服务领域，而且增强了它们的市场竞争力。

4．绿色物流

随着消费者的权益意识不断增强，对环境保护和资源节约的不断重视，废弃物物流和回收物流在物流行业中的战略地位正日益提高。

另外，现代物流把传统运输方式下相互独立的各种运输手段在信息网络平台上按照科学、合理的流程组织起来，从而使客户获得最佳的运输路线、最短的运输时间、最高的运输效率、最安全的运输保障和最低的运输成本，形成一种有效利用资源、保护环境的"绿色"服务体系。

5．物流金融

物流金融从广义上讲就是面向物流业的运营过程，通过应用和开发各种金融产品，有效地组织和调剂物流领域中货币资金的运动。这些资金运动包括发生在物流过程中的各种存款、贷款、投资、信托、租赁、抵押、贴现、保险、有价证券发行与交易，以及金融机构所办理的各类涉及物流业的中间业务等。

狭义的物流金融可以定义为：物流供应商在物流业务过程中向客户提供的结算和融资服务，这类服务往往需要银行的参与。

1.3.3 物流是一个系统

1．市域物流系统

简单地说，市域物流就是城市范围以内的物流。它因为在城市范围以内而呈现出一些独有的特点：物流活动受交通管制和环境要求的限制比较强，这使得市域物流活动有着比较强的局限性。它不仅要考虑物流活动的经济要求（低成本等），还要考虑交通和环境要求。因此，在城市中心区，通常采取的是对货物运输车辆的通行时间和通行路线进行限制，对于准予通行的车辆类型也进行限制。为了适应这种限制并降低物流成本，市域物流系统通常采用以综合配送中心为集散点的物流共同配送体系。市域物流系统的组织模式如图 1-5 所示。

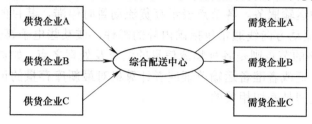

图 1-5　市域物流系统的组织模式

虽说在大城市建立"综合配送中心"，能通过集约化运输提高运行效率。但事实上，目前的城市配送体系仍是集约化配送和零散配送共同存在。从提高效率、降低配送成本和减少城市污染的角度来看，建立集约化的综合配送中心是一种趋势。

2．区域物流系统

提出区域物流范畴的目的是：运用区域概念和战略的手法解决有关大范围物流的各种主要问题，从而以相应的动力机制来实现区域物流最佳化。区域物流主要是指一个城市同其他城市、乡镇或省份的物流交换。

区域物流一般采用的都是大运量的运输工具，如大型集卡、铁路车辆、轮船等运输工具，运用配送中心加物流中心或物流园区支持区域物流系统。区域物流系统的组织模式如图 1-6 所示。

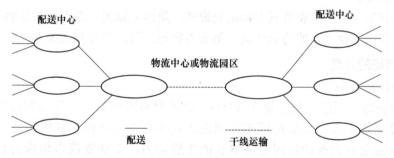

图 1-6　区域物流系统的组织模式

3．国际物流系统

国际贸易和经营的激烈竞争要求国际物流系统的物流费用要低，物流服务水平要高。要想实现这一目标，建立完善的国际物流系统网络十分重要。

国际物流系统网络是指由多个收发货物和信息的"节点"和它们之间的"连线"所构成的物流抽象网络。

收发货物和信息的节点是指进、出口国内外的各层仓库以及汇集和处理信息的场所，如制造厂仓库、中间商仓库、口岸仓库、国内外中转点仓库，以及流通加工配送中心和保税区仓库等。国际物流系统就是通过接收和发出相关信息和指令，并在这些仓库的收入和发出，以及在中间的存放保管，实现国际物流系统的时间效益，克服生产时间和消费时间上的分离，促进国际物流系统的顺利运行。在节点中，除可以实现收发和储存保管功能外，还可以实现包装、流通加工、装卸等功能。

连线是指连接上述国内外众多收发货节点间的运输线和信息流动方向线。运输线有各种海运航线、铁路线、公路线、飞机航线、管道线，以及海、陆、空联运航线。这些网络连线是货物移动（运输）轨迹的物化形式，每一对节点间有许多连线以表示不同的运输路线、不同产品的各种运输服务。各节点表示存货流动暂时停滞，其目的是为了更有效地移动（收或发）。信息流动方向线通常包括国内外的邮件，或某些电子媒介（如电话、电传、EDI 等），其信息网络的节点则是各种物流信息的汇集及处理之点，如员工处理国际订货单据、编制大量出口单证或者准备运输单证或者计算机对最新库存量的记录；物流网与信息网并非独立，它们之间是密切相关的。

1.3.4 物流的分类

1. 物流活动的分类

（1）第一方物流

第一方物流特指生产产品的所有者，即工业企业自身对产品和物品进行的物流活动，如海尔物流等。

（2）第二方物流

第二方物流是指商品的所有者，即商业流通企业自身对其商品进行的物流活动，如沃尔玛物流等。

（3）第三方物流

第三方物流是指由商品的供方、需方之外的第三方去完成的物流活动（3PL），如中远物流、中外运物流等。

此外，还有第四方物流和第五方物流的说法。第四方物流，即专门从事物流方案策划、设计和物流咨询的企业完成的物流活动。第五方物流，即从事虚拟物流——网上物流活动。

2. 物流市场的分类

（1）工业物流市场

我国工业制造方面的优势在加入 WTO（世界贸易组织）以后逐渐发挥出来，目前已成为世界工业制造中心。大型跨国工业制造企业不断进入我国，我国民族工业也在成长壮大，工业制造业成为推动我国经济增长的主要动力，工业物流市场成为目前我国的主要物流市场。

工业物流市场的主要特点是：物流服务需求是要将传统的物流运作环节进行一体化综合，即以传统的仓库储存、保管和仓库内的简单加工及长途运输为主，辅以物流配送、物流信息管理系统等功能，形成综合物流系统。一般情况下，仓库管理水平的要求不是很高，只要求能按时出入库、正常进行盘点整理作业和遵守先进先出原则；对物流企业的物流服务，要求以降低物流成本和提高物流效率为主要宗旨；对长途运输，要求不出现货损、货差，按时送达。目前，工业物流市场主要以一般机械制造业物流为主。进入这个市场最大的问题是如何降低工业制造企业采用第三方物流的成本。

1）汽车物流市场。汽车物流与一般工业制造业物流有所不同，主要原因是物流服务的复杂性和特殊性。我国汽车物流发展得很快，一汽、上海通用、广州本田、武汉神龙等几十家大型汽车企业对物流服务的要求较高，其中：整车物流要求运输安全、准时，仓库保管先进先出；零部件物流的流量大、品种多，而且按 JIT 方式，准时配送到工位上。因此，汽车物流对物流企业的服务水平、专业知识和服务质量要求较高。如果某家物流企业能够做好汽车物流，就标志着该企业已达到了一定的水平。

2）家电和电子产品物流市场。我国的家电和电子产品行业发达，市场竞争激烈，大的家电和电子产品企业对物流服务的需求较大。无论是外资家电企业如东芝、松下，还是我国的长虹、海尔、美的等，都对物流服务有较强的需求。家电和电子产品物流市场的特点是：高水平的库存管理，尤其对库存的准确性和先进先出的原则格外重视；要求特殊的运输车辆；对产品必须精心保护；物流信息应及时且准确，以便能及时掌握销售情况。一般的物流企业都可以进入此市场提供物流服务。与厂家密切合作，全心全意满足客户的要求也是此市场的特点。

3）其他工业物流市场。其他工业物流市场主要包括建筑业物流市场，医药业物流市场以及石化工业品物流市场等。这些物流市场由于产品的特殊性，有些是生产企业自营物流，但也有部分采取外包的形式。

（2）商业物流市场

商业物流市场是未来物流市场的主流，如果说工业物流的作用在于维护工业企业的利益，那么商业物流则直接面对广大消费者，从物流中直接受益的是消费者和社会全体。商业物流对提高人民的生活水平和生活质量以及促进经济发展至关重要。

商业物流市场比较复杂，但有其共同的特点，即物流配送的准确性和及时性。商业物流不允许缺货，同时也不能有过多的库存。商业物流涉及的品种多，而且是小批量、多批次。商业物流能否成功，完全依赖于销售数据的及时性和准确性。因此，商业物流要求物流企业具有高水平的物流信息管理系统。

有的大型商业企业集团组建自己的物流系统，为集团的连锁店和超市提供物流服务；有的将部分物流业务外包，如家乐福就将海上运输和陆上配送部分外包给APL物流公司。

大型商场有的也有自己的物流配送中心，负责商场商品的运输、储存、分拨和配送等物流业务。

物流企业在商业物流市场中的主要业务是将商业企业的商品配送到消费者的手中。物流企业为降低成本，都建有配送中心，采用共同配送的形式。配送中心是商场的商品库存地，商场中摆放的是商品的样品，尤其是大件商品。当有顾客购买商品时，商场就下指令给配送中心，从库中选出顾客所需的商品配送到顾客家中。

1）零售业和日用百货业物流市场。零售业和日用百货业物流是商业物流的主要组成部分，物流企业为此而建立的共同配送中心必须有物流信息平台，在此信息平台上，配送中心与各商场保持及时准确的信息交换。物流企业在配送车辆、配载和车辆配送路线的优化过程中获取自己的利润。

2）农副产品物流市场。农副产品物流市场要求商品的流通时间短，流通加工的业务量大。一般情况下，物流企业采用产地直送的模式来缩短流通时间和减少流通环节。物流企业为此而铺设的实体的物流网络必须使网点具有快速分拨的能力，同时能及时反馈消费者的信息。

3）快递物流市场。继20世纪七八十年代我国快递行业诞生以来，伴随着经济尤其是电子商务的快速发展，快递行业呈现井喷式发展。除在法律法规规定的特殊范围以及外资不得经营国内信件快递业务外，其他领域已无关于经营主体的限制性规定，并已形成了国有快递企业、民营快递企业和国际快递企业共同竞争的格局。

其中，民营快递企业在国内快递市场中具有独特的竞争优势。根据国家邮政局研究中心和德勤联合发布的《中国快递行业发展报告 2014》统计：在同城快递领域，民营快递企业的业务量占比近 90%；异地快递领域，民营快递企业的业务量占比也接近 80%。未来，我国快递市场受宏观经济发展、中西部开发、电子商务持续发展等因素推动，还将保持高速增长。从欧美国家快递业的发展经验来看，我国快递行业未来将逐渐形成以少数大型快递企业为主导、众多中小快递企业进行区域性补充的竞争格局。

目前，除了国有的 EMS，民营的顺丰控股、德邦股份，以及外资 FedEx、DHL、UPS、TNT 等实现直营外，"三通一达"等品牌企业均以加盟模式为主。

1.3.5 现代物流的发展趋势

1. 现代物流融合高新技术

物流业在某种意义上可以说是传统产业，但现代物流已与高新技术携手前进。随着物流技术高速发展，信息技术、运输技术、配送技术、装卸搬运技术、自动化仓储技术、库存控制技术、包装技术等现代化物流装备技术正在融入物流技术中。现代物流朝着拥有现代科学技术和装备的方向发展。信息化、自动化、智能化和集成化是现代物流的发展趋势。

2. 专业物流企业是现代物流的主流

现代物流中，专业物流企业以其精熟的物流技术和健全的物流网络，全心全意为客户服务的经营理念，高水平的物流方案策划和设计团队，经验丰富的物流运作团队，已逐渐占据行业市场。

在商业物流中，它们组建共同配送的网络，为广大供应商和营销商服务。

在制造业物流中，它们提供对产品的高频率、多品种、小批量物流服务。

在区域物流中，它们建设大型物流中心，为社会提供全方位、综合性物流服务。

现代物流企业的兼并和重组是为抵御物流市场风险、满足社会对物流服务更高的要求而进行的，在现代物流中占主流的物流企业的规模必然会越来越大。物流企业兼并与合作、构筑本公司全球一体化的物流网络，可使物流企业向集约化、协同化和全球化的方向发展。与物流客户结成紧密型战略伙伴联盟，节省时间和费用以及提高效率是现代物流发展的主流。

3. 电子商务和现代物流相互支持

电子商务是网上交易的形式，必须要有现代物流的强有力支持。网上的购物和贸易必须伴有物流业中的配送快递业务。电子商务物流需求强劲，会带动现代物流的进一步发展。

反过来，现代物流的发展如及时配送、进行货物跟踪和合理的物流调度等，又将进一步促进电子商务的应用。电子商务与现代物流共同发展、互为支持，电子商务已经成为现代物流中不可缺少的组成部分。

4. 绿色物流和逆向物流的发展

物流会对环境造成污染，因此，在现代物流中应大力提倡绿色物流，对物流系统的污染进行控制，如使用污染小的车型、夜间运货、建立工业和生活废料处理物流系统等。绿色物流的理念和实践也会随着现代物流的发展而有更大的发展。

对废旧物资的回收物流，以及对不合格产品的召回物流，也会越来越受到重视。这些物流被称为逆向物流，其在节约能源、修旧利废、节约物质资源和资源的再造上将发挥重要作用。

知识链接

物　流　金　融

物流金融在我国是一个较新的概念，是国内第三方物流供应商新的盈利增长点。

"未来的物流企业，谁能掌握金融服务，谁就能成为最终的胜利者。"这不仅是曾任 UPS 中国董事总经理陈学淳先生本人的观点，也是 UPS 的发展战略之一。跨国物流巨头们认为，对货车运输、货代和一般物流服务而言，激烈的竞争使利润率下降到平均只有 2% 左右，已没有进一步提高的可能性。而对于供应链末端的金融服务来说，由于各家企业涉足少，目前还有广大的空间。于是，包括 UPS 在内的几家大型跨国第三方物流供应商在物流服务中增加了一项金融服务，将其作为争取客户的一项重要举措。这种增值服务对于长期从事仓储、运输的大多数国内物流企业来说是非常陌生的，但如何操作好这项业务又是我国现代物流企业必须掌握的。

在实际操作中，第三方物流供应商提供较多的是两类物流金融服务：代客结算业务和融通仓业务。

1．代客结算业务

代客结算业务可以分为两个模式：垫付货款和代收货款。其中的垫付货款模式又可细分为垫付货款模式 1、垫付货款模式 2。

（1）垫付货款模式 1

垫付货款模式 1，如图 1-7 所示。

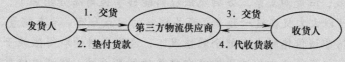

图 1-7　垫付货款模式 1

关于垫付货款模式 1 的说明：除了发货人与收货人签订《购销合同》之外，第三方物流供应商还应该与发货人签订《物流服务合同》，在该合同中，发货人应无条件承担回购义务。垫付货款模式 1 的操作流程是：发货人委托第三方物流供应商送货，第三方物流供应商垫付扣除物流费用的部分或者全部货款；第三物流供应商向收货人交货，根据发货人的委托同时向收货人收取发货人的应收账款；最后，第三方物流供应商与发货人结清货款。这样一来，消除了发货人资金积压的困扰，又可以让两头放心。对第三方物流供应商而言，其盈利点就在于将客户与自己的利益连在一起，"你中有我，我中有你"，客户群的基础越来越稳固。

实例：当 UPS 为发货人承运一批货物时，UPS 首先代收货人预付一半货款；当收货人收货时，则交付给 UPS 全部货款。UPS 将另一半货款交付给发货人之前，产生了一个资金运作的时间差，即这部分资金在交付前有一个沉淀期。在资金的这个沉淀期内，UPS 等于获得了一笔不用付息的资金。UPS 用这笔不用付息的资金从事贷款，而贷款对象仍为 UPS 的客户或者与快递业务相关的主体。在这里，这笔资金不仅具有交换的支付功能，而且具有资本与资本运作的含义，并且这种资本的运作紧密地服务于业务链的运作。为此，UPS 在 1998 年就开设了投资公司（UPS Capital Corp.）为客户提供分销金融服务。这不仅加快了客户的流动资金周转，有助于改善客户的财务状况，而且为客户节约了存货持有成本以及拥有和运作物流服务网络的成本。

（2）垫付货款模式2

如果第三方物流供应商没有雄厚的资金实力，就需要引入银行作为第四方。垫付货款模式2如图1-8所示。

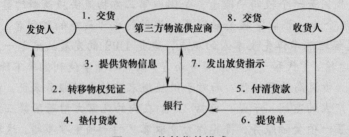

图1-8　垫付货款模式2

关于垫付货款模式2的说明：在货物运输过程中，发货人将货权转移给银行，银行根据市场情况按一定比例提供融资。当收货人向银行付清货款后，银行向第三方物流供应商发出放货指示，将货权还给收货人。当然，如果收货人不能在规定的期限内向银行付清货款，银行可以在国际、国内市场上拍卖掌握在银行手中的货物或者要求发货人承担回购义务。

第三方物流供应商扮演的角色：第一，银行为了控制风险，就需要了解质押物的规格、型号、质量、原价和净值、销售区域、承销商等，要查看货权凭证原件并辨别真伪，这些工作超出了银行的日常业务范畴，这时银行离不开第三方物流供应商的协助。第二，一般情况下，商品是处于流动变化当中的，银行不可能了解其每天的变动情况，安全库存水平是可以融资的底线，但是如果第三方物流供应商能够掌握商品分销环节，向银行提供商品流动的情况，就可以大大提高这一限额。商品销售的网点分布、单点销量、平均进货周期、结款信誉度，在信誉诚信体制尚未健全的情况下，这些资料的取得依赖于第一线第三方物流供应商的资料，如果第三方物流供应商有完善的信息系统，就可以使整个资金周转过程透明化，使银行、发货人能够随时得知商品的现有状况，从而更好地规避风险。

能够像UPS那样自己提供垫资服务的第三方物流供应商毕竟是少数，但是，如果第三方物流供应商注重自身数据库的建立，给发货人、收货人、银行提供信息，一样可以提供物流金融服务。数据库应当包含：对所有商品的市场和库存变动预测；12个月的物流计划；12个月的订单以确定订单的大致情况及成本分析；确认产品特征；目前的设备和平面布置，场所计划及限制；目前的运作成本；目前的贮存、选拣和包装过程；对全年产品库存水平的每月回顾；企业整体的营销状况；经济的价值评估标准和因素，等等。通过各个终端，数据库的内容随时被更新，以准确反映物流、实际库存等情况。从作业流程的角度来看，数据库对物流具有实时监控的功能，并具备处理意外事件的能力，能够满足多方面的查询要求，为企业的管理者做出适当的商务决策提供基本信息，为资金安全提供保证。

在实施该模式的过程中，应该注意到，由于是货物质押，货物的市场价值变动将直接影响到质押金额以及银行的利益，所以在协议中应规定，当货物市值发生波动，下跌幅度到达贷款发放日市值的10%时，银行有权要求发货人在接到银行通知后的三个工作日内，必须提前偿还部分货款，以保证达到双方约定的最高质押率的要求，否则银行有权自行处理质押的货物。当银行按规定需处理质押货物时，发货人应无条件向银行开具相应的增值税专用发票。

实例：郑州银行自2005年起便聚焦商贸物流领域的发展，联合长通物流发行了我国首张银企联名物流银行卡——商通卡，荣获"中国最佳物流银行"的称号。目前，郑州银行更是把商贸物流银行建设作为全行最核心的特色战略定位。截至 2017 年年末，郑州银行商贸物流类贷款余额已达 468 亿元，占全行贷款的 33.9%，特色初步彰显。

"物流银行"的全称是"物流银行质押贷款业务"，是指企业以市场畅销、价格波动幅度小、处于正常贸易流转状态且符合要求的产品抵押作为授信条件，运用物流公司的物流信息管理系统，将银行的资金流与企业的物流进行结合，向物流公司提供集融资、结算等银行服务于一体的银行综合服务业务。物流银行质押贷款业务接受的产品一般包括原材料的钢材、有色金属、棉纱类、石油类等，而成品则包括家电产品、陶瓷产品、家具产品等。

（3）代收货款模式

垫付货款模式常见于 B2B 业务中，而代收货款模式常见于 B2C 业务，并且已经在经济发达地区的邮政系统和很多中小型第三方物流供应商中广泛开展。代收货款模式如图 1-9 所示。

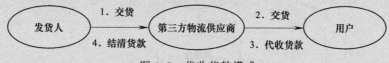

图 1-9　代收货款模式

关于代收货款模式的说明：发货人与第三方物流供应商签订《委托配送和委托收款合同》，第三方物流供应商每日给用户送货上门，同时根据合同代收货款，每周或者每月第三方物流供应商与发货人结清货款。和垫付货款模式 1 一样，代收货款模式的资金在交付前有一个沉淀期。在资金的这个沉淀期内，第三方物流供应商等于获得了一笔不用付息的资金。

2. 融通仓业务

融通仓是一个以质押物资仓管与监管、价值评估、公共仓储、物流配送、拍卖为核心的综合性第三方物流服务平台，它不仅为银企间的合作构架新桥梁，也将良好地融入企业供应链体系之中，成为中小企业重要的第三方物流服务提供者。融通仓业务主要有以下两种操作模式：仓单质押和保兑仓（买方信贷）。两者最大的区别在于，仓单质押业务先有货再有票，保兑仓业务先有票再有货。

（1）仓单质押业务

在仓单质押业务中，融通仓根据质押人与金融机构签订的质押贷款合同以及三方签订的仓储协议约定，根据质物寄存地点的不同，对客户企业提供三种类型的服务：①对寄存在融通仓仓储中心的质物提供仓储管理和监管服务，即仓单质押模式 1；②对寄存在质押人经金融机构确认的其他仓库中的质物提供监管服务，必要时才提供仓储管理服务，即仓单质押模式 2。

1）仓单质押模式 1。仓单质押模式 1 如图 1-10 所示。

图 1-10　仓单质押模式 1

关于仓单质押模式 1 的说明：在中小企业的生产经营活动中，原材料采购与产成品销售普遍存在批量性和季节性特征，这类物资的库存往往占用了大量宝贵的资金。融通仓借助其良好的仓储、配送和商贸条件，吸引辐射区域内的中小企业，作为其第三方仓储中心，并帮助企业以存放于融通仓的动产为抵押来获得金融机构的质押贷款融资。融通仓不仅为金融机构提供了可信赖的质物监管，还帮助质押贷款主体双方很好地解决了质物价值评估、拍卖等难题，并有效融入中小企业产销供应链当中，提供良好的第三方物流服务。在实际操作中，货主一次或多次向银行还贷，银行根据货主还贷情况向货主提供提货单，融通仓根据银行的发货指令向货主交货。

2）仓单质押模式2。仓单质押模式2是在仓单质押模式1的基础上，对地理位置的一种拓展。第三方物流供应商根据客户不同，整合社会仓库资源，甚至是客户自身的仓库，就近进行质押监管，极大地降低了客户的质押成本。仓单质押模式2如图1-11所示。

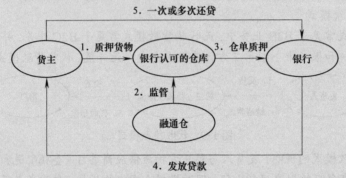

图1-11　仓单质押模式2

3）仓单质押模式3

仓单质押模式3是仓单质押模式1和2的延伸和进化，如图1-12所示。

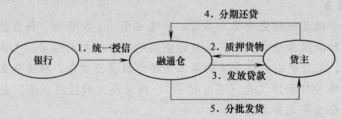

图1-12　仓单质押模式3

关于仓单质押模式3的说明：该模式是仓单质押模式1、2的进化，之所以这么说，是因为它简化了原先仓单质押的流程，提高了运作效率。

金融机构根据融通仓仓储中心的规模、经营业绩、运营现状、资产负债比例以及信用程度，授予融通仓仓储中心一定的信贷额度。融通仓仓储中心可以直接利用这些信贷额度向相关企业提供灵活的质押贷款业务，由融通仓直接监控质押贷款业务的全过程，金融机构则基本上不参与该质押贷款项目的具体运作。

融通仓直接同需要质押贷款的会员企业接触、沟通和谈判，代表金融机构同贷款企业签订质押借款合同和仓储管理服务协议；并在向企业提供质押融资的同时，为企业寄存的质物提供仓储管理服务和监管服务，从而将申请贷款和质物仓储两项业务整合操作，提高质押贷款业务的运作效率。

贷款企业在质物仓储期间需要不断进行补库和出库，企业出具的入库单或出库单需要经过金融机构的确认，然后融通仓根据金融机构的入库或出库通知进行审核；而现在这些相应的凭证只需要经过融通仓的确认，即融通仓确认的过程就是对这些凭证进行审核的过程，中间省去了金融机构确认、通知、协调和处理等许多环节，缩短了补库和出库操作的周期，在保证金融机构信贷安全的前提下，提高了贷款企业产销供应链运作效率。

该模式有利于企业更加便捷地获得融资，减少了原先质押贷款中一些烦琐的环节；也有利于银行提高对质押贷款全过程的监控能力，从而更加灵活地开展质押贷款服务，优化其质押贷款的业务流程和工作环节，降低贷款的风险。

（2）保兑仓业务

保兑仓业务模式如图 1-13 所示。

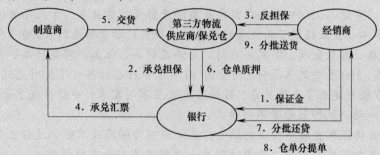

图 1-13　保兑仓业务模式

关于保兑仓模式的说明：制造商、经销商、第三方物流供应商、银行四方签署"保兑仓"业务合作协议书，经销商根据与制造商签订的《购销合同》向银行交纳一定比例的保证金，该款项应不少于经销商计划向制造商此次提货的价款；申请开立银行承兑汇票，专项用于向制造商支付货款；由第三方物流供应商提供承兑担保，经销商以货物对第三方物流供应商进行反担保。第三方物流供应商根据掌控货物的销售情况和库存情况按比例决定承保金额，并收取监管费用。银行给制造商开出承兑汇票后，制造商向保兑仓交货，此时转为仓单质押。在这一过程中，制造商承担回购义务。

第三方物流供应商在实际操作中应当注意以下事项：首先，物流企业作为承保人，要了解经销商的基本情况；其次，对于商品的完整和承保比率进行核准。具体的业务操作步骤如下：

1）对于经销商的资信进行核查，需要了解：

① 经销商背景情况。

② 经销网点分布、销量基本情况。

③ 市场预测及销售分析。

④ 财务状况及偿债能力。

⑤ 借款用途及还款资金来源。

⑥ 反担保情况。

⑦ 与银行往来情况及负债情况。

⑧ 综合分析风险程度。

⑨ 其他需要说明的情况。

2）为保证物流企业自身的利益，需要制造商进行反担保，反担保方式为抵押或质押，应提供的材料有：

① 抵押物、质物清单。

② 抵押物、质物权利凭证。

③ 抵押物、质物的评估资料。

④ 保险单。

⑤ 抵押物、质物为共有的，提供全体共有人同意的声明。

⑥抵押物、质物为海关监管的，提供海关同意抵押或质押的证明。

⑦抵押人、质押人为国有企业的，提供主管部门及国有资产管理部门同意抵押或质押的证明。

⑧董事会同意抵押、质押的决议。

⑨其他有关材料。

实例：为有效解决由于信用体系不健全造成的企业融资难问题，中储发展股份有限公司（以下简称"中储"）于1999年在国内开展动产融资监管业务。十几年来，中储累计为大约5000多家中小企业提供了物流金融服务，实现累计融资额达到6000多亿元；业务品种涵盖黑色金属、有色金属、煤炭、木材、石油及制品、化工、农副产品、食品、家用电器等计16大类，100多个具体品种；与全国30多家银行总行签订了总对总战略合作协议，与20多家地方银行建立了合作关系；针对客户企业不同需求，中储开发了仓单质押监管、动产质押监管和动产抵押监管等不同模式。

未来，中储将深化金融与物流的融合，广泛应用物联网技术强化过程监管，全方位掌握物流金融业务相关信息数据，在更大程度上保障业务安全有效运行。

第三方物流供应商提供物流金融服务是有其现实意义的，因为这对于企业，尤其是中小企业而言是迫切需要的。企业在发展的过程中面临的最大威胁是流动资金不足，这种资金不足的风险在中小企业的发展中更加明显，往往成为制约其发展的瓶颈。信贷资金的缺乏和在资本市场上融资能力的缺乏使得许多企业产生了对物流金融的需求。如果大多数制造企业和经销企业所面临的资金问题可以得到解决，第三方物流供应商的地位与利润也会迅速提高。只有认真地分析和应对市场现有的状况，合理使用物流金融的各种操作模式，中国的第三方物流供应商才能够获得更多的利润，快速发展，应对跨国物流巨头的竞争。

1.4 现代物流的人才要求

目前，物流人才缺乏是制约我国物流发展的瓶颈。随着现代物流的发展，对物流人才的需求将日趋增长。物流业是我国的新兴产业，理论和实践起步晚，还没有形成物流人才队伍。许多物流公司运作不好的根本原因是缺少专业的物流人才，因此物流企业围绕物流人才的竞争会更加激烈。物流企业急需两种人才：一是物流方案设计人才，二是物流项目管理和运作人才。

1.4.1 物流人才的知识结构

1）掌握物流和供应链的基础理论，具有现代物流理念。

2）掌握物流一体化运作流程和相关知识，会分析客户的物流服务需求，能组织物流团队设计相应的物流解决方案，熟悉物流服务项目的招投标。

3）熟悉物流运作中的标准化业务流程，能指导物流运作团队执行物流方案，并能不断地提高物流服务水平。

4）掌握仓储、库存管理、货物搬运、包装、各种运输方式、配送、货运管理等专业知识，并了解贸易、采购以及汽车、家电、化工等制造工业一般知识。

5）掌握物流中心、配送中心的规划和设计，熟悉商业物流的运作过程，会整合社会物流资源，能对社会物流资源进行有效控制。

6）掌握物流实体网络并了解物流信息网络知识，了解物流信息平台的建立和维护知识，能利用现代 IT 技术不断提高物流运作水平。

7）具有一定的企业管理知识，熟悉管理制度、体系、规范、标准、组织机构、各部门职能、不同的管理模式和运作流程。具有进行目标设置、任务分解、时间管理、监督指导、沟通激励、绩效考核、培训开发的技巧。

1.4.2 物流人才的素质要求

1）能根据国家政策和公司战略提出适宜的物流发展规划建议，确定物流发展战略目标，制定本部门物流发展战略的实施和执行步骤。

2）进行物流市场分析、物流市场定位、项目选择、客户细分、物流市场营销策划，能进行物流成本分析、合同管理和控制。

3）与物流客户结成战略伙伴关系，能综合运用现代物流知识为客户量身定做令其满意的物流方案。

4）建立物流网络、物流信息平台，并能根据信息做出判断和决策。

5）对下属部门和人员进行管理和开发。

6）具有良好的个人素质和修养，具有一定的外文听说读写能力。

1.4.3 物流人才的相关工作岗位

1. 基层操作岗位

如：仓库管理员、车辆调度、信息系统录入、客户服务、报关员、报检员等。按 2017 年度统计，月薪在 3 000 元左右。

2. 基层技术及管理岗位

如：业务员、跟单、单证以及基层管理人员等。按 2017 年度统计，月薪在 5 000 元左右。

3. 中层技术及管理人员

如：简单物流方案设计、中层管理人员、项目经理等。按 2017 年度统计，月薪在 8 000 元左右。

4. 高级技术及高层管理人员

如：复杂的物流方案设计、高层管理人员等。按 2017 年度统计，年薪在 20 万元左右。

当然，这只是对物流相关的岗位进行人为的区分，是一个大致的情况，在现实中可能会存在交叉、重叠、组合等情况。一般而言，物流人才都会有上述一个或几个阶段的经历。另外，物流人才的薪酬状况也会因为地区的差别、工作经验的丰富与否、企业性质的不同等而有所不同。

课后案例 # 某市烟草网络建设物流规划方案

第一部分 | 区域烟草配送网络规划

一、网建目标

以满足客户需求为目标，依靠信息化提升物流管理水平，通过资源整合和流程再造，建设一个低成本、高效率,具有较大规模,打破行政区划,以分公司为营销主体的区域物流配送网络。

二、设计原则

1)以满足客户需求为目标。
2)以规范管理为前提。
3)以降低成本为核心。
4)以先进的信息技术为手段。
5)以资源整合为基础。
6)符合实际,注重实际效果。

三、设计步骤

1. 需求分析

具体内容包括地区卷烟的需求量、需求品种分布、需求量的季节波动、需求的变动趋势;零售户的数量和分类、地区分布、零售户对服务的要求等。

2. 方案设计

针对需求,以业务流程为主导,以作业管理为关键,设计多种备选方案。

3. 成本核算

对于不同的备选方案分别进行成本核算,在作业层面和流程层面做横向比较。

4. 方案选择

在成本核算的基础上,结合方案的可操作性、可扩充性和先进性,从战略层面做出最终选择。

5. 系统设计

对选定的方案,从机构职能、硬件设施、信息系统、作业衔接、操作管理、职责规范等各个方面进行系统设计,并在设计中不断完善。

四、以流程为中心的内部组织结构

业务流程是配送系统成功的关键。从流程改善、流程设计到流程管理,都要求对组织机构进行重组,以支持新流程和新作业的实施及管理。以流程为中心进行机构整合,目标是把所有业务综合在一起,形成一个以分公司为主体的、连贯的管理流程,各部门之间实现战术协同,使任何一个局部的优化都能得到相关部门的支持,并能对整个系统的最优化做出贡献。

针对"集约储存,分段分拣,二级中转,直送到户"的配送模式,成立了物流发展部,重组了仓储分拣部门和调度送货部门,明确相应的职能,并实现了和营销部的对接,以支持实施新的配送流程。具体到"分区提货,分段式分拣配送作业",分别在仓储组和分拣组下设置作业小组,全面制定了岗位职责和管理制度。这种以流程为中心设置的组织结构,对整个配送系统的运营和优化提供了有效的支持和保障。某烟草物流中心组织结构图如图1-14所示。

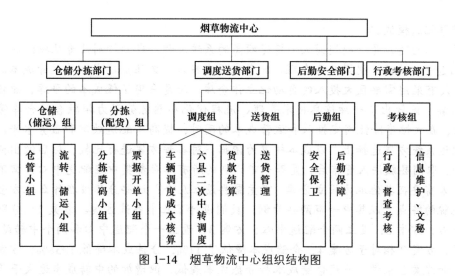

图 1-14 烟草物流中心组织结构图

五、仓储分拣配送系统间的互动关系

仓储分拣配送系统间的互动关系如图 1-15 所示。

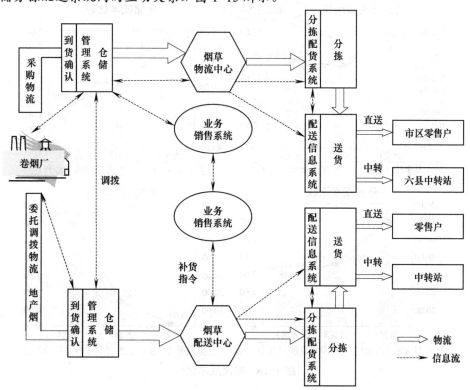

图 1-15 仓储分拣配送系统间互动关系

第二部分 │ 网络规划的物流成本核算

一、烟草物流规划配送中心方案的选择

在系统设计方案中，强调以成本核算为核心指标，把高效率和低成本有机地结合起来，保证了方案的经济实用。注重结合地区的经济发展水平，认识到现代化不等同于自动化。充分发挥地区熟练劳动力的优势，采用机械化与半自动化相结合的作业方式，提出了具有地方

特色的烟草配送模式。

配送中心的建设是一项规模大、投资额高的系统工程。我们特别注重从物流成本的角度来确定配送中心的投资规模是否合理,既考虑固定投入,又注重建成后的运营成本。经过评估分析,没有采用需要巨大投入的自动化立体仓库,而是采用了低成本的平库,配备点阵式电子显示屏,设计出了一种信息技术管理、流程优化和熟练劳动力相融合的仓库管理系统(WMS),在大幅度降低固定投入和运营成本的同时,提高了配送效率和服务水平。

在配送系统方案选择上,以成本核算为依据,对各种方案进行比较,然后做出科学的选择。比如,取消县级法人资格后,是否一市六县的所有库存都集中在配送中心?需不需要另设分库?若需要在其他地方设立分库,究竟需要设立几个?这些分库设在什么地方合适?根据地形地貌的特点,以其中一市两县为例,我们设计了三个备选方案。方案1:分别设立三个配送中心;方案2:设立两个配送中心;方案3:设立一个配送中心和两个中转站。

分析:方案2相对于方案1,仓储成本降低了11%,分拣成本降低了38%;方案3相对于方案1和方案2来说,虽然仓储成本和分拣成本最低,但增加的中转成本远大于节省的仓储和分拣成本(见图1-16)。

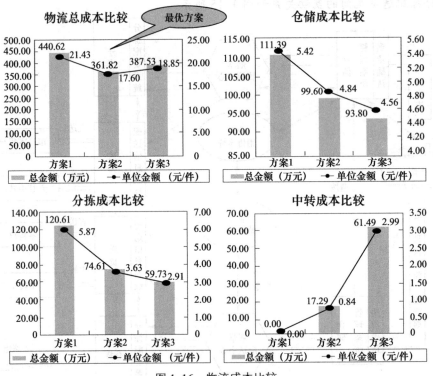

图1-16 物流成本比较

结论:方案2的物流总成本最低,相对于方案1降低了18%,相对于方案3降低了7%。

二、核算规划方案实施前后的物流成本

规划方案实施后,仓储成本下降了12%,分拣成本下降了40%,配送成本下降了18%,物流总成本下降了18%。

三、物流方案选择结论

通过对每个方案进行成本计算比较,同时考虑各县的地理地貌、人口及卷烟的动态流向

等因素，得出物流规划方案结论，如图1-17所示。

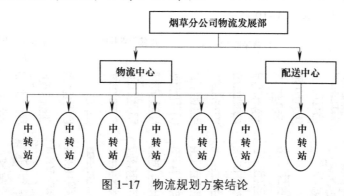

图 1-17 物流规划方案结论

充分整合已有的资源，是建立配送系统的重要基础。在资源整合中，以规模效应为主导，有效地提高了设施的利用率，从而优化了公司的资源配置。

某市烟草分公司的物流配送系统，以两个配送中心取代了八个县市的仓库，取得"集约库存、统一分拣"的规模效应，达到了缩减库存，降低资源占用，减少库管和分拣员工，提高劳动生产率的明显效果。

第三部分 | 仓储管理系统

一、仓库的设计思路

通过采用先进的信息技术，改变原来分散、粗放的人工管理，构造了集中控制、系统管理、流程清晰、作业优化的物流配送网络。

信息系统保证了零售户电话订货的信息，迅速转化为配送中心的配送单据，并且同步显示在仓库的点阵式显示屏上，指导备货作业；又及时显示在分拣货架电子标签和分拣终端的计算机显示屏上，真正做到了集中控制、系统管理。在应用先进的信息技术的同时，大力加强员工培训，提高管理水平，使员工通过信息系统的引导，有效地掌握复杂的多品种分拣配送作业，从而取代昂贵的集成设备（比如自动化立体仓库），并且大大提高了今后多样化作业的可能性。

二、烟草配送中心仓库库区一层

一层布置平面图，如图1-18所示。

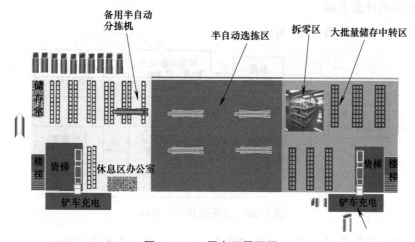

图 1-18 一层布置平面图

三、烟草配送中心仓库库区二层

二层布置平面图，如图 1-19 所示。

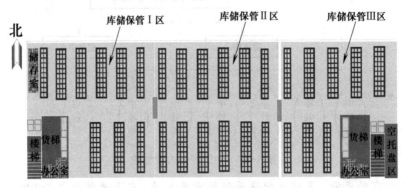

图 1-19　二层布置平面图

四、信息化、智能化的仓储管理方式

1）管理具体到库位，实现了库位、区牌号管理及先进先出管理。

2）进一步建立和完善了仓库内部管理流程及与其他工序的协同工作能力。

3）实现了实物库相对集中的统一调控和以市场需求为导向的仓储管理和库存控制。

4）优化提货作业流程，建立了拆零区和整件区，提高了作业效率，缩短了提货作业的时间。

五、设立拆零区的需求分析

备货作业和分拣作业的衔接中，缓冲时间较少，而分拣作业中对提货后的核对和余数上架占的时间又较长，成为整个流程的瓶颈。经过测算，每次备货数量小于 1 件的品种占 50%，而大于 1 件的品种也都存在 1 件以下的零数的准备。备货环节 75% 的作业时间集中在零数的准备、核对和交接上。对于分拣作业，约有 25% 的时间花在余数核对、交接和上架上。为此，我们设计了"分区提货"的方案：分别设立整件提货区和拆零区，拆零区和分拣区相邻，它的品类堆放和分拣货架位置相对应。这一改进，使备货作业路径缩短，效率提高，每次备货时间由原来的 1h 缩减到 30min。而分拣作业的核对、交接和余数上架时间也大大缩短，实现了两个作业小组在衔接中的协同，完全消除了流程中的瓶颈。

六、分区提货作业流程

分区提货作业流程如图 1-20 所示。

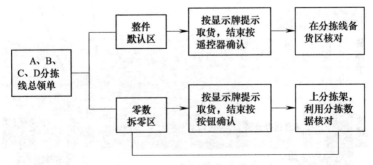

图 1-20　分区提货作业流程

采用"分区提货"后单次作业时间缩短至 10min、作业总时间 40min。

七、适时制库存

物流发展部会同营销部对出入库流量、安全库存和提前订货时间及其可控程度做了充分评估，提出了"适时制库存"的库存管理方案，即把占销量 80% 的省内烟的平均库存量从现在的 5～7 天降为 3～5 天，在不发生缺货的前提下，大大节省了资金占用，而且缩减了占库空间。

第四部分 | 半自动化卷烟分拣管理系统

一、系统概述

1）卷烟订单自动处理，自动生成当日配货计划，并记录每日订单处理结果。

2）分段式分拣配送系统。

3）分拣配货过程动态管理，以图形化的人机界面呈现分拣配货的实时信息和动态进程。

4）实现了多单并行的配货控制系统。

二、"分段式"配送的理论模型

1）将市区的配送量一分为二，分为上、下午两时段分别订货，即每天将市区约一半的卷烟销量，于当日上午订货，下午分拣，次日上午送货；将市区剩余的另一半销量，于当日下午订货，次日上午分拣，次日下午送货。

2）对六县的配送卷烟实行全天订货，于当日下午约 3:00 订货结束后开始分拣，直至结束，"中转"卷烟当晚送抵各中转点，次日配送到户。

三、实施流程的时间管理和作业的定额管理

在充分利用劳动力的"低成本、智能化、半自动"的配送中心模式时，要想提高配送效率和服务水平，必须强化流程的时间管理和定额管理。

我们对原有的流程做了仔细的测定，分拣配送流程包括五个连续作业：电话订货、单据生成、备货、分拣和送货。由于作业重叠，造成不同时段的等待时间，使分拣作业员工的工作时间超过 10h。我们为此设计了"分段式分拣配送"流程，这一流程使电话订货、单据生成、备货、分拣乃至送货，基本上能够做到柔性衔接和交叉缓冲，使上道工序的波动对下道工序的影响较小，不形成等待时间，使流程作业达到了最小变异，由此为定额管理提供了实施基础。

在作业定额管理中，我们进一步明确了岗位职责。比如，每条分拣线备货作业时，仓储组 4 人负责整件数备货作业，备货结束在分拣备货区核对交接；分拣组 4 人在仓管员安排下负责零数备货作业、零数上分拣架、对照分拣数据核对，这样零、整备货作业人员的作业空间、作业手段都有所区别，整个工作流程更为简洁明了。

通过上述流程设计和作业优化，在流程层次清晰、作业功能定位明确的基础上，通过岗位操作实验比较，选出最优方案，作为制定作业管理制度的依据。

四、分段式分拣配送作业的时间管理

分段式分拣配送作业的时间管理如图 1-21 所示。

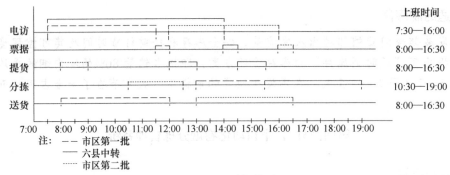

图1-21　时间管理

五、"分段式"配送的特点

在未增加任何人员、设备的投入下，通过巧妙的工作分解，压缩了分拣时间。

1）各工序由"串联"改为"并联"完成，使工序期间相对独立，相互影响制约的因素大大减少。

2）不同工序之间实现了柔性衔接，上下工序干扰降至最低，使定额管理成为可能。

3）将分拣工作时间"位移"至白天完成，便于加强管理，也舒缓了员工生活上"时差倒置"的压力。

4）保证八小时工作时间内完成当日作业并有充分的缓冲时间。

六、作业的定额管理

仓储作业人员的管理方式——以标准时间系统为基础的定额管理。

1）在作业流程各环节保持相对独立和稳定的前提下实施定额管理。

2）规定每项作业的内容、工作程序及具体动作。

3）针对每项作业，制定标准作业时间。

4）按标准作业时间评价员工业绩，并根据作业量来配置工作人员。

七、定时定额管理实例

1）每条分拣线每次备货时间不超过30min，分拣人员必须在8h内完成当天的分拣任务。

2）每个流转箱（最多装载量25条）最少需装18条，纸箱最少需装载30条，长安之星面包车每车需装载24件，东南Delica面包车每车需装载45件。

第五部分　｜　配送管理系统

一、配送体系架构思路

配送原则：半径45km以内的零售户实行"直配"，其余实行"中转"。

二、基于GIS上的配送网络管理系统

以车载量、配送时间为标准来确定送货线路：

作业时间＝行程时间＋服务时间＋装车时间＋货款结算时间＋10%的弹性时间

其中：行程时间＝线路行程／车辆均速（线路行程由测距功能完成，车速分类设定）

服务时间＝零售户数×单户服务时间（单户服务时间按现金结算与电子结算分类设定）

装车时间：按车载量分类设定

在配送线路和区域上采用GIS技术，以电子地图为数据平台，打破原来按行政区划规定配送区域的方式，以车载量与作业时间为主要依据，合理配比线路的客户数量，优化送货线

路，并通过"人机结合"的方式，利用GIS的实时信息，保持对线路的持续修正。

三、主体配送方式的补充：委托代送

对边远地区，在规范经营的前提下，因地制宜，采用委托代送等方式来降低成本，该方式是直送到户方式必要的补充。以某县四乡镇为例，其人口约计3万人，面积400多km²。由于地处山区，交通不便，因此该地区的管理难度非常大。我们从当地从事"副食品批发"经营，且有较为固定的边远市场辐射网络的经营者中挑选合适的作为委托代送点，并进行培训，以每件5元作为代送的费用。若以每月250件计，需支付劳务费1250元。如果自运，可能产生的费用为：驾驶员每月工资1000元，送货员每月工资1000元，车辆费用每月2000元，共计4000元。很明显，实施委托代送能够极大地降低配送成本。同时，由于以前配送成本高，导致该地区配送覆盖面窄，办证户只有区区5户，市场极不规范。实施委托代送后，零售户已达到80多户，市场控制力明显提高，充分发挥了公司的网络辐射功能。通过成本核算比较，边远山区的委托代送与自营配送相比每件节约费用11元。具体如图1-22所示。

1）从追求流通全过程的效率化观点来看，建立一些规模较小的委托代送点，将是物流主体配送方式的有益补充。

2）通过对委托代送点的操作流程监控和专卖的市场检查双管齐下，保证其委托代送经营的有效性、规范性。

3）对边远地区实施"委托代送"，扩大了配送网络的覆盖面，市场控制力明显提高，有效遏制了边远地区的"假、乱、私"现象。

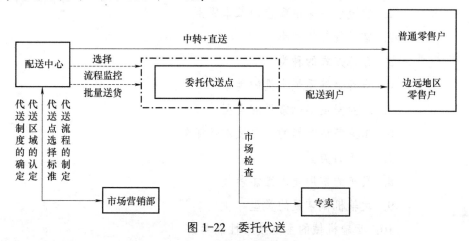

图1-22　委托代送

四、配送管理系统：打破行政区划的配送区域整合

由于配送中心集约化和综合化的发展，带来了配送中心到配送目的地距离的延伸。因此，通过在打破行政区划原则下的配属地的重新划归，在一定程度上降低了卷烟配送成本，同时也解决了因缺乏与配送目的地用户的密切联系，而降低了物流服务水准的问题。

实　训

结合本项目的内容及案例并在互联网上收集有关物流的资料，谈一谈什么是现代物流。结合你所在地的经济及企业发展状况，谈一谈当地及当地的企业是如何发展现代物流的。

项目 2
熟悉物流设备

项目学习目标

通过本项目的学习，了解各种物流设备的作用及应用范围，熟悉选购物流设备时应考虑的主要技术参数。

本项目中应掌握的知识点

1. 物流设备应用配置的基本原则
2. 常见货架的种类
3. 分拣方式的种类
4. 自动分拣系统常见的类型
5. 工业搬运车辆常见的类型
6. 工业搬运车辆的主要技术性能参数
7. 叉车的类型
8. 叉车的常用技术性能参数
9. 运输机械常见的类型
10. 运输机械的主要技术性能参数
11. 起重机械常见的类型
12. 起重机械的常用技术性能参数
13. 集装及集装单元化的概念
14. 集装箱的分类及其搬运设备
15. 托盘的分类与应用

■■■■ 导入案例 ■■■■

京东"亚洲一号"无人仓

2018 年 5 月 24 日，京东首次公开位于上海市嘉定区的"亚洲一号"无人仓。占地 40 000m² 的"亚洲一号"无人仓主要由收货、储存、分拣、包装 4 个作业系统组成，操控全局的智能控制系统由京东自主研发，仓库管理、控制、分拣和配送信息系统等由京东总集成。

据京东物流首席规划师、无人仓项目负责人介绍，从最低级的传统仓库到无人仓的终极形态，要经历 5 个层次的演变：传统仓库、智能型仓库、少人型仓库、无人型仓库到终级无人型仓库。目前，行业中普遍使用的传统仓库使用输送机、叉车等设备，采用 WMS（仓库管理系统）；而京东此次公开的无人型仓库能在大部分业务类型上实现全流程（收货、存储、拣货、包装、分类、发货）无人作业。而终级无人型仓库是全品类、全业务流程的无人作业。与传统的仓库相比，无人仓可以大幅度减轻工人的劳动强度，且效率是传统仓库的 10 倍。

在"亚洲一号"无人仓的货物入库、打包等环节，配备了 3 种不同型号的六轴机械臂（见图 2-1），应用在入库装箱、拣货、混合码垛、分拣机器人供包 4 个场景下。

图 2-1　六轴机械臂

在分拣场内，"亚洲一号"无人仓引进了 3 种不同型号的智能搬运机器人（见图 2-2）执行任务；在 5 个场景内，分别使用了 2D 视觉识别、3D 视觉识别以及由视觉技术与红外测距组成的 2.5D 视觉技术，为这些智能机器人安装了"眼睛"，实现了机器与环境的主动交互。

图 2-2　智能搬运机器人

在包装环节，"亚洲一号"无人仓融入了大数据和云计算技术，利用大数据精确推荐包装材料，可以实现全自动体积适应性包装，不浪费材料。在测量环节利用了物联网中的传感器技术，传感器测出货物的大小和体积后，计算机便能判断出选用多大的包装盒去盛放，如图 2-3 所示。

图 2-3　全自动体积适应性包装系统

在出库区域，大大小小的类似扫地机器人的 AGV（自动导航车，Automated Guided Vehicles）各司其职：最小型的 300 多个"小红人"AGV 负责将每个订单小包裹按照订单地址投放入不同的转运包裹中，中型 AGV 完成第二轮分配和打包，大型 AGV 则直接把最后要送往京东终端配送站点的大包裹送上传送带。而传送带可以直接从库房内延伸至库房外的运输车上。"小红人"所有的路线都由计算机控制自行选择，会互相避让；如果发现电量低了，它们会自动挪到墙上的充电桩上充电——充电 10min，可以工作 4h。此外，"小红人"还会根据分拣量大小，自行计算是"靠墙休息"还是驶上分拣场进行工作，如图 2-4 所示。

图 2-4　"小红人"AGV

在"亚洲一号"无人仓中，手机是目前已实现全流程无人作业的品类，这是由于相对于其他品类，手机的包装更加标准化，是严格的长方体。"亚洲一号"无人仓负责人表示：2019年"亚洲一号"无人仓将通过自动化中间工具来实现其他品类的分拣，而不仅仅是手机。不过，要实现这一目标仍有困难。实现无人仓最大的障碍就是海量的 SKU（库存保有单位），目前"亚洲一号"无人仓只有 1 万～2 万个 SKU，而京东平台则有 500 万个；同时，SKU 会不断变化和迭代，客户需求也不一样，这导致 SKU 组合不同。

物流设备是物流系统的重要组成要素，担负着物流作业的各项任务，影响着物流活动的每一个环节，在物流活动中处于十分重要的地位。离开物流设备，物流系统就无法运行，或是服务水平及运行效率极其低下。

2.1　物流设备应用配置的基本原则

物流设备的配置必须根据物流系统的成本目标、服务水平和质量进行综合考虑。

1. 合理地配置物流设备

1）机械化系统可以大大地改善劳动条件，降低劳动强度，加强安全作业，提高作业效益和效率。但是，在机械化的过程中要考虑系统目标和实际情况。一般情况下，对于作业量很大，特别是重、大货物，启动频繁、重复、节拍短促而有规律的作业，适宜采用机械化系统；对于要求作业效率高、精度高，或影响工人的健康、有危险的作业场合，适宜采用自动化系统。

2）合理选用物流设备。设备的先进程度和数量多少要以适用为主，使设备性能满足系统要求，以保证设备被充分利用，防止设备闲置浪费。因此要对物流设备进行科学规划，要认真研究、分析设备需求种类、配置状况、技术状态，做出切实可行的配置方案，并进行科学合理的选用，充分发挥物流设备的效能。

3）集成化与配套使用。在物流系统中，不仅要注意物流设备单机的选择，更重要的是整个系统各环节的衔接和物流设备的合理匹配。如果设备之间不配套，不仅不能充分发挥设备的效能，而且经济上可能造成很大的浪费。

2. 注重物流系统运作的快速性、及时性、准确性和经济性

合理利用物流设备，以最低的物流成本提供高效、优质的服务，是赢得持久竞争优势的关键。客户对不同产品的购买在时间要求上有所不同，为保证生产需要，有时需要生产系统快速地供应生产所用的材料，这对物流设备提出了更高的要求，要求其快速、及时、准确、经济地把物料或货物运送到指定场所。

快速性是为了满足生产和用户需要，以最短的时间将物料运送到指定场所。为了保证物流速度，需要合理配置物流设备，广泛应用现代化的物流设备。

按照生产进度，合理运用物流设备，把物料及时送到指定场所。无论是生产企业各车间工序间物的流动，还是企业外各种物的流动，都要根据生产的需要及时地进行；否则，生产就会受到影响。这就要求物流设备随时处于良好状态，能随时工作。

准确性要求在仓储、运输、搬运过程中确保物流设备可靠、安全，防止因物流设备的故障造成货物损坏、丢失。对物流设备进行科学管理，是保证设备、货物安全的前提。

经济性是在完成一定的物流任务的条件下，投入的物流设备最佳，即最能发挥设备的功能，消耗费用最低。

3. 选用标准化的物流器具和设备

在物流系统中，采用标准化物流设备和器具，可以降低设备和器具的购置和管理费用，提高物流作业的机械化水平，提高物流系统的效率和经济效益。特别是选用标准化集装单元器具，有利于搬运、装卸、储存作业的统一化和设施设备的充分利用。

4. 具有较强的灵活性和适应性

在物流系统中，所采用的物流设备应能适应各种不同物流环境、物流任务和实际应用的需求，应满足使用方便、符合人体工程学原理等要求。例如，物流设备的使用和操作要符合简单、易掌握和不易出错等要求。

5. 充分利用空间

利用有效的空间进行物流作业。如架空布置的悬挂输送机、立体库、梁式起重机、高层货架等，使用托盘和集装箱进行堆垛、向空中发展，这样可减少占地面积，提高土地利用率，充分利用空间。

6. 减少人力搬运

从人机工作特点来看，有些地方还需要人力搬运，但要尽量减少人力搬运，减少人员步

行距离，减少弯腰的搬运作业。例如，可用手推车减少人力搬运工作量，可用升降台减少或不用弯腰进行搬运作业。应尽量减少搬运、装卸的距离和次数，减少作业人员上下作业、弯腰的次数以及人力码垛的范围和数量。

2.2 仓储设备

储存与保管是物流的重要功能，其类型按保管目的可分为具有发货、配送和流通加工功能的配送中心（流通中心）型仓储，以储存为主的存储中心，具有储存、发货、配送、流通加工功能的物流中心；按建筑形态可分为平房型仓储、楼库型仓储、地下仓储或洞库型仓储、高货架立体型仓储；按存储的方式有手工作业式仓储、机械作业式仓储和自动化仓储系统等。随着现代经济和物流技术的发展，自动化仓储系统得到了迅速开发和广泛应用。

2.2.1 仓储设备的分类和特点

仓储活动的基本功能包括物资的保管功能、调节物资的供需功能、实现物资的配送功能和节约物资的功能。它的基本活动包括储存、保养、维护和管理。仓储活动离不开仓储设备的支持。仓储设备是指仓库进行生产和辅助生产作业以及保证仓库及作业安全所必需的各种机械设备和设施的总称。

1. 仓储设备的分类

仓储设备按照功能划分，常用的有储存设备（如货架）、物料搬运设备、分拣设备、计量设备等，其他还有商品保养设备、检验设备、维修设备、安全设备等。

2. 仓储设备的特点

仓储设备要在特定环境中完成特定的物流作业功能，虽然它们在结构、外形和功能上差别比较大，但又具有如下一些共性：

1）仓储设备一般在物流据点内工作，其作业场所较固定，工作范围相对较小，运行线路较固定。

2）安全性、节能性、环保性和经济性要求高。

3）机械化和自动化程度高。

4）专业化和标准化程度高。

2.2.2 货架

货架泛指存放货物的架子。仓库中的货架是指专门用于存放单元化物品或成件物品的保管设备。仓库管理现代化与货架的种类、功能直接相关。

1. 货架的作用及功能

货架是一种架式结构物，可充分利用仓库空间，提高库容量利用率，扩大仓库储存能力；存入货架中的货物互不挤压，物资损耗小；货架中的货物存取方便，便于清点及计量，可做到先进先出；可以采取防潮、防尘、防盗、防破坏等措施，以提高货物存储质量。

高层货架一般用钢材制作，也可用钢筋混凝土结构。很多新型货架的结构及功能有利于实现仓库的机械化及自动化管理。

2. 常见货架的种类

（1）通道式货架

这种形式的货架需按人工作业或机械作业方式，根据所使用机械类型的不同预留一定宽度的通道，包括货柜式货架、托盘货架和悬臂式货架等。

1）货柜式货架（轻型货架）一般用于储存小件、零星货物，根据需要可有各种不同格式，如货格式及抽屉式等。这种货架一般每格都有底板，货物可直接搁置在底板上。这种货架的作业方式一般都是人工操作，因此轻型货架的高度一般在 2.4m 以下，如图 2-5 所示。

图 2-5　货格式轻型货架

2）托盘货架（见图 2-6）是存放有货物托盘的货架，多为钢材制作，其尺寸视仓库的大小及托盘尺寸而定。每一个托盘占一个货位，较高的托盘货架使用堆垛起重机存取货物，较低的托盘货架可用叉车存取货物。托盘货架可实现机械化装卸作业，便于单元化存取，库容量利用率高，可提高劳动生产率，实现高效率的存取作业，便于实现计算机管理和控制。托盘货架一般使用 3～5 层，高度一般在 4～6m。

3）悬臂式货架（见图 2-7）用于存放长条形材料，悬臂架用金属材料制造，为防止材料碰伤或产生刻痕，金属悬臂上垫有木质衬垫，也可用橡胶带保护。

图 2-6　托盘货架

图 2-7　悬臂式货架

（2）重力式货架

重力式货架有容器重力货架和托盘重力货架两类。货架由多层并列的辊道传送带组成，辊道具有一定的坡度，容器或托盘依靠本身重力由高端入口沿辊道向底端出口滑行。容器重力货架主要用于拣货功能，适合少量多样的拣取，方便人工拣货，适合安装电子标签，适用于超市配送中心等；托盘重力货架主要用于少样、多量、高频率的储存。

重力式货架的优点是能保证货物的先进先出，空间利用率极高，进出货时叉车或巷道堆垛机行程最短。

受人工作业限制，容器重力货架的高度一般在 2.4m 以下。托盘重力货架高度一般在 6m 以下，如图 2-8 所示。

（3）阁楼式货架

阁楼式货架（见图 2-9）是将储存空间分上、下两层规划，利用钢梁和楼板将空间隔为两层，下层货架结构支撑上层楼板。

阁楼式货架可以有效提升空间使用率，通常上层适用于存放轻量物品，不适合重型搬运设备行走，物品搬运需配垂直输送设备或滑道。阁楼式货架的储物形态可以是托盘、纸箱、单件货物。

图 2-8　重力式货架

图 2-9　阁楼式货架

（4）移动式货架

移动式货架（见图 2-10）可节省通道面积，分为普通商品货架和移动式托盘货架两种类型。这种货架可在地面铺设的轨道上移动，可在较多排架中只留出一条通道，通过移动货架来选择所需通道的位置。

（5）旋转式货架

旋转式货架分为整体旋转式货架（整个货架是一个旋转整体）和分层旋转式货架（各层分设驱动装置，形成各自独立的旋转体系）。其中，整体旋转式货架又分为水平旋转式货架（货架的旋转轨迹平行于地面）和垂直旋转式

图 2-10　移动式货架

货架（货架的旋转轨迹垂直于地面）。垂直旋转式货架及其剖面图如图 2-11 和图 2-12 所示。

图 2-11　垂直旋转式货架外观

图 2-12　垂直旋转式货架剖面图

旋转式货架适于小物品的存取，尤其对于多品种的货物存取更为方便。它的储存密度大，货架间不设通道，易管理，投资少。旋转式货架最大的优点是拣货路线短、拣货效率高且便于库存管理。

2.2.3　自动分拣设备

分拣是指为了进行输送、配送，把很多货物按不同品种、不同地点和单位分配到所设置的场地的一种物料搬运过程，也是一种将物品从集中到分散的处理过程。因此，物品分拣的关键是对物品去向的识别、对识别信息的处理和对物品的分流搬运处理。

1．分拣方式的种类

按分拣的手段不同，分拣方式可分为人工分拣、机械分拣和自动分拣三大类。

1）人工分拣的主要缺点是劳动量大、效率低、差错率高。

2）机械分拣是以机械为主要输送工具，在各分拣位置的作业人员按标签、色标、编号等分拣标志，分拣货物。具体工作流程为：应用电子标签辅助拣选系统（见图 2-13）在重力货架的每一货格上安装电子数字显示器，将客户要货单输入计算机后，货位指示灯和数字显示器立即指示所需商品在货架上的具体位置和数量，作业人员只要按指令取货，并放入传送带上的塑料周转箱内，再按一下确认键即可。利用该系统，几个人可同时作业，实现所谓的"无单拣选"（Paperless Picking System），结算、抄单和库存管理均由计算机系统来完成。

图 2-13　电子标签辅助拣选系统

3）自动分拣系统应用于需要迅速、正确分拣大量物品的情况。现代大型分拣系统的分拣速度每小时可达几万件。分拣技术应用范围越来越广，已经成为物流系统尤其是配送系统的重要组成部分。

2. 自动分拣系统常见的类型

自动分拣系统的基本构成包括前处理设备（混杂在一起的物品输入）、分拣运输机系统和后处理设备（分拣后物品的输出）、控制装置及计算机管理四部分。

分拣机有许多不同的形式。为了最为有效地使用分拣机，一般需要了解物品包装的大小、物品的重量、包装形式、物品的易碎性，分拣机的分拣能力、操作环境，投入分拣物品每小时的批数等。配送中心要求分拣机有较高的分拣能力，能适应各种形状、大小和各种包装材料的商品，有较多的分拣滑道和较理想的分拣精度等。为了提高分拣能力，分拣机趋向高速作业（70～80 件/min），许多分拣机的分拣准确率已达到 99.9%，分拣滑道也已增加到 500 条以上。

1）翻盘式分拣机。它在一条沿分拣机全长的封闭环形导轨中，设置一条驱动链条，并在驱动链条上安装一系列载货托盘，将分拣物放在载货托盘上输送，当输送到预定分拣出口时，倾翻机构使托盘向左或向右倾翻，使分拣物滑落到侧面的溜槽中，以达到分拣的目的。翻盘式分拣机各托盘之间的间隔很小，而且可以向左右两个方向倾翻，所以，这种分拣机可设很多分拣口。由于驱动链条可以向上下和左右两个方向弯曲，因此，这种分拣机可以在各个楼层之间沿空间封闭曲线布置，总体布置方便灵活。分拣物的最大尺寸和质量受托盘的限制，但对分拣物的形状、包装材质等适应性好，适用于要求在短时间内大量分拣的小型物品。翻盘式分拣机如图 2-14 所示。

图 2-14　翻盘式分拣机

2）横向胶带式辊道分拣机。它以辊道输送机为主体，在分拣口处的辊子间隙中安装与辊道运行方向垂直运行的窄胶带。平时横向窄胶带的承载面低于辊道的承载面，分拣物可以通过分拣口运行。分拣时，横向胶带上升至高出辊道承载面，托起分拣物，并使其向侧面运行并滑入溜槽中，达到分拣的目的。横向胶带式辊道分拣机如图 2-15 所示。

3）横向推出式辊道分拣机。它以辊道输送机为主体，在分拣口处的辊子间隙中安装一系列由链条拖动的细长导板。平时，导板位于辊道的侧面并排成一直线，不影响分拣物的运行。分拣时，导板沿辊子的间隙移动，逐步将分拣物推向侧面，进入分拣岔道，分拣岔道也采用辊道。这种分拣机的分拣动作比较柔和，适用于分拣易翻倒的物品或易碎物品。横向推出式辊道分拣机如图 2-16 所示。

图 2-15　横向胶带式辊道分拣机

图 2-16　横向推出式辊道分拣机

4）气缸侧推式分拣机，如图 2-17 所示。

5）旋转挡臂式分拣机，如图 2-18 所示。

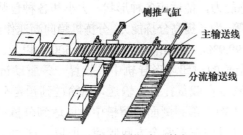

图 2-17　气缸侧推式分拣机

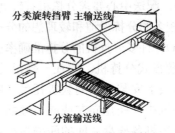

图 2-18　旋转挡臂式分拣机

3. 分拣信号的输入与识别

在自动分拣系统中，常用的分拣信号输入方法大致有以下四种：

（1）键盘

由作业人员先对从主输送机上向那个即将排出物品的分拣道口进行编码，再按键输入分拣信号。这种用键盘输入的方式费用最低，且简单易行。

（2）条码和激光扫描器

把含有分拣商品信息的条码标签粘贴在每件物品上，通过放置在分拣机上的激光扫描器阅读。扫描器能对在输送机上以 40m/min 的速度传送的物品进行扫描阅读，扫描速度为 500～1 500 次/s，但以扫描输入次数最多的信号为准。在扫描条码标签时，也一并扫描条码上包括商品名称、生产厂商、批号、配送商店等信息的编码，作为在库商品的信号输入主计算机，为仓库实行计算机业务管理提供数据，这是其他输入方法所不及的。条码输入法的优点是处理信号能力强、精度高，能够实现输入自动化。

（3）声音识别输入

作业人员通过话筒朗读每件商品的配送物品名称和地点，将声音输入变换为编码，由分拣机的计算机系统控制分拣机启动。声音识别输入装置的处理能力为 60 个词语/min。

（4）光学文字读取装置（OCR）

这种装置能直接阅读文字，将信号输入计算机。但是这种输入方法的拒收率较高，影响信号输入的效率。目前在邮政编码上应用较多，而在物流中心的分拣系统中应用较少。

2.2.4　自动仓储系统

1. 自动仓储系统的定义

自动仓储系统（Automated Storage and Retrieval System，ASRS）是指能自动存储和取出物料的系统。

自动仓储系统（见图 2-19）采用高层货架储存货物，用起重、装卸、运输机械设备进行货物出库和入库作业。自动仓储系统主要通过高层货架充分利用空间进行货物存取。目前，高架仓库的最大高度已达到 40 多 m，最大库存量可达数万甚至十多万个货物单元，可以做到无人操纵按计划入库和出库的全自动化控制，并且对于仓库的管理可以实现计算机网络管理。自动仓储系统的缺点是投资巨大，一般在数千万元，甚至数亿元；另外，自动仓储系统的日常维护费用也远比一般仓储系统要高。

自动仓储系统集高架仓库及规划、管理、机械、电气于一体，是一门综合性的技术。世界上第一座计算机控制的高架仓库建立于 1963 年，目前我国已建成的自动化仓库约有 3 300 余座，分布在汽车、化工、电子、机械、烟草等各行业和部门。

图 2-19　自动仓储系统

2. 自动仓储系统的类型

（1）按其在生产和流通中的作用分类

1）单纯储存的仓库。货物以单元化形式（如托盘）在货架上储存一定的时间，需要时供出库使用。

2）配送中心式仓库。出库时需要根据订单的要求对不同类别的货物进行选配，组成新的出库货物单元，因此，配送中心式仓库需要较大的选配作业面积，以配置各类输送机、分拣系统和拣选作业站，以及一系列的配套设备。

（2）按自动仓库的建筑形式分类

1）整体式自动仓库。由货架顶部支撑建筑屋顶，在货架边侧安装保温墙板形成仓库建筑物，货架与建筑物成一体，适用于 15m 以上的大型自动仓库。

2）分离式货架。货架与建筑物是分开的，当仓库高度在 12m 以下且地面载荷不大时，采用这种形式比较方便。

（3）按库房高度分类

一般分为低层仓库（高度 5m 以下），中层仓库（高度 5～12m），高层仓库（高度 12m 以上）。一般认为仓库高度 10～20m 较佳，最高可达 40～45m。

（4）按库容量（能储存货物的单元托盘数）分类

按库容量可分为大型库（库容量在 5 000 个托盘以上）、中型库（库容量在 2 000～5 000 个托盘）和小型库（库容量在 2 000 个托盘以下）。目前，自动仓库的最大库容量已达十多万个托盘。

3．自动仓储系统的优点

1）能大幅度地减少占地面积和提高库容量。自动仓库目前最高的已经达到 40 多 m，它的单位面积储存量比普通的仓库高很多。一座货架 15m 高的自动仓库，储存机电零件和外协件，其单位面积储存量可达 2～15t/m^2，是普通货架仓库的 4～7 倍。

2）提高仓库出入库频率。自动仓库采用机械化、自动化作业，出入库频率高并能方便地纳入整个企业的物流系统，使企业物流更为合理。

3）提高仓库管理水平。借助于计算机管理，能有效地利用仓库储存能力，便于清点盘库，合理减少库存，节约流动资金。对用于生产流程中的半成品仓库，还能对半成品进行跟踪，成为企业物流的一个组成部分。

4）由于采用了货架储存，并结合计算机管理，可以很容易地实现先进先出，防止货物自然老化、变质、生锈。自动仓库也便于防止货物的丢失，减少货损。

5）采用自动化技术后，能较好地适应黑暗、有毒、低温等特殊场合的需要。例如，胶片厂储存胶片卷轴的自动仓库，通过计算机控制，可以在完全黑暗的条件下自动实现胶片卷轴的入库和出库。

2.3 装卸搬运设备

装卸搬运是物流系统中最基本的功能要素之一，存在于货物运输、储存、包装、流通加工和配送等过程中，贯穿于物流作业的始末。装卸搬运工作的效果，直接影响到物流系统的效率、效益和效用。

2.3.1 装卸搬运设备的作用和应用特点

装卸搬运设备包括：起重机械、运输机械、装卸机械、工业车辆、管道气力输送设备及附属装置等。

1．装卸搬运设备的作用

装卸搬运设备不仅用于生产企业内部物料或工件的起重输送和搬运以及船舶与车辆货物的装卸，还用于完成库场的堆码、拆垛、运输以及舱内、车内、库内的搬倒。物料搬运设备的主要作用有：

1）提高装卸效率，节约劳动力，减轻装卸工人的劳动强度，改善劳动条件。

2）缩短作业时间，加速车辆周转，加快货物的送达和发出。

3）提高装卸质量，保证货物的完整和运输安全。

4）降低物料搬运作业成本。

5）充分利用货位，加速货位周转，减少货物堆码的场地面积。

2. 装卸搬运设备的应用特点

装卸搬运设备的性能和作业效率对整个物流系统的效率影响很大,为了顺利完成物料搬运任务,必须适应物料搬运作业要求。要求物料搬运设备机械结构简单牢固,作业稳定,造价低廉,易于维修保养,操作灵活方便,生产率高,安全可靠,能最大限度地发挥其工作能力。它们的特点是:

1)适应性强。由于受货物品类、作业时间、作业环境等影响较大,物料搬运活动各具特点,因而要求物料装卸搬运设备具有较强的适应性,能在各种环境下正常进行工作。

2)设备能力强。物料搬运设备的起重能力和起重范围大,具有很强的物料搬运作业能力。

3)机动性较差。大部分物料搬运设备都在局部范围完成物料搬运任务,且工作速度较慢,只有个别物料搬运机械可在设施外作业。

2.3.2　工业搬运车辆

工业搬运车辆是指用于企业内部对成件货物进行码、牵引或推拉,以及短距离运输作业的各种车辆,其中还包括非铁路干线使用的各种轨道车辆和汽车等。工业搬运车辆往往兼有装卸与运输作业功能,并有各种可拆换工作属具,故能机动灵活地适应多种搬运作业场合,经济高效地满足各种短距离作业的要求。工业搬运车辆已经广泛地用于港口、仓库、货场、工厂车间等处,并可进入车船和集装箱内进行件货的装卸搬运作业。

1. 工业搬运车辆常见的类型

（1）手推车

它是一种以人力为主,在路面上水平输送物料的搬运车。大量应用于工厂、仓库、超市等领域。常见的手推车包括手推台车、杠杆式手推车、手动液压升降台车等,如图 2-20 所示。手推车价格低廉,一般在数百元至数千元。

a）手推台车　　　　　　　b）杠杆式手推车　　　　　c）手动液压升降台车

图 2-20　手推车的类型

（2）托盘搬运车

它是一种轻型的搬运设备,有两个货叉似的插腿,可插入托盘叉孔之内。广泛应用于超市、仓库、工厂车间,主要用来搬运托盘承载的货物以及一些体积较大的货物。托盘搬运车主要有以下几种类型:手动托盘搬运车、站驾式电动托盘搬运车、步行式电动托盘搬运车、座驾式电动托盘搬运车、剪式托盘搬运车等。托盘搬运车的价格一般在数千元至数万元,会因为是原装进口整车、进口零部件组装车、国产车或生产厂家不同而价格有所不同。托盘搬运车的类型如图 2-21 所示。

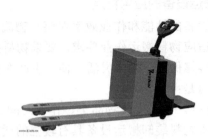

a）手动托盘搬运车　　　　　　　b）站驾式电动托盘搬运车

c）步行式电动托盘搬运车　　　d）座驾式电动托盘搬运车　　　e）剪式托盘搬运车

图 2-21　托盘搬运车的类型

（3）固定式平台搬运车

固定式平台搬运车是具有较大物料承载平台的搬运车。相对承载货车而言，它具有承载平台离地低，装卸方便；结构简单、价格低；轴距、轮距较小，作业灵活等特点，一般用于企业内车间与车间、车间与仓库之间的运输。价格一般在数万元，个别原装进口整车价格在十几万元。固定式平台搬运车如图 2-22 所示。

a）固定式平台搬运车　　　　　　b）固定式平台搬运车

图 2-22　固定式平台搬运车

（4）叉车

叉车又称铲车、叉式取货机，是物流领域最常用的具有装卸、搬运双重功能的机械。它以货叉作为主要的取货装置，依靠液压起升机构升降货物，由轮胎式行驶系统实现货物的水平搬运。除了使用货叉以外，叉车还可以更换各类取货装置以适应多种货物的装卸、搬运和堆垛作业。

1）叉车的特点。

① 叉车具有很强的通用性。仓库、车站、码头和港口都要应用叉车进行作业。叉车与托盘配合，是实现搬运作业机械化、提高作业效率的主要措施之一。

② 叉车是装卸和搬运一体化的设备，它将装卸和搬运两种作业合二为一，从而提高了作业的效率。

③ 叉车具有很强的灵活性。与汽车相比较，叉车底盘的轮距较小，这样叉车的转弯半径就很小，作业时灵活性更强。在许多机具难以使用的领域都可以采用叉车。

2）叉车的类型。

① 按动力装置分类，叉车分为内燃式叉车和电动式叉车。

● 内燃式叉车。以内燃机为动力，根据所用燃料的不同，可分为汽油机、柴油机和液化石油气叉车。其特点是：动力性和机动性好，适用范围非常广泛。

● 电动式叉车。它以蓄电池为动力，用直流电动机驱动。其特点是：结构简单，机动灵活，环保性好；其不足之处是：动力持久性差，需要专用的充电设备，行驶速度不高，对路面要求高，主要适用于室内作业的场合。

② 按照结构特点分。

● 平衡重式叉车。平衡重式叉车（见图 2-23）是搬运车辆中应用最广泛的一种，占叉车总量的 80%左右。它可以由司机单独操作完成货物的装卸、搬运和堆垛作业，并且通过变换属具来扩大叉车的使用范围和作业效率。平衡重式叉车的价格一般在数万元至十几万元，视进口整车、进口零部件组装车、国产车以及生产厂家的不同而有所不同。

平衡重式叉车的结构特点是：叉车的工作装置位于叉车的前端，货物载于前端的货叉上，为了平衡前端货物的重量，需要在叉车的后部装有平衡重。前轮为驱动轮，后轮为转向轮。

叉车的前部装置装有标准货叉，可以自由地插入托盘取货和放货，并能沿门架升降，随着门架前倾或后倾。前倾的目的是方便取放货物，后倾的目的是保证货物在运行过程中不会从货叉上滑落。货叉可以根据需要更换其他叉车属具。叉车的上方设置护顶架，部分叉车装有司机室，目的是防止货物跌落砸伤驾驶员。

● 前移式叉车。前移式叉车（见图 2-24）车体自重轻，转弯半径小，但由于车轮较小，对地面要求较高，主要靠电池驱动，行走速度较慢，稳定性很好，适用于车间、仓库内作业，特别是适用于运行通道较窄的场所。前移式叉车的价格一般在十几万元至二十几万元。

● 侧面式叉车。侧面式叉车（见图 2-25）适合于窄通道作业，利于装搬条形货物。

图 2-23 平衡重式叉车

图 2-24 前移式叉车

图 2-25 侧面式叉车

● 插腿式叉车。插腿式叉车稳定性很好、起重量小、车速低、结构简单，如图 2-26 所示。

● 集装箱叉车。集装箱叉车如图 2-27 所示。

图 2-26　插腿式叉车　　　　　　图 2-27　集装箱叉车

● 高架叉车，又称无轨巷道式堆垛机，或堆高机，起升高度可达 13m，适于高层货架仓库，如图 2-28 所示。

a）迷你型堆高车　　　　　b）手动堆高车　　　　　c）电动堆高车

图 2-28　堆高机的类型

3）叉车的主要技术性能参数。叉车的技术性能参数是指反映叉车技术性能的基本参数，是选择叉车的主要依据。

① 叉车的常用技术性能参数。

● 额定起重量。额定起重量是指货物的重心位于载荷中心距以内时，允许叉车举起的最大重量。

● 最大起升高度。最大起升高度是指在额定起重量、门架垂直、货物起升到最高位置时，货叉水平段的上表面距地面的垂直距离。

● 满载最大爬坡度。满载最大爬坡度是指在良好的干硬路面上，能够爬上的最大坡度。

● 最小转弯半径。最小转弯半径是指在空载低速行驶、打满方向盘，即转向轮处于最大偏转角时，瞬时转向中心距叉车纵向中心线的距离。

● 回转通道最小宽度。回转通道最小宽度是指可供叉车掉头行驶的直线通道的最小理论宽度。

② 叉车的其他技术性能参数。

● 叉车的最大高度和宽度，决定了叉车能否进入仓库、集装箱、船车内进行作业。
● 堆垛通道最小宽度，是指叉车在正常作业时，通道的最小理论宽度。
● 直角通道最小宽度，是指可供叉车往返行驶的、成直角相交的通道的最小宽度。
● 最大起升速度，是指额定起重量和门架垂直时，货物起升的最大速度。
● 满载最高行驶速度，是指叉车在平直干硬的路面上满载行驶时所能达到的最高车速。
● 门架倾角，是指叉车在平坦、坚实的路面上，门架相对于垂直位置的最大倾角。
● 最小离地间隙，是指叉车轮压正常时，叉车最低点距地面的距离。
● 载荷中心距，是指叉车设计规定的标准载荷中心到货叉垂直段前臂之间的距离。
● 叉车的制动性能，用来反映叉车的工作安全性。
● 叉车的稳定性，是指作业过程中抵抗倾翻的能力，是保证叉车工作安全的重要指标之一。

2. 工业搬运车辆的主要技术性能参数

1）额定载重量，是指在规定条件下、正常使用时，可起升和搬运物料的最大重量。
2）水平行驶速度，是指车辆在平直的路面上行驶时，所能达到的最大速度。
3）起升速度和下降速度，是指在一定载荷条件下，所能上升和下降的最大速度。
4）最小转弯半径是指搬运车辆在空载低速行驶、打满方向盘，即转向轮处于最大偏转角时，瞬时转向中心距搬运车辆纵向中心线的距离。搬运车辆转弯半径的大小影响搬运车辆的作业灵活性，搬运车辆的转弯半径越小，对作业空间的要求就越小。
5）自重，是指搬运车辆在空载时的总重量，也称为搬运车辆的轮压。
6）搬运车辆的尺寸，即搬运车辆的总长、总宽、总高。

3. 自动导向搬运车系统

自动导向搬运车系统（Automatic Guided Vehicle System，AGVS）（见图 2-29）是一种使车辆按照给定的路线自动运行到指定场所，完成物料搬运作业的系统。AGVS 是一种机电一体化的高科技物料搬运系统。由于它能满足物料搬运作业的自动化、柔性化（即可调整性）和准时性的要求，因此常与现代高新技术，如工厂自动化、柔性加工系统、计算机集成制造系统及仓储自动化等一起应用。

自动导向搬运车系统是以自动导向的无人驾驶搬运小车为运载主体，由导向系统、自动寄送系统、数据传输系统、管理系统、安全保护装置及周边设备等部分组成。

a）无轨自动导向搬运车系统　　　　　　　　b）有轨自动导向搬运车系统

图 2-29　自动导向搬运车系统

2.3.3 运输机械

运输机械是按照规定路线连续或间歇地运送、装卸散状物料和成件物品的搬运机械。它是现代物流系统的重要组成部分，在很大程度上影响和决定系统的能力和机械化水平。

运输机械可按照用途、结构形式、工作原理等分成输送机械、装卸机械和给料机械三大类。与运输机械配套的辅助装置主要有称量装置、料仓、除铁装置和除尘装置等。

1. 运输机械常见的类型

1）带式输送机，其特点是输送距离长、生产率高、结构简单、营运费用低、输送线路可灵活布置、工作平稳可靠、操作简单、安全可靠、易实现自动控制等。带式输送机广泛应用于仓库、港口、车站、工厂、煤矿、矿山、建筑工地等。

带式输送机（见图2-30）分为普通胶带输送机、特种胶带输送机、特种带式输送机。

a）带式输送机作业　　　　　　　　b）带式输送机图示

图2-30　带式输送机

带式输送机布置形式有水平式、倾斜式、带凸弧曲线式、带凹弧曲线式、带凸凹弧曲线式五种基本形式。在具体使用时，应根据输送工艺的需要进行选择。

2）辊子输送机，适用于短距离输送件货，如钢锭、零件、木材、箱件等，如图2-31所示。

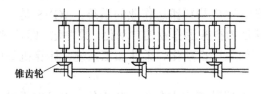

a）直线运行时辊子输送机结构示意图　　　b）转弯处辊子输送机结构示意图

图2-31　辊子输送机结构示意图

3）链板输送机，适用于中短距离输送较大件货，也可用于装配流水线上，如图2-32所示。

图2-32　链板输送机

4）悬挂输送机，适用于中短距离输送件货，能适应复杂的工艺路线，满足生产线上的工艺特性要求，如图2-33所示。

a）悬挂输送机①

b）悬挂输送机②

图 2-33　悬挂输送机

5）螺旋式输送机，适用于短距离内水平、倾斜或垂直输送粒度小的散料，如图 2-34 所示。

图 2-34　螺旋式输送机

6）气力输送机，适用于中短距离内输送粉状或小粒度的散料，输送线路可以曲线布置，可兼有混合、烘干等功能，完全密闭，如图 2-35 所示。

7）斗式提升机，适用于中短距离内垂直提升较小粒度的散料，易于密闭，如图 2-36 所示。

图 2-35　气力输送机

a）斗式提升机①

b）斗式提升机②

图 2-36　斗式提升机

2. 输送物品的特性

运输机械搬运的货物可分为散装物料（简称散料）和成件物品两大类。

（1）散装物料的特性

运输机械的主要技术参数、有关零部件的结构和材料的选择都要考虑所运散料的物理机械特征。除有害性、腐蚀性、自燃性、危险性等外，影响最大的主要是散料的物理性质，如粒度、堆积密度、堆积角、温度、湿度、流动性、内摩擦系数、外摩擦系数、可压实性、易碎性等。如散料的动（静）堆积角将影响物料的堆积高度和输送生产率，内摩擦系数和流动性将影响料仓的结构设计等

（2）成件物品的特性。

凡是在运输过程中作为一个单元来考虑的货物，如装散料或液体的瓶、罐、袋、盒、箱以及原本就是件搬运的固体物料，都称为成件物品。又轻又小的成件物品常集装成单元进行

搬运，则单元可视为一个新成件物品。

设计输送成件物品的运输机械时，需考虑如下几项主要特性：

1）几何形状，外形尺寸长、宽、高。

2）质量，相对于成件物品底面的重心角度、倾角、重心变动范围。

3）与运输机械相接触的材料性质。

4）底面形状。

5）底面的物理性质，如光滑或粗糙、软或硬等。

在设计和选用运输机械时也必须要考虑成件物品的物理特性、化学特性和对外界影响的敏感性，如腐蚀性、易破损性、锋利性、易燃易爆性、放射性、需防倾翻、防挤压、防水、防振等因素。

3．运输机械的主要技术性能参数

运输机械有运行速度高且稳定、生产率高、冲击小、动作单一、便于实现自动控制、工作过程中负载均匀、搬运成本低廉等优点；其缺点是只能按照一定路线输送而无机动性，通用性差，一般不适于运输重量很大的单件物品，也不能自行取货，而需采用一定的供料设备。

运输机械的主要技术性能参数有：

1）输送速度，即被运物料沿输送方向的运行速度。

2）外形尺寸、输送长度（或提升高度）和倾斜角。

3）充填系数，即输送机承载件被物料填满程度的系数。

4）生产率，即输送机在单位时间内输送货物的质量。

2.3.4　起重机械

起重机械是一种做循环、间歇运动的机械，用来垂直升降货物或兼作货物的水平移动，以满足货物的装卸、搬运和转载等作业要求。

1．起重机械常见的类型

（1）简单起重机械

简单起重机械一般只作升降运动，或一个直线方向移动。常见的简单起重机械包括千斤顶（见图2-37）、手扳葫芦（见图2-38）、手拉葫芦（见图2-39）、电动葫芦（见图2-40）等。

（2）升降机

升降机如图2-41所示。

图2-37　千斤顶

图2-38　手扳葫芦

图2-39　手拉葫芦

图 2-40 电动葫芦

图 2-41 升降机

（3）桥架型起重机

1）通用桥架型起重机如图 2-42 所示。

a）通用桥架型起重机①

b）通用桥架型起重机②

图 2-42 通用桥架型起重机

2）装卸桥。门式起重机的小车运行速度快、运行距离长、生产效率高，主要吊运散货时，常被称为装卸桥，如图 2-43 所示。

3）缆索起重机。当桥架型起重机的跨度特别大时，为了减轻桥架和小车运行机构的重量，常改为缆索来代替桥架，供小车运行使用，这类起重机称为缆索起重机（见图 2-44）。缆索起重机，如图 2-44 所示。

图 2-43 装卸桥

图 2-44 缆索起重机

（4）臂架型起重机

臂架型起重机又称为回转型起重机，它是利用臂架式或整个起重机的回转来搬运物品。臂架的吊钩幅度可以改变，因而起重机的工作范围是一个圆柱形或扇形的立体空间。臂架型起重机可以分为两大类。

1）固定回转起重机，如图 2-45 所示。

2）移动式回转起重机

① 有轨移动回转起重机

● 门座起重机。它是装在沿地面轨道行走的门形底座上的全回转臂架起重机，是码头前沿的通用起重机械之一。门座起重机的工作地点相对比较固定，可以以较高的生产率完成船-岸、船-车、船-船之间等多种装卸作业。如图 2-46 所示。

● 塔式起重机，如图 2-47 所示。

● 铁路起重机，如图 2-48 所示。

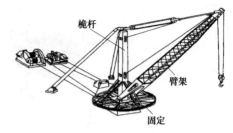

图 2-45　固定回转起重机

图 2-46　门座式起重机

图 2-47　塔式起重机

图 2-48　铁路起重机

② 无轨移动回转起重机

● 汽车起重机。在通用或专用的载货汽车底盘上，装上起重工作装置及设备的起重机称为汽车起重机，如图 2-49 所示。

● 轮胎式起重机。将起重工作装置和设备装设在专门设计的自行轮胎底盘上的起重机，称为轮胎起重机，如图 2-50 所示。

● 履带式起重机。把起重工作装置和设备装设在履带式底盘上的起重机，称为履带式起重机，如图 2-51 所示。

图 2-49　汽车起重机

图 2-50　轮胎式起重机

图 2-51　履带式起重机

● 非回转浮式起重机。它是指起重装置不能相对浮船转动的浮式起重机，它的臂架既不能回转，也不能变幅，只能在船首以外的固定幅度处吊装货物。非回转浮式起重机如图 2-52 所示。

● 全回转浮式起重机，如图 2-53 所示。

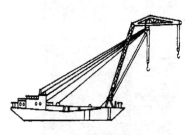

图 2-52 非回转浮式起重机

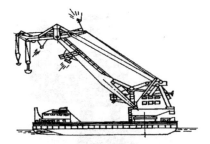

图 2-53 全回转浮式起重机

（5）堆垛起重机

堆垛起重机是立体仓库中最重要的起重运输设备，是代表立体仓库特征的标志。其主要用途是在立体仓库的通道内运行，将位于巷道口的货物存入货格；或是将货格中的货物取出，运送到巷道口，并移交给其他输送设备。

立体仓库中运用的主要作业设备包括有轨巷道堆垛起重机、无轨巷道堆垛起重机（高架叉车、堆高车）和普通叉车。三种设备的主要性能比较见表 2-1。

表 2-1 立体仓库主要作业设备的性能比较

设备名称	作业高度	巷道宽度	作业灵活性	自动化程度
普通叉车	<5m	最大	任意移动，非常灵活	一般为手动，自动化程度低
无轨巷道堆垛起重机	5～12m	中	可服务于两个以上的巷道，并完成高架区外的作业	可以手动、半自动、自动及远距离集中控制
有轨巷道堆垛起重机	>12m	最小	只能在高层货架巷道内作业，必须配备出入库设备	可以手动、半自动、自动及远距离集中控制

1）有轨巷道堆垛起重机。有轨巷道堆垛起重机（见图 2-54）沿货架仓库巷道内的轨道运行，使得作业高度提高；采用货叉伸缩机构，使货叉可以伸缩，这样就可以使巷道宽度变窄，提高仓库的利用率；有轨巷道堆垛起重机一般采用半自动或全自动控制装置，运行速度和生产效率都较高；因其只能在货架巷道内作业，因此要配备出入库装置；有轨巷道堆垛起重机适用于各种高度的高层货架仓库，可以实现半自动、全自动和远距离集中控制。有轨巷道堆垛起重机的起重量是指被起升单元货物的质量（包括托盘或货箱）。根据使用要求，拣选入库、出库方式的起重量常为 0.1～0.25t，单元化入库、出库方式的起重量一般为 0.25～5t。

a）有轨巷道堆垛起重机①

b）有轨巷道堆垛起重机②

图 2-54 堆垛起重机

2）拣选型巷道堆垛机，如图 2-55 所示。

a）拣选型巷道堆垛机①

b）拣选型巷道堆垛机②

图 2-55　拣选型巷道堆垛机

3）桥式堆垛起重机。桥式堆垛起重机具有起重机和叉车的双重结构特点，有桥架和回转小车，桥架在仓库上方运行，回转小车在桥架上运行。同时，桥架堆垛起重机具有叉车的结构特点，即具有固定式或可伸缩的立柱，立柱上装有货叉或者其他取物装置。

货架和仓库顶棚之间需要一定的空间，以保证桥架的正常运行。立柱可以回转，保证工作的灵活性。回转小车根据需要可以来回运行，因此，桥式堆垛起重机可以服务于多条巷道。桥式堆垛起重机的堆垛和取货是通过取物装置在立柱上运行实现的，因为立柱高度的限制，桥式堆垛起重机的作业高度不能太高。

桥式堆垛起重机主要适用于 12m 以下中等跨度的仓库中，巷道的宽度较大。适于笨重和大型物料的搬运和堆垛，如图 2-56 所示。

图 2-56　桥式堆垛起重机

2. 起重机械的常用技术性能参数

起重机械的技术性能参数是表示起重机械主要性能特征的技术经济指标，是起重机械正确设计选用的技术依据。关于起重机的幅度或跨度，已制定了国家标准。

（1）起重机的常用技术性能参数

1）额定起重量 G。额定起重量 G 是指起重机能吊起的物料连同可分吊具或属具（如抓斗、电磁吸盘、平衡梁等）质量的总和，单位为 kg 或 t。

2）起升高度 H。起升高度 H 一般是指起重机工作场地地面或起重机运行轨道顶面到取物装置上极限位置之间的垂直距离，单位为 m。

3）幅度 R 和跨度 L。幅度是指臂架类起重机旋转中心线到取物装置中心线之间的水平距离；跨度是指桥式类起重机大车运行轨道中心线之间的水平距离。单位均为米。

4）起重力矩 M。起重机的工作幅度与起重量的乘积，$M = GR$，单位为 t·m。

（2）起重机的其他技术性能参数

1）工作速度 V。工作速度 V 是指起升速度、旋转速度和变幅速度。

2）生产率 Q。生产率是指起重机械在规定的工作条件下连续作业时，单位时间内装卸货物的质量，通常用 Q 表示。

3）轮压。轮压一般是指起重机车轮对运行轨道（或地面）的压力，单位是 N 或者 kN。

4）工作级别。工作级别是反映起重机械工作繁忙程度和载荷轻重程度的参数，是考虑起重量和时间的利用程度以及工作循环次数的起重机械特征。为了使起重机械具有先进的技术经济指标，保证其安全可靠、经久耐用，在设计和选用起重机械时需考虑工作级别。

2.4　集装单元化设备

在生产领域、流通领域和消费领域中，多种类型的产品，如小件杂散货物，其个体体积、重量都不大，所以总是需要进行一定程度的组合，才能有利于销售和流通，有利于物流功能运作，有利于使用。比如箱、袋等都是杂散货物的组合状态。同时，随着生产技术和各种交通工具、交通设施、交通网络的不断发展，以及流通市场范围的不断扩大，各类大批量物品都要进行长距离输送，也促进了集装单元化技术的发展。目前，世界各国大多采用了集装技术及集装单元化技术进行物流功能活动。

2.4.1　集装单元及集装单元化

1. 集装及集装单元化的概念

集装就是以最有效地实行物资搬运作为基本条件，把若干物品和包装货物或者零散货物恰当地组合包装，使其适合于装卸、存放、搬运及机械操作。集装既是一种包装形式，又是一种运输或储存形式，贯穿了物流的全过程并发挥作用。

集装单元就是把一定的物料整齐地集结成一个便于储放、搬运和运输的单元。

集装单元化就是以集装单元为基础组织的装卸、搬运、储存和运输等物流活动的方式。集装单元化是物流现代化的标志，其实质就是要形成集装单元化系统，即由货物单元、集装器具、物料搬运设备和输送设备等组成的为高效、快速地进行物流功能运作的系统。集装单元化有效地将分散的物流各项活动连接成一个整体，是物流系统的核心内容和主要方式。

集装单元化技术是物流系统中的一项先进技术，它是适合于大批量、长距离输送和机械化大生产，便于采用自动化管理的一种现代科学技术；是现代化大生产、大流通将自动化装置运用于物流活动的产物，它的生命力在于科学技术的发展。

集装单元化技术是物流管理硬技术（物流设备、器具及随属器具等）与软技术（为完成物流作业的系列方法、程序和制度等）的有机结合。采用集装单元化技术后，在使物流费用大幅度降低的同时，也使传统的包装方法和物料搬运设备发生了根本变革。例如，集装箱本身就是包装物和运输工具，改变了过去那种对包装、装卸、储存、运输等按功能各管一段的做法，是提高物流合理化、综合规划、改善物流机能的有效技术。

集装系统是以集装方式进行全物流过程各项活动，并对此进行综合、全面管理的物流形式，是许多物流活动的综合总称。集装单元化系统的基本要素包括工具要素、管理要素和集装系统的社会环境支撑要素。

集装系统的工具要素主要由各种集装工具及配套工具构成，如集装箱、托盘、集装袋、散装罐、仓库笼等。这些工具的主要作用是将零杂货物组合成单元货物，并以这些工具为承托物，以单元货物为整体进行物流活动。集装系统依靠有效的管理形成内在的、有机的联系。

2. 集装单元化的特点

1）通过标准化、通用化、配套化和系统化来实现物流功能作业的机械化和自动化。

2）物品移动简单，减少重复搬运次数，缩短作业时间和提高效率，装卸机械的机动性增强。

3）改善劳动条件，降低劳动强度以及提高劳动生产率和物流载体利用率。

4）物流各功能环节便于衔接，容易进行物品的数量检验，清点交接简便，减少差错。

5）货物包装简单，节省包装费用，降低物流功能作业（搬运、存放和运输等）成本。

6）容易高堆积，减少物品堆码存放的占地面积，能充分灵活地运用空间。

7）能有效地保护物品，防止物品的破损、污损和丢失。

8）集装单元化的缺点是作业有间歇、需要宽阔的道路和良好的路面，托盘和集装箱的管理烦琐，设备费一般较高，由于托盘和集装箱自身的体积及重量的原因，使物品的有效装载减少。

3．集装单元化的原则

1）集装单元器具标准化原则。器具标准化是集装单元的基础，能最大限度地减少重复搬运，提高运输效率。器具标准化的内容主要有集装术语的使用和标志方法；集装器具的形式和质量；强度、刚度和耐久性试验方法等。集装单元器具标准化有利于发挥集装器具的使用性能、节约材料；便于大量生产，有利于维修、管理和更换。

2）集装单元化的通用化、系统化、配套化原则。

3）集装单元化的集散化、直达化、装满化原则。

4）集装单元化的效益化原则。在推广应用集装单元化技术的过程中，必须注意集装箱和托盘等集装器具的合理流向及回程货物的合理组织，这样才能充分发挥集装单元化的最大优势。

2.4.2 集装单元化器具

集装单元化器具主要有集装箱、托盘和其他集装器具。

1．集装箱的分类及其搬运设备

集装箱，又称为"货箱""货柜"，是为了便于物品运送而专门设计的，在一种或多种运输方式中无须中途换装。集装箱具有耐久性且能反复使用，设有便于搬运和装卸的装置，很容易从一种运输方式转换为另一种运输方式，其结构设计便于货物装满或卸空，集装箱的容积一般大于 $1m^3$。

（1）集装箱的类型

为适应装载不同种类的货物而需要不同种类的集装箱，它们在外观、结构、强度、尺寸等方面都不尽相同。集装箱可按其用途、箱体材料、箱体结构和外部尺寸的不同进行分类。例如按用途分类，集装箱分为件杂货集装箱、保温集装箱、散货集装箱、通风集装箱、罐式集装箱、框架式集装箱等。

1）件杂货集装箱，是指具有集装箱的基本结构，内部不需要安装特殊设备，适用一般件杂货的封闭集装箱，如图 2-57 所示。

2）保温集装箱，是指专门为运输要求保持一定温度的冷冻货而设计的集装箱。它分为带冷冻机的内藏式机械集装箱和没有冷冻机的外置式机械集装箱（只有隔热设备），适用于运输肉类、水果等物资，如图 2-58 所示。

3）散货集装箱，主要用于运输豆类、谷物、硼砂、树脂等货物。除了有箱门外，其顶部还设有 2～3 个装货口，如图 2-59 所示。

4）通风集装箱。通风集装箱一般在侧壁或端壁上设有通风孔，适于装载不需要冷冻而需要通风、防止潮湿的货物，如水果、蔬菜等，如图 2-60 所示。

图 2-57　件杂货集装箱

图 2-58　保温集装箱

图 2-59　散货集装箱

图 2-60　通风集装箱

5）罐式集装箱。这是一种专门供装液体货而设置的集装箱，如酒类、油类及化工产品等。其外部为刚性框架，以便堆放，内有罐体，如图 2-61 所示。

6）框架式集装箱。它一般呈框架结构，没有壁板和顶板，如汽车集装箱，如图 2-62 所示。

图 2-61　罐式集装箱

图 2-62　框架式集装箱

（2）集装箱的搬运设备

为了完成集装箱的装卸、搬运和堆垛作业，需采用装卸效率高、安全可靠的集装箱专用机械设备。不同物料搬运设备工艺、作业场所需配备不同的集装箱物料搬运机械系统。按作业场所和物料搬运设备工艺，常分为集装箱船装卸机械系统、集装箱堆场装卸机械系统、集装箱货运站装卸机械系统。

集装箱船装卸机械系统主要实现船岸交接，对停靠的集装箱船舶进行装卸作业。如图 2-63 和图 2-64 所示。一般情况下，常采用岸边集装箱装卸桥。岸边集装箱装卸桥具有效率高、车船作业简便、适用性强的优点，是集装箱码头前沿进行集装箱船舶装卸的主要专用机械。在多功能综合码头上较多采用多用途桥式起重机、多用途门座起重机和高桥轮胎式起重机等。全集装箱船如图 2-65 所示。

集装箱堆场装卸机械系统主要对集装箱进行分类堆放，实现集装箱搬运、堆垛作业，所采用的机械设备主要有集装箱跨运车、集装箱牵引车和挂车、集装箱叉车、集装箱龙门起重机等，如图 2-66、图 2-67 和图 2-68 所示。

图 2-63 岸边集装箱装卸桥装卸作业

图 2-64 集装箱码头

图 2-65 全集装箱船

图 2-66 集装箱堆场

图 2-67 集装箱叉车

图 2-68 集装箱龙门起重机

集装箱货运站装卸机械系统主要用于对一般件杂货的拆装箱工作，一般配备拆装箱和堆码用的小型装卸机械，如 1～2t 的小型叉车。

2. 托盘

托盘是指为了使物品能有效地装卸、运输和保管，而将其按一定数量组合放置于一定形状的台面上，这种台面有供叉车从下部叉入并将台板托起的叉入口，以这种结构为基本结构的平板台板和在这种基本结构基础上所形成的各种形式的集装器具都可统称为托盘。

（1）托盘的特点

托盘是一种重要的集装器具，叉车与托盘共同使用所形成的有效装卸系统大大地促进了装卸活动的发展，托盘已成为和集装箱同样重要的集装方式，两者形成了集装系统的两大支柱。在难以利用集装箱的地方可以利用托盘，托盘难以完成的工作由集装箱完成。托盘有如下主要特点：

1）自重量小，用于装卸、运输托盘本身所消耗的劳动较小，无效运输及装卸相较于集装箱小。

2）返空容易，返空时占用运力很少。由于托盘造价不高，又很容易互相代用，互以对方托盘抵补，所以无须像集装箱那样必有固定归属者，返空比集装箱容易。

3）装盘容易，不需像集装箱那样深入到箱体内部，装盘后可采用捆扎、紧包等技术处理，使用时简便。

4）装载量有限，装载量虽较集装箱小，但也能集中一定的数量，比一般包装的组合量大。

5）保护性比集装箱差，露天存放困难，需要有仓库等配套设施。

托盘包装在国际贸易中已经使用了很多年，被认为是经济效益较高的运输包装方法之一，它不仅可以简化包装、降低成本、减少损失，而且易机械化从而节省人力，实现高层码垛，充分利用空间。

（2）托盘的分类

1）平托盘，是托盘中使用量最大的一种。

① 按承托货物台面分类：分成单面型、单面使用型、双面使用型和翼型四种。

② 按叉车叉入方式分类：分为单向叉入型、双向叉入型、四向叉入型，其中四向叉入型较为灵活。

③ 按制造材料分类：木制平托盘，制造方便，便于维修，自重也较轻，是使用最广泛的平托盘；钢制平托盘，用角钢等异型钢材焊接制成的平托盘，自重比木制平托盘重，强度高，不易损坏和变形；塑料制平托盘，采用塑料模制成；塑木托盘，用各类废弃物经高温高压压制而成，是再生环保材料，抗高压，承重性能好，成本低。一般而言，托盘价格因生产厂家、规格尺寸不同而有所不同，其中杂木平托盘价格在 100 元左右，塑料平托盘价格在 200 元左右，松木平托盘价格在 300 元左右，钢制平托盘价格在 400 元左右。

塑料制平托盘一般是双面使用型，两面叉入或四面叉入，重量轻，平稳美观，整体性好，无味无毒，易冲洗消毒，不腐烂，耐腐蚀性能强，不助燃，无静电火花，可回收，可着各种颜色分类区分；托盘是整体结构，不存在透钉刺破货物的问题，是仓储的重要工具，适合周转使用。但塑料承载能力不如钢、木制托盘。

制造托盘的新型材料——塑木，采用废旧塑料与木质纤维（包括锯木、树杈木材）、农业纤维（糠壳、花生壳等）经过特殊处理而成，性能优于硬木，是一种环保、经济的硬木代用品。使用这种新型塑木材料制作的托盘、铺垫材料及包装材料，其耐用性远远优于硬木产品；生产成本相对较低，价格便宜；可根据客户要求任意制作各种尺寸、规格的托盘和包装箱；产品可以 100%回收利用，不污染环境。此外，这种新型塑木材料还具有不怕虫咬、不繁殖细菌、抗强酸碱、不吸收水分、易清洗、不变形、可阻燃等优点。

常见平托盘如图 2-69 所示。

a）单面四向型塑料平托盘

b）单面使用型木制平托盘

c）单面使用四向型木制平托盘

d）双面使用四向型塑料平托盘

图 2-69 常见的平托盘

2）柱式托盘。托盘的四个角有固定式或可卸式的柱子，其作用是防止货物在运输、装卸等过程中发生塌垛，以及利用柱子支撑承重，可以将托盘货载堆高叠放，而不用担心压坏下部托盘上的货物，如图 2-70 所示。

图 2-70　柱式托盘

3）箱式托盘（见图 2-71）的基本结构是沿托盘四个边由板式、栅式、网式等各种平面组成箱体，有些箱体有顶板，有些箱体没有顶板。箱板有固定式、折叠式和可卸式三种。

a）塑料箱式托盘

b）钢制箱式托盘

图 2-71　箱式托盘

箱式托盘的主要特点是防护能力强，可有效防止塌垛，从而防止货损；由于四周的护板护栏，这种托盘的装运范围较大，不但能装运码垛形状整齐的包装货物，也可装运各种异形且不稳定的货物。

4）轮式托盘的基本结构是在柱式、箱式托盘下部装有小型轮子，可利用轮子进行短距离运动，而不需搬运工具实现搬运，做滚上滚下的装卸。轮式托盘如图 2-72 所示。

5）特种专用托盘是适用于有特殊要求的物品的专用托盘，用在某些特殊领域。如航空货运或行李托运用的航空托盘，专门装运标准油桶的油桶专用托盘，玻璃集装托盘（又称平板玻璃集装架），专门用于装放长尺寸材料的长尺寸物托盘，轮胎专用托盘等。

图 2-72　轮式托盘

（3）托盘的应用

1）托盘联运。托盘联运是托盘的重要使用方式，又称一贯托盘运输，其含义是从发货人开始，通过装卸、运输、转运、保管、配送等物流环节，将托盘货体原封不动地送达收货人的一种“门到门”的运输方法。在物流过程中的各个环节，可以将托盘货体整体作为处理对象，而不需逐个处理每件货物，这样就可大大减少人力装卸次数，节省劳务费用，防止事故及货损的发生，节省包装及包装费用，加快物流速度，从而取得良好的效果。托盘联运是社会化的问题，很难在一个行业、一个部门或一个小地区自行解决，因此，要解决托盘联运问题，必须实行全社会统一的托盘技术标准和托盘管理制度。实行联运的托盘有固定的尺寸标准和有限的种类，我国联运托盘的规格尺寸主要有三个规格，即：800mm×1 000mm；800mm×1 200mm；1 000mm×1 200mm。联运用托盘都采用平托盘，以便于叉车、货架、仓库的标准化。

2）专用托盘。专用托盘是按某一领域的要求，在这一领域的各个环节采用专用托盘作为一贯托盘运输的手段，实际上就是某一个小领域的托盘联运。专用托盘可提高各个产业领域，各个流通领域，各工厂、车间、仓库内部的物流工效，使之物流合理化。可按某一领域的特殊性选择和设计效率最高的专用托盘，而无须照顾社会物流标准化的要求，因而托盘的选择更合理，在某一领域中有别的领域无法比拟的技术经济效果。

3）托盘的管理和联营体系。托盘在联运系统管理中和集装箱有很大的不同，主要在于联运托盘种类少，尺寸及材料大体相同，托盘价格相差不大，因此，不需像集装箱那样有明确的、不可变的归属并严格按计划返运，托盘可只保留一个数量的归属权，具体托盘则可在联营系统中广泛进行交换，而不强调个别托盘的归属和返还。

联营共用托盘有对口交流方式、即时交换方式、租赁方式、租赁交换并用方式、结算交换方式等。

实　　训

参观物流设备展，收集参展设备资料，熟悉常用物流设备的用途和性能。

项目 3
工业物流方案设计

项目学习目标

通过本项目的学习，了解工业物流的特点，掌握供应物流、生产物流、销售物流、逆向物流各自的合理化措施及设计要点，能够根据企业实际情况选择适当的工业物流模式，并会选择合适的第三方物流公司。

本项目中应掌握的知识点

1. 工业物流的定义及特点
2. 供应物流的组成部分及合理化
3. 供应物流的设计要点
4. 生产物流的组成部分及合理化
5. 生产物流的设计要点
6. 销售物流的特点及合理化
7. 销售物流的设计要点
8. 降低销售物流成本的策略
9. 逆向物流的内容及合理化
10. 逆向物流的设计要点
11. 工业物流模式
12. 第三方物流企业的选择与管理

■■■■ **导入案例** ■■■■

海尔为订单拉动生产模式再造物流系统

海尔集团自实施国际化战略以来，在全集团范围内以现代物流革命为突破口，将原来的金字塔式组织结构改革为扁平化的组织结构，成立了物流推进本部，统一采购、统一原材料配送、统一成品配送，使内部资源得以整合，外部资源得以优化。

1．供应物流整合

供应物流整合的第一步是整合采购。公司将原来与供应商的买卖关系转变成为战略合作伙伴关系，将采购管理向资源管理推进。公司在山东黄岛和胶州（与总部生产基地相距2h以内的汽车里程）建立了工业园，为国内外战略合作伙伴建厂并为其采用 JIT（准时制生产方式）创造条件。

2．生产物流整合

为了提高原材料配送的效率，"革传统仓库管理的命"，公司建立了两个现代智能化的立体仓库及自动化物流中心。通过 ERP（一种企业用信息管理系统）物流信息管理手段对库存进行控制，实现 JIT 配送模式。从物流容器的单元化、集装化、标准化、通用化到物料搬运机械化，再到车间物料配送的"看板"管理系统、定置管理系统、物耗监测和补充系统，进行了全面改革，实现了"以时间消灭空间"的物流管理目标。

3．优化成品销售物流

在对采购和原材料配送进行物流改造的同时，公司对成品销售物流系统也进行了大的改进。改进后的海尔成品销售物流系统包括分布在全国的 42 家分拨中心，在迪拜和德国汉堡港的分拨物流中心，自有的 200 余辆运输车、可动用的 1.6 万辆运输车等，每天可配送 5 万余件产品。为解决车辆运输过程中的回空问题，海尔物流还成为美宝集团、乐百氏公司、雀巢公司、伊利公司等的物流运输代理。

新型物流系统的成果：

1．采购成本下降，采购品质量提高

海尔一年需要采购 150 亿元、15 000 个品种的物料，它们来自于 2 000 多家供应商。通过整合，供应商数目减少到 900 多家，集团采购人员减少 1/3，成本每年环比降低 5%左右。与供应商的战略合作伙伴关系保证了公司产品、技术的领先性和技术含量，还使公司新产品开发和商品化周期大大缩短。

2．库存和运转成本大为降低

ERP 的采用有效地缩短了订单响应时间。以前，海尔平均库存时间长达 30 天，仅山东青岛本部企业的外租仓库就达到 20 余万 m^2。"仓库革命"之后，平均库存周转时间减少了 3/5，集团仓库占地面积仅为 2.6 万 m^2。

3．成品分销效率提高

目前，海尔已经能够做到物流中心城市配送 6～8h 到位，区域配送 24h 到位，全国主干线配送平均 4 天到位。通过汉堡港物流配送中心，向欧洲客户的供货时间缩短了一半以上。

3.1 工业物流概述

3.1.1 工业物流的定义

工业物流是指企业从原材料供应地取得原材料起，经过运输、仓储、物料管理、配送到工位、产品运输、保管直至送到用户，包括废旧物料回收和有关信息流的全过程组织和管理。工业物流价值链如图 3-1 所示。

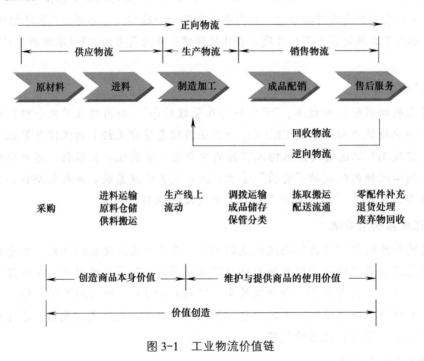

图 3-1　工业物流价值链

3.1.2 工业物流的特点

工业物流是社会物流网络的组成部分，工业物流方案的合理化与社会物流网络的合理化密切相关。

另外，工业物流与企业的采购、生产、销售和财务紧密联系，工业物流方案的合理化需要得到企业其他部门的支持和合作。因此，在进行企业物流方案设计时，必须与其他部门沟通和交流，以使方案能够顺利实施。

我国工业物流存在许多问题，集中表现为运输效率低、库存过大、库存周转期长、物流成本高、物流质量差、缺乏现代物流意识等，在物流方案设计时必须对此加以注意。

工业物流一般可划分为供应物流、生产物流、销售物流和逆向物流四部分，这四部分既有区别，又通过物流信息系统连接起来。工业物流的组成如图 3-2 所示。

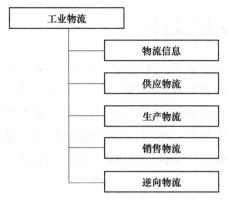

图 3-2　工业物流的组成

案例 3-1　一汽大众零部件供应的"零库存"管理

一汽大众目前仅捷达车就有七八十个品种、十七八种颜色，每辆车都有两千多种零部件需要外购。而公司零部件居然基本处于"零库存"状态，这得益于公司一整套较为完善的供应物流系统。

只要我们走进一汽大众一个标有"整车捷达入口处"牌子的房间，就能看见在上千平方米的房间内零零星星地摆着几箱汽车玻璃和小零件，四五个工作人员在有条不紊地用电动叉车往整车车间运零件。在入口处旁边的一个小亭子里，一个小伙子正坐在计算机前，用扫描枪扫描着一张张纸单上的条码——他正在把订货单发往供货厂。

一辆满载着保险杠的货车开了进来，两名工作人员见状立即开着叉车跟了上去。几分钟后，这批保险杠就被陆续送进了车间。一汽大众零部件的送货形式有三种：

第一种是电子看板，即公司每月把生产信息用扫描的方式通过计算机网络传递到各供货厂，对方根据这一信息安排自己的生产，然后供货厂按照生产情况发出供货信息，对方则马上用自备车辆将零部件送到公司各车间的入口处，再由入口处分配到车间的工位上。保险杠就采取了这种形式。

第二种叫作"准时制生产方式"（Just In Time），即公司按整车装配顺序把配货单传到供货厂，对方也按顺序装货并直接把零部件送到工位上，从而取消了中间仓库环节。

第三种是批量进货，供货厂对于那些不影响大局又没有变化的小零件，每月分批量地送货 1~2 次。

过去整车车间的仓库里堆放着大量的零部件，货架之间只有供叉车勉强往来的过道，大货车根本开不进来。不仅每天上架、下架、维护、倒运需要消耗大量的人力、物力和财力，而且储存、运送过程中还会造成一定的货损、货差。现在每天平均 2h 要一次货，零部件放在这里的时间一般不超过一天。订货、生产零件、运送、组装等全过程都处于小批量、多批次的有序流动中。

工业生产过程的复杂程度是众所周知的，尤其是汽车整车生产。为适应这种复杂生产所形成的大量原材料、各种零部件的库存，以及由此造成的大量资金占用，已成为许多企业的一个顽疾。一汽大众通过三种途径实现了"零库存"，这三种方式各有适用范围，这就做到了因地制宜、因事而异。利用不同方式，降低库存水平而并不降低供应保证程度，通过运用各种技术手段，实现了更高水平的准时供应。

3.2　供应物流方案设计

供应物流是指工业企业为保证生产的需要，组织原材料、元器件、零部件、附件和燃料等的采购、进货运输、仓储、保管和将用料配送到工位等一系列的物流活动。

供应物流活动对企业生产经营的正常、高效进行起着重大作用。企业的流动资金大部分是被购入的物资材料及半成品等所占用的，供应物流的严格管理及合理化对于企业的成本有重要影响。企业供应物流不仅是一个保证供应的目标，而且还要以最低成本、最少消耗、最大保证来组织供应。

供应物流生产率指标有：万元产值占用储备资金、储备资金周转天数、供应物流费用率、人均供应额等。

其中：

$$供应物流费用率 = \frac{年供应物流费用总和}{年原材料供应额} \times 100\%$$

供应物流质量指标有：采购不良品率、储存物品盈亏率、供应计划实现率等。

3.2.1　供应物流概述

任何工业都涉及供应物流问题。不同的企业有不同的生产工艺和不同的供应环节，使供应物流变得相当复杂。尤其是以部装和总装为主要生产流程的企业，如一汽大众，供应物流的问题更加突出，供应物流管理的难度也非常大。

因为供应物流的过程不相同，所以就出现了许多模式。虽然不同的供应物流模式具有不同的特点、不同的目标，但供应物流仍然存在共性和相同点。供应物流过程由三部分组成：

1. 采购运输

采购是根据企业供应采购计划，外购生产所需的一切物资的活动。有的企业把采购作为供应物流的一个重要组成部分，不但进行采购活动，还负责市场资源、供应商管理以及物资质量信息的收集和反馈。但大多数企业把采购从物流中分离出来，将其与生产、销售、物流并列为企业的四大"支柱"，只将采购运输作为供应物流的重要组成部分。采购运输是把采购的物资组织运送到厂的物流活动。由于供应商数量众多、地域分散，因此采购运输物流活动的组织颇为复杂。在我国，采购运输有两种方式：一是送货制，二是取货制。

2. 仓储与库存管理

仓储是指把采购的不能马上使用的物资暂时存放在仓库中；库存管理是指物资的接收、装卸、搬运、堆码、发货和按要求进行简单加工等活动。由于大型企业的产品复杂，其原材料、零部件等物资种类成百上千，数量成千上万，并且有许多零部件的保管要求很特殊，所以库存管理的难度很大。另外，仓库设计也要根据不同物品的存放要求认真考虑。

3. 组织厂内配送

组织厂内配送，即把零部件和原材料按要求运送到生产线工位或生产场地。随着企业现代化进度加快，对厂内配送的物流要求越来越高。例如准时配送方式，要按生产的要求在计划时间内实现配送。再如即时配送方式（JIT），是指"仅在需要的时间和地点配送所需的零部件"，即完全按照生产计划或随机提出的要求，在规定的时间和地点准确配送零部件。这种配送方式，在以装配为主要生产流程的大型企业中是最好的方式。

3.2.2　供应物流的合理化

供应物流可以从企业物流中独立出来，作为独立的物流方案来设计。有些大型企业根据自己企业的特点，把企业物流活动分为供应物流和销售物流两大独立部分，如汽车物流。设计供应物流方案，主要问题是供应物流合理化。供应物流合理化应着重解决如下几个问题：

1．准确的需求预测

需求预测是由企业生产计划来确定的，而生产计划是根据市场对该产品的需求量来测定的。

确定市场对该产品的需求量有两种方式：根据客户订单来确定需求量，如海尔的冰箱需求量；由企业根据本产品在市场上以往的销售量来推算，如货车的需求量。由订单来确定需求量的供应物流不能与销售物流分离，由市场销售量来推算需求量可把供应物流与销售物流分离。

根据生产计划下达的生产要求，由物料清单（Bill of Material，即 BOM 表）可以准确计算各零部件和配件的需求量，据此可以做出供应计划，包括各种原材料、零部件的需求量和供货日期，从而保证生产正常进行。

2．库存合理化

库存是为了保证企业生产不间断地进行而储备一定数量的物资。

库存不能太多，否则会积压一定的资金，使得产品成本上升；库存也不能太少，否则在紧急情况下不能保证生产的正常进行。设计企业的供应物流方案，既要保持正常库存以维持生产的正常运行，又要不断降低库存以减少成本，因此，库存合理化在设计中显得非常重要。

3．供应模式符合企业物流目标

供应模式包括运输方式、配送方式和保管方式。采用合理的运输方案，可做到运输路线短、环节少、费用省和效率高。配送方式可根据企业生产线的实际情况和工位的数量、位置确定。如采用 JIT 配送方式，应做到在准确的时间、把准确数量的所需物料准确送到指定的工位上。如果配送延误，造成企业生产线停滞、停工，就会造成巨大损失。

3.2.3　供应物流的设计要点

在供应物流设计中，核心问题是根据不同的供应物流设计出合理的物流供应模式。从供应物流的特点出发，主要应解决仓储、保管水平、工位配送模式和远途运输的优化问题。

1．仓储仓库的设计要点

仓库可分为原料库、在制品库、成品库，或分为机电设备产品库、危险品库等仓库。根据所储物品的性质不同，在选择仓库方案时应注意以下几点：

1）金属材料和在制品库。存放金属材料和制品要求是防风雨、防盗、防潮、防锈蚀且干燥通风的单层库或货棚。另外，对黑色金属材料、原木、煤炭、建材等，要求有地面干燥的有棚或无棚堆场。

2）机电设备产品库。存放机电设备产品要求仓库防潮、防锈蚀、防尘和隔热等，可选择单层、多层或立体高架库。对二、三类机电产品还要求防高温、防低温、防阳光直接照射，宜在温度、湿度适宜且阴凉、干燥、密封好的多层库的二层以上存放。

3）化工物资库。根据化工物资的种类不同，对仓库的要求也不相同。对易挥发、易燃、易爆、有毒、腐蚀性强的产品，可设计掩埋式半地下库储存，要求库房防风雨、防潮、隔热、地面耐腐蚀，要求供热、通风并禁止电源进入。

另外，要考虑到仓库的设置与企业的发展密切相关。如果是新建仓库，供应物流仓库离生产厂距离越近越好；对原有仓库进行改造时，应按照上述要求进行充分的调查研究，因地制宜地改建。仓库外形要简单，易于作业。仓库类型有平库、钢架库、立体库、自动仓库等，仓库类型选择要合理，要进行技术、经济可行性分析，进行充分论证。

2. 运输方式的优化设计

供应物流中的运输环节有厂内运输（短驳）和厂外运输。

1）厂外运输　厂外运输是指物品由供应商运送到企业仓库的整个过程，一般由如下环节组成：

① 接受运输任务、制订运输计划。在采购部门向供应物流部门下达运输指令后，供应物流部门要立即拟定运输时间、选择运输工具、优化运输线路、估算运输成本。

② 确定运输方案。如确定运输方式和运输工具，选择运输承包商，签订运输合同等，提出保证运输安全的措施。

2）厂内运输（短驳）　厂内运输是指在工厂内进行物品运输。厂内运输根据物品的特性选用适当的工具，如小型机动运输车辆或非机动车，在确保运输安全的前提下，合理安排和组织，使物料被准确运送至使用现场。

3. 工位配送

工位配送是按照生产计划进行备货、送货到工位的一体化物流活动。根据配送的时间间隔、数量和配送路径不同，配送模式有以下几种：

1）准时配送。按规定的时间间隔进行配送，每次配送的品种和数量按生产计划执行。准时配送有当日配送和定时配送两种形式：当日配送保证物品在24h内送到，定时配送是配送与生产保持同步的一种方式。

2）定量配送。按规定的批量或数量，在一个指定的时间范围内进行配送，配送的数量固定。这种配送方式的最大特点是能有效利用托盘和厢式车，效率高。

3）定时定量配送。定时定量配送就是按照规定的时间和规定的数量进行配送。此外，还有定时定线路配送，即在规定的运行线路上制定到达时间表，按运行时间表进行配送，这种方式有利于安排车辆和人员。

4）即时配送。这是完全按生产提出的配送时间和数量随时进行的配送，是一种要求最高的配送。设计这种配送方案，要求供应库随时待命以进行配送，配送方案具有很高的柔性，但应考虑配送成本问题。

案例 3-2　丰田公司的看板管理

看板管理在丰田公司已有近半个世纪的实践过程，它是一种生产现场管理方法，是利用卡片作为传递作业指示的控制工具，将生产过程中传统的送料制改为取料制，将"看板"作为"取货指令""运输指令""生产指令"来进行现场生产控制。看板作为可见的工具，使企业中生产各工序、车间之间按照卡片作业指示，协调一致地进行连续生产；同时，促使企业的产、供、销各部门密切配合，有效和合理地组织供应和销售物流，满足市场销售需要，实现整个生产过程的准时化、同步化和库存储备最小化，即所谓的"零库存"。

看板形式很多，常见的有塑料夹内装着的卡片或类似的标志牌，存件箱上的标签，流水生产线上各种颜色的小球或信号灯、电视图像等。

看板主要可以分为生产看板和取货看板两种不同的类型。

1）生产看板是指在工厂内指示某工序加工制造规定数量工件所用的看板，内容包括：需要加工工件的件号、件名、类型、工件存放位置、工件背面编号、加工设备等，见表 3-1。

表 3-1　生产看板实例

生 产 看 板	
工件号	A521
工件名	主轴
产品型号	BW-2170
容器容量	30L
所需物资	5#黑色漆
存放于	三车间 3-6 储藏室

2）取货看板是指后工序的操作者按看板上所列件号、数量等信息，到前工序领取零部件的看板。取货看板指出应领取的工件件号、件名、类型、工件存放位置、工件背面编号、前加工工序号、后加工工序号等，见表 3-2。

表 3-2　取货看板实例

取 货 看 板	
工件号	C423
工件名	曲轴
产品型号	BW-3615
容器容量	20L
供应时间	9:00—10:30
存放于	6D-13-6
前道工序	机加工
后道工序	喷漆

丰田公司利用看板进行生产现场管理的过程如图 3-3 所示。

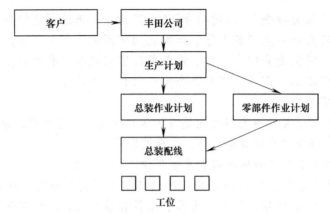

图 3-3 "丰田公司看板管理系统"运作示意图

图 3-3 中，在总装配线上有许多工位，每个工位有相应的两个存料点：一为进口存料点，用以存储上一工序已加工完毕、本工序准备加工的零部件；二为出口存料点，用于存储本工序已加工完毕、供下道工序随时提取的零部件。当总装线收到一个作业计划后，它按计划要求的品种、数量进行作业，从各工位存料点取用总装配线所需的零部件。各工位存料点则从各子装配线出口存料点提取零部件，以补充相应减少的库存。各出口存料点为了保持定额，又从相应的工序，按照生产需要取走一定数量的零部件。这样就形成了一条向上游工序流动的"链"，使整个物流按总装配的要求同步运动。

丰田公司看板管理的特点是在企业内部各工序之间，采用固定格式的卡片，由下一个环节根据自己的生产节奏逆向向上一个环节提出供货要求，上一个环节则根据卡片上指定的供应数量、品种等即时组织供货，以使工作流程顺畅，不发生货物积压与货物短缺的现象。

3.3　生产物流方案设计

生产物流是指原材料、零部件投入生产后以在制品的形式，按照一定工艺流程要求，借助相应的运输装置，从一个生产工序流入另一个生产工序，在流动过程中按照规定的生产工艺过程进行加工，最后进入企业成品库的转移过程。流动结束，生产过程也就结束了。

生产物流活动是与整个生产工艺过程伴生的，实际上已经构成了生产工艺过程的一部分，它的活动对在制品的库存控制非常重要。过去人们在研究生产活动时，主要关注每一个生产加工过程，而忽视了将每一个生产加工过程中串在一起并且又和每一个生产加工过程同时出现的物流活动。例如，物品不断地离开上一工序，进入下一工序，便会不断发生装卸、向前运动、暂时停止等物流活动。实际上，一个生产周期中，物流活动所用的时间远多于实际加工的时间。生产物流合理化对工厂的生产秩序和生产成本有很大影响。生产物流均衡稳定，可以保证在制品的顺畅流转，从而缩短生产周期。在制品库存的压缩，设备符合均衡化，也都和生产物流的管理和控制有关。所以，企业生产物流值得研究，在时间、劳动节约方面的潜力是非常大的。生产物流的形式和规模取决于生产的类型、规模、方式和专业化水平。

生产物流生产率指标有生产费用占产值的百分比、劳动生产率、在制品资金周转天数等。

生产物流质量指标有生产计划完成率、生产均衡率等。

3.3.1　生产物流概述

生产物流的表现形式包括流向、流量和流速。生产物流在物品的移动过程中要经过许多加工点，既有流动又有停顿，流向总体方向是由原材料库开始到成品库终止。生产物流方案设计应尽量避免物流的倒流和停滞。流量和流速根据生产工艺的生产节奏确定。生产物流流量和流速应当均匀，要求生产物流在移动中不要积压、短缺或停滞。瓶颈资源的限制是造成物流波动的主要原因，在设计生产物流方案时，要注意对瓶颈资源的管理。

物流信息系统是生产物流管理的主要工具，可促进生产物流顺畅，对物流起导向作用。物流信息的有效控制和利用是生产物流优化的根本途径。

生产物流方案要考虑生产工序和存货之间的协调，使它们与市场需求一致。设计生产物流方案时，要有利于企业内部物流合理化，缩短在制品在生产阶段的流转时间，从而缩短生产周期；要有利于加速资金周转，节约产品费用；要有利于企业开拓市场，实现销售目标，因为生产物流是否畅通直接影响产品的质量和数量，也制约着产品的流通和销量。生产物流过程主要由三部分组成：

1．制订生产物流计划

为保证生产物流的连续性、节奏性和适应性，必须科学地制订生产计划。生产计划也是保证生产物流是否能满足生产需求的基础。生产计划是根据一定时期内市场对产品的需求以及发展的客观实际而确定的品种、数量、期限，具体安排产品所需的零部件在生产工艺的各个阶段的生产进度和生产任务。科学地制订生产计划需要对生产工艺和生产过程有深刻的认识和理解，对这方面保密的企业，通常由自己或交给自营物流公司完成生产计划的制订工作，而绝不会委托给第三方物流。

2．在制品管理

保持在制品、半成品的合理储备是生产物流通畅的必要条件。在制品过少会使物流中断；反之，在制品过多会延长生产周期。因此，保证在相等的时间段内完成等量产品，使各阶段物流保持一定的比例性，使生产计划有节奏、均衡地执行，在制品管理是关键。

3．生产物流的控制

在生产计划执行中，由于各种因素干扰，计划与实际之间会产生偏差。为使偏差最小，必须对生产物流进行有效控制。因此，在制订生产物流方案时，都会设计大量的控制指令，以便在发现偏差时下达控制指令加以纠正。生产物流的控制既要保证生产要求，又要减少在制品库存，还能对应急情况进行处理。因此，生产物流控制是相当复杂的。有两种控制方法：一是物流推进型控制，即根据生产产品的种类、数量，计算出各个工序或工位的物流需求量，在确定了各工序的生产提前期之后，向各工序发出物流指令；二是物流拉动型控制，即在计算出各个工序或工位的物流需求量之后，根据后工序的物流需求量，向前一工序提出物流要求，以此类推，各工序都接受后一工序的物流需求指令。

生产物流控制的特点是：必须建立统一、完善的数据采集系统，及时掌握生产物流和生产工艺过程中的各种信息；必须由管理人员参与控制决策，以保证控制指令的顺利执行；必须设计高水平的生产物流控制系统，以保证控制的科学性。

3.3.2 生产物流的合理化

生产物流合理化的基本要求是:

1. 生产物流过程的连续性

连续性是指物料在生产过程中的移动是连续不断的。在设计时,应减少不合理的生产停留时间,消除生产物流过程中的迂回往返移动。为此,在设计生产物流方案时一定要画出物流的流向图,从流向图上可以清楚地标明生产物流是否合理。在某工厂××产品物流的流向图(见图3-4)中,物流方向用箭头表示,物流量大小写在线路上,同时用线路的宽度反映物流量的相对大小。

2. 物流过程均衡性

生产物流的均衡性,一方面是指生产过程中物流能够保证按计划进度有节奏地生产,并在相同的时间间隔内生产出大致相同的产量,避免忽高忽低或前松后紧的现象;另一方面是指保持生产作业活动的同步性,即互相平行的生产环节的物流同步进行,不使物料积滞,做到每一环节的流入和流出物流量相平衡。

实现均衡性,要求物料在被拉动到生产线之前,要按照加工时间、数量、品种进行人为的、合理的搭配和排序,使拉动到生产系统中的物料具有加工工时上的平稳性,保证均衡生产,同时在品种和数量上实现混合加工,实现对市场多品种、小批量需要的快速反应。

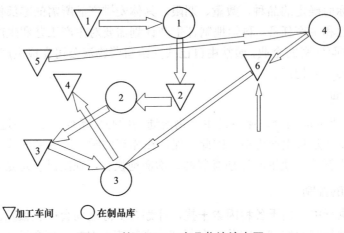

▽加工车间　○在制品库

图3-4 某工厂××产品物流流向图

3. 物流过程计划性

计划性是指从物流合理化角度来统筹安排,对物流从数量和时间上做出计划,并保证物流活动按计划要求准时完成。在计划生产物流时,应注意生产物流过程的经济性,使所有的费用,如搬运费、装卸费、保管费、简单加工费、包装费和信息费等尽可能地低。

4. 生产物流的模块化

模块化是指在零部件进入生产线之前,先将零部件组装成功能模块,按装配要求包装上生产线。对于大批量生产模式的生产线,由于模块组装生产可以在生产线外进行,因此减少了生产线长度,降低了产品的生产成本,简化了管理技术。

3.3.3　生产物流的设计要点

生产物流设计的关键是物流计划系统和物流控制系统。对于大型企业来说，由于产品的种类、规格型号、数量不同，生产物流方案可能会相当复杂。因此，在设计生产物流方案时，应选择适合的计算机软件系统，并认真实施。

1. 常见计算机软件系统——企业资源计划系统（ERP）

ERP（Enterprise Resources Planning）是以信息技术和管理技术为基础的企业资源规划系统，它规划和监督企业的销售、订单、采购、制造、财务和人力资源等。ERP 是在 MRP 和 MRP Ⅱ 基础上发展起来的，包括了 MRP 和 MRP Ⅱ 的功能。ERP 的基本流程如图 3-5 所示。

ERP 是计划主导型的生产计划与控制系统。计划是企业管理的首要职能，只有具备强有力的计划功能，企业才能指导各项生产经营活动的顺利进行。

ERP 的计划管理中包括两方面的计划：一方面是需求计划，另一方面是供给计划。两方面的计划相辅相成，从而实现企业对整个生产经营活动的计划与控制。

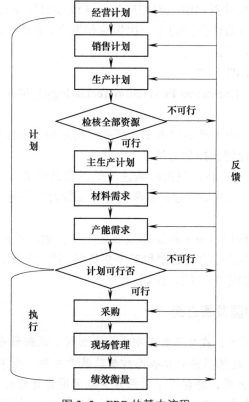

图 3-5　ERP 的基本流程

2. 生产物流的有关理论

（1）准时制生产（JIT）方式

准时制生产（JIT，Just in Time）方式是指在需要的时间，按需要的量生产所需的产品。它起源于日本丰田公司，这种生产管理方式的核心是追求零库存或使库存达到最小。

JIT 的基本原理是以需定供，即供方根据需方的要求（或称"看板"），按照需方需求的品种、规格、质量、数量、时间、地点等要求，将物料配送到指定的地点。在传统的生产计划方式中，生产指令被同时下达给各个工序，即使前后工序出现变化或异常，也与本工序无关，仍然按照原指令不断地生产，从而造成大量的在制品库存。而在 JIT 生产方式中，同样是根据企业的经营方针和市场预测制订年度计划、季度计划和月度计划，再以此为基础制订日程计划，再制订投产顺序计划。其独特的一点是，只向最后一道工序下达作为生产指令的投产顺序计划，其他工序只得到每月大致的生产品种和数量计划。这是一种典型的拉动式控制方式。

JIT 方式的实现手段是进行看板管理。看板是生产指令的传达工具，形式可以多种多样。看板的功能是传递生产或运送的工作指令，没有看板不能生产和配送。看板的使用方式有工序（工位）内看板、信息看板、工位（工序）间看板等。

工位（工序）间的看板挂在从前一个工位（工序）或从零部件库中领来的零部件料箱或料架上，在看板上记录着零部件号、零部件名称、零部件的存储地（取货地、送货地）、生产或取货数量、所用工位器具的型号、该零部件看板的周转张数等，以此作为取货、运输、生产的凭证和信息。当该零部件被本工位（工序）使用后，取下看板放到看板回收箱内，由现场工作人员定时回收看板并返回给上游相应工序（或零部件库）。上游工序或零部件库根据返回的看板信息来组织零部件生产的下一次供应和生产。看板的回收和分发有时工作量巨大，必须借助计算机进行管理。

（2）最优生产技术（OPT）

最优生产技术（OPT，Optimized Production Technology）也是一种用于物流调度的计划方法。

对于小批量生产企业，由于产品种类多、产品结构复杂、零部件过于繁多，OPT 可提供一种适合上述情况的生产计划和控制方法。

OPT 的基本原理是面对产品，找出影响进度的最薄弱环节，集中力量保证其满负荷工作，以缩短生产周期，降低在制品库存。最薄弱的环节称为生产瓶颈。瓶颈可以是人、设备、运输或物料等。

OPT 生产计划设计分两层，首先编制解决瓶颈生产计划，然后再编制非瓶颈生产计划。可按如下步骤进行：估计零部件的交货期和工序交货期，确定瓶颈，编制解决瓶颈生产计划，编制非瓶颈生产计划，编制零部件的月计划。

案例 3-3　雅芳的中国发展之路

1990 年，雅芳进入我国，成立了雅芳中国有限公司，总部设在广州。当时，凭着独特的营销模式和经营理念，这家以经营化妆品和护肤品为主的大型中外合资企业在我国多个城市建立了 75 个销售分公司，并聘用了近两万名雅芳销售员进行门到门的直销服务。

然而，这种直销模式在 1998 年我国政府大力打击"非法传销"的背景下终止了。雅芳不得不寻找一条适合中国国情的本土化销售道路。雅芳的办法是"两条腿走路"，通过在商业街开设专卖店、在百货商场和超市设立销售专柜这两种方式在我国迅速铺设销售网络。2000 年，雅芳在我国已经有了 5 000 多家专卖店和 1 600 多个专柜。

雅芳的销售物流流程，也由"工厂仓库—各分公司仓库—雅芳销售员"变成了"工厂仓库—各分公司仓库—经销商自提"。雅芳通过长途陆运或空运的方式，将货物从广州运到全国 75 个分公司的仓库，然后由经销商到所属区域的各个分公司提取货物，并在专卖店或专柜向顾客出售。

在新的销售物流模式下，雅芳 2001 年的销售收入达到了 8 亿元人民币。然而，随着雅芳在我国销售额的扩大，各地仓库的库存额也随之增加。调查结果表明，仓库分散以及信息不通畅，导致货物库存的周转天数越积越多，库存额居高不下。此外，分散在全国各地几十个大大小小的仓库，使得雅芳不得不投入大量的人力成本从事仓储、出纳、打单等营运作业。显然，这种以"分公司仓库"为中心的销售物流模式消耗大、速度慢、管理难，越来越不能跟上销售的步伐。

另外，销售物流不畅直接导致经销商的满意度发生偏移。有数据表明，从 1999 年到 2002 年，雅芳经销商的流失率一度高达 20%。有一个例子是，一位住在新疆南部和田地区的雅芳经销商，去位于乌鲁木齐的雅芳分公司取货，必须带着钱，坐车到喀什，然后再坐车到乌鲁木齐，而这样来回的时间差不多要一个星期。这给经销商造成了很大困难并且浪费了销售时间。

从 2000 年年底开始，雅芳经过将近一年的摸索和研究，自行开发了一套基于互联网的经销商管理系统（简称 DRM 系统），并拟订了一份集信息流、资金流、物流于一体的销售物流解决方案。雅芳称这套方案为"直达配送"。

2000 年 10 月，雅芳开始构筑基于互联网的 DRM 系统。通过 DRM 系统，经销商可以在互联网上查询产品信息，了解最新的市场促销活动。此外，借助 DRM 中的支付功能，经销商可以在网上订购产品，并通过银行的网上支付业务实行网上结算。

雅芳取消了原来在各分公司设立的 75 个大大小小的仓库，改在北京、上海、广州、重庆、沈阳、郑州、西安、武汉这 8 个城市设立 8 个区域服务中心。每个区域服务中心覆盖相邻省市的产品配送。雅芳生产线上的货物直接从广州运输至并存放在 8 个区域服务中心，各地经销商通过 DRM 系统直接向雅芳总部订购货物，然后由总部将这些订货信息传到区域服务中心；各区域服务中心根据经销商所定货物，进行验货、分拣、包装，然后由第三方物流公司在规定的时间内送到经销商手中。目前，这种门到门的送货服务在 48h 内的到达率已接近 87%。此时，雅芳的销售物流体系已转变为"工厂生产—区域服务中心—送达经销商"模式。

对第三方物流企业的选择，雅芳很看重经验，比如合作的两家物流企业都为戴尔公司提供过"门到门"的配送服务。同时，雅芳也注重物流企业对物流的理解是否与自身一致。

为了实现"直达配送"，雅芳投入了很大一笔钱，因为从区域服务中心到经销商的配送费用是一笔很大的额外开支。然而，一切付出都是值得的，"直达配送"取得了显著效果。

数据表明，实行"直达配送"后，经销商的流失率降到了 10%。"直达配送"使雅芳经销商的小本生意轻松、方便了许多，并有效提升了经销商的忠诚度和雅芳品牌的美誉度。

另外，雅芳降低了租金和人员成本。以前，每个分公司需要几百平方米的仓库，现在取消了。以前几十家分公司共有 600 多名员工负责收费、仓储、管理、打单等营运工作，现在分公司只专注于市场开发和销售业务，营运工作由 8 个区域服务中心负责，相关员工数量锐减至 192 人。短短一年间，雅芳的产品销售量平均提高了 45%，北京地区则提高了 70%。

此外，雅芳的库存管理也取得了显著的效益。产品的仓储和分拨从 75 个分公司集中到 8 个区域服务中心，在订单满足率有效提升的同时，库存水平持续下降。

至此，雅芳的销售物流营运成本从占销售额的 8% 降低到了 6%。化妆品行业是品牌众多、竞争最激烈的行业之一，销售物流营运成本整整下降 2 个百分点，意味着一笔很大的收益。

3.4 销售物流方案设计

销售物流是企业在销售过程中，将产品的所有权和使用权转移给客户的物流活动，是产品从企业到客户在时间和空间上的转移，是以实现企业的销售利润为目的的。销售物流包括生产线上接受产品、入库存储、在库管理、包装出库、运输和配送到用户等诸多物流环节。销售物流是企业正向物流的最后一个环节。

在现代社会中，市场环境是一个完全的买方市场，因此，销售物流活动带有极强的被动性与服务性，只有满足买方要求，卖方才能最终实现销售。销售物流的效果关系到企业的存在价值是否会被社会承认。

销售物流的成本占企业销售总成本的 20% 左右，销售物流状况直接关系到企业利润的高低。对生产企业来讲，企业靠销售物流来保证将产品高质量地送达客户，同时通过降低销售物流成本间接或直接地增加企业利润，提升产品的市场竞争力。因此，销售物流的合理化可以收到立竿见影的效果。

销售物流生产率指标有成品资金周转天数、销售物流费用率等。

销售物流质量指标有销售合同完成率、及时响应率、发货差错率、货损货差率等。

其中，销售物流费用率$=\dfrac{\text{年销售物流费用总和}}{\text{年销售总额}} \times 100\%$

3.4.1 销售物流概述

销售物流包括了物流几乎所有的环节。销售物流既是企业物流的重要组成部分，又可以独立出来专门为企业的销售服务，即销售物流方案可以作为独立的方案来设计和实施。

销售物流要求快速、及时，保证没有货损、货差且要节约成本。销售物流有不同的形式，主要受如下因素影响：

1. "客户第一"决定销售物流的模式

在企业产品销售中，为迅速、有效地满足客户的需求，要求销售物流能快速向客户提供物流服务，并且在提供物流服务时具有较高的稳定性、可信赖性和即时交易的库存保证量。

销售物流方案设计直接依赖于客户需求，具有多样性和差异性。如对于需求量大的客户，应采取从地区中转库直送方式；对于需求较小的客户，可采取建立区域配送中心和配送网络的物流形式。当一个中转库不能完全满足大客户的需求时，可以联合使用数个地区的中转库。

销售物流的仓库布局和库存量也是由客户决定的。企业的销售部门可以预测市场的需求状况，研究客户的分布和需求特征，决定在何处设立中转库和建立区域配送中心。为了保证客户即时需求和市场份额的稳定，销售物流必须设定安全库存。安全库存与物流速度呈正比例关系。对于大客户可设计在其附近建中转库，库存量越大，仓库点越分散，物流成本越高，物流效率越低。设计销售物流方案，既要保证客户需求第一，又要提高物流效率、降低物流成本，这是一件困难的工作，必须在实践中不断总结，寻求两者之间的平衡。

2. 企业的销售方式影响物流模式

企业的销售可以由企业自己的销售部门完成，也可以委托中间商完成。前种销售方式，销售物流必然与销售部紧密相连。当市场和客户需求发生变化时，企业销售方式会发生变化，销售物流也随之变化。这样会加大销售物流成本，提高产品的价格，削弱产品的竞争力，缩小市场份额，给企业带来损失。

因此，把销售物流从销售部分离出来，充分发挥销售物流的自身优势，是当前销售物流的发展趋势。有两种分离模式：一是专门成立销售物流公司，独立运作销售物流，这需要设计高水平的销售物流方案，开发销售物流信息系统，才能保持销售物流的经济性；二是把销售物流交给中间商运作，这样可实现产品的物流、商流、资金流的统一，中间商不但承担销售物流的仓库、运输、保管、配送，而且承担本地区市场分析、订货发货、收取货款、与生产企业结算等业务。

3. 企业的产品线影响销售物流模式

若企业的产品线非常长，会使生产、订货、在库管理、运输配送等相关物流活动变得十分复杂。不断扩大产品线，创造新产品是当今企业经营的重要手段。但是，产品线的无限扩大会直接影响物流效率，从而给企业利润增长带来负面影响。

产品线扩大带来单位物流成本上升，因此在扩大产品线时，应充分考虑新产品线的平均销售规模和相应的物流成本。一般而言，企业产品的大部分品种需求量相对较小，而少数品种却占了需求量的大多数，因此大需求量品种的物流应与小需求量品种的物流加以区别。对大需求量品种应更加注意物流成本的降低，对小需求量品种或需求量相对固定的品种应更加注意物流服务质量的不断提高。

3.4.2　销售物流的合理化

企业销售物流合理化的目标是：以最短时间、最少成本将适当商品送达客户。客户最大满意度与降低销售物流成本相矛盾，销售物流合理化就是在两者之间找到平衡点。例如，客户要求即时不定量商品，则销售物流系统必须有充足的库存，这就增加了库存费用，满足即时不定量运输又会增加运输成本；而降低销售物流成本，则不能保证即时不定量要求。因此，要研究客户需求量的概率分布，利用各种定量化的方法寻找最佳结合点。

销售物流的合理化应首先从市场入手，考虑客户对产品和服务水平的要求，结合企业物流资源的实际情况来设计低成本的物流方案。

1. 追求销售物流成本最低

销售物流成本是指销售物流各环节成本的总和，包括库存费用、保管成本、运输费用、配送费用和包装费用等。如果分别降低个别环节的成本而各个环节不能相互协调，那么系统的总成本不一定最低。因此，设计销售物流方案时应考虑整个物流系统的成本。例如，采用火车运输是目前运费较低的运输方式，但必须与建立中转库结合起来。而建立中转库会增加库存费用，不建立中转库会减少库存费用，但必须采取较便捷的公路运输，从而增加了运输费用。要使整个物流成本最低，应把整体物流系统的成本作为目标函数，在满足一定条件的情况下，求解最满意的方案，用于设计运输和库存方式。

2．不同物流模式的合理化

1）直销方案的合理化：把产品从产地直接送到客户手中，这种物流模式会付出较高的物流成本，因为直销产品数量不会太多但运送频率高。有时针对急需用户，不采用直销方案，会丧失销售机会，由此产生的机会成本大于物流成本时，从总成本最小考虑，还是应采取直销方案。

2）中转运输方案的合理化：经过精心计算后，如果将产品大批量地运到中转库，再从那里根据订单送货给每一个客户的成本（包括建设中转库的费用和保管费用）少于直接将货物送至用户的成本，即可采用中转运输方案。

3）配送方案的合理化：合理的配送方案使企业、配送中心（物流公司）、客户三家分享销售物流所节约的利益。因此，合理的配送物流方案就成为资源配置最合理的一种方案。

4）库存控制合理化：库存控制合理化是用经济方法实现库存控制，包括库存合理数量、库存合理结构、库存合理时间和库存合理空间。

3．销售物流合理化的技术方法

1）规模化：通过增加运输量实现规模运输，从而降低物流成本、提高配送的装载效率。规模化是通过延长备货时间来进行的，对定时配送非常合适。

2）稳定化：通过一定的技术方法控制客户订货的波动，从而提高运输效率。如：①给予大量订货的客户折扣；②规定最低订货量；③调整交货时间；④对于季节性的变动，尽可能让客户提早预约。

3）商流和物流的分离：订单与物流活动分开后，可以委托专业运输商承运，以节省运输费用、提高效率，使物流渠道更加通畅。物流独立可使企业将力量集中到销售活动上，对于降低库存有重要作用。

4）个性化：根据产品流转速度和规模，把仓储地和配送活动区分开，即周转快的产品群分散保管，周转慢的产品群尽量集中保管，做到压缩流通阶段库存，有效利用仓库面积，使库存管理简便化。供货量大的客户从企业直送，供货量小的客户通过配送中心送，使配送形式个性化。

销售物流方案合理化的标准是：准确地向客户运送产品、减少产品的缺货或脱销；合理设置仓库和配送中心，保持合理库存，使运输、仓储、配送等的总费用合理；使订单和发货信息畅通无阻，将销售信息迅速反馈给企业等。

3.4.3 销售物流的设计要点

1．仓库设置原则

销售物流中心仓库是必不可少的，无论建立物流中心还是配送中心，都是以仓储为据点开展的，所以仓库的选址和类型是方案设计首先要解决的问题。

1）销售物流中心仓库：物流中心是面向社会、面向市场的。仓库的位置应接近主要客户，以使运输距离长、配送距离短。仓库的大小取决于物流中心所服务客户的需求量。

物流中心仓库的类型是由产品的储存特性决定的。

2）为特定制造商服务的仓库：这种仓库一般坐落在特定制造商附近，产品从生产工厂转移到仓库，再从仓库将产品运送给客户。这类制造商一般情况下不建仓库，由物流公司选建。这种仓库的优点是为个别制造商专用，所以仓库的类型完全符合制造商产品的要求，具有较高的使用效率和良好的质量保证。

3）配送中心仓库：配送中心为一定区域的客户服务，因而配送中心选址应该位于该区域的物理中心，这样会使配送总的距离最短。配送中心既可以为一个企业服务，也可以为多个企业服务，产品的种类往往很多，产品的流速较快，所以这种仓库的类型属于流通型。

2. 库存管理原则

库存管理包括仓库的库区规划，产品入库、出库，仓库质量和库存量的控制等管理活动。根据产品特征不同，库存管理的要求也不相同，在设计销售物流方案时应加以关注。

1）库存管理的业务流程标准化：现代库存管理的作业流程有接货、保管、盘点、库内加工和发货。对每个环节的业务范围和规则必须清楚而明确地进行设计，使其简便、清楚、具有可操作性。

2）设计合理的库存控制方法：设计合理的库存控制方法是保持库存合理化的关键。其方法有：实行 ABC 分类管理，应用预测技术正确估计产品的销售量；另外，还要综合考虑各种因素，如降低库存总成本、减少流动资金、降低盘点误差、提高服务水平、防止缺货等。

3）建立库存管理系统：包括建立产品代码、实行条码管理、库存预警和自动补货管理、流通加工管理、盘点作业管理、库存作业管理，以及仓库维护和结算管理。

3. 运输管理原则

设计销售物流的运输方案时，要遵循整个运输系统的合理化和优化原则，但作为销售物流中的重要环节，运输在设计时应注意以下几点：

（1）运输方式：现代企业的运输方式有 5 种基本形式，即铁路运输、汽车运输、船舶运输、航空运输和管道运输。这 5 种运输形式各有自己的适用范围和优缺点，在选择运输方式时应根据运送产品的要求，考虑运输费用和合理运输。不合理运输表现在以下几个方面：对流运输、倒流运输、迂回运输、重复运输、过远运输、车船空载运输、无效运输。另外，在选择运输方式时，要考虑自有运输资源和社会运输资源的合理运用。自运和委托运输各有自己的优缺点，未来的发展趋势是委托运输。

（2）运输工具的选择和装载技术：在方案的设计中选择的运输工具要适合运输物品的运输保管要求。以公路运输为例，有各种运输车辆，如集装箱车、厢式车、敞篷车、平板车等。选择的车型一要保证运输货物安全，二要保证运输货物无破损，三要保证运输成本低，四要保证运输的及时性。货物的装载技术要经过反复试验，既确保货物在运输中不变形、不损坏，又能使车辆达到满装满载，最大限度地提高运输车辆的使用效率。

（3）多式联运或综合运输：综合运输也称多式联运，是指在运输中使用两种以上运输方式的组合。多式联运是优化运输的一种方法。如海-铁-公联运或海-公、海-铁、铁-公联运等。选择多式联运的方式时除了要以效率和成本作为主要因素外，还要考虑多式联运的协调性。

（4）运输流程设计：运输流程包括制单、托运手续、运输信息、应急方案等。制单是指制定物品的运单和交接单，也是承运的依据和计费的原始凭证，一经签订便具有法律效力。设计托运手续和交接过程要保证数量准确、质量完好。设计运输信息查询要简便实用。设计应急处理过程应注意交通事故处理、紧急抛锚处理和货物短缺处理。另外，还应有客户投诉的处理流程。

（5）现代运输管理系统：现代运输管理系统是集运输工具、运输技术和管理手段为一个整体，以计算机网络技术和 IT 为基础的信息化管理系统，它能提供各种运输信息供决策者参考使用。整个运输管理系统强调低成本、快速响应和高质量运输服务，能根据运输物品的特征和要求，自动调度适配车辆，选择最佳的运输方式和线路，实现装卸自动化。可以设计多种形式的为特定客户服务的运输管理系统，满足客户的个性化要求。

（6）运输分包管理：为进一步降低运输成本，并保证运输服务质量，合理地整合社会运力资源也是运营管理的重要方式。应选择合适的运输分包商，加强运输分包管理。

4．降低销售物流成本的策略

对销售物流的管理就是在物流的目标之间即满足一定的客户服务水平与物流成本之间寻求平衡：在一定的物流水平下尽量提高客户服务水平，或在一定的客户服务水平下使物流成本最小。下面着重介绍在一定的顾客服务水平下使物流成本最小的五种策略。

（1）混合策略

混合策略是指物流业务的一部分由企业自身完成。这种策略的基本思想是：尽管采用单纯策略（即物流活动要么全部由企业自身完成，要么完全外包给第三方物流完成）易形成一定的规模经济，并使管理简化，但由于产品品种多变、规格不一、销量不等等情况，采用单纯策略的物流方式超出一定程度不仅无法取得规模效益，反而还会造成规模不经济。而采用混合策略，合理安排企业自身完成的物流活动和外包给第三方物流完成的物流活动，能使成本最低。例如，美国一家干货生产企业为满足遍及全美的 1 000 家连锁店的配送需要，建造了 6 座仓库，并拥有自己的车队。随着经营的发展，企业决定扩大配送系统，计划在芝加哥投资 7 000 万美元再建一座新仓库，并配以新型的物料处理系统。该计划提交董事会讨论时，却发现这样不仅成本较高，而且就算仓库建起来也还是满足不了需要。于是，企业把目光投向租赁公共仓库，结果发现：如果企业在附近租用公共仓库，增加一些必要的设备，再加上原有的仓储设施，企业所需的仓储空间就足够了，但总投资只有 20 万美元的设备购置费和 10 万美元的外包运费，再加上仓库租金，也远没有 7 000 万美元之多。

（2）差异化策略

差异化策略的指导思想是：产品特征不同，客户服务水平也不同。

当企业拥有多种产品线时，不能对所有产品都按同一标准的客户服务水平来配送，而应按产品的特点和销售水平来设置不同的库存、不同的运输方式以及不同的储存地点，忽视产品的差异性会增加不必要的物流成本。例如，一家生产化学品添加剂的公司，为降低成本，按各种产品的销售量比重进行分类：A 类产品的销售量占总销售量的 70% 以上，B 类产品占 20% 左右，C 类产品则为 10% 左右。对 A 类产品，公司在各销售网点都备有库存；B 类产品只在地区分销中心备有库存，而在各销售网点不备有库存；C 类产品连地区分销中心都不设库存，仅在工厂的仓库才有存货。经过一段时间的运行，事实证明这种方法是成功的，企业总的物流成本下降了 20% 之多。

（3）合并策略

合并策略包含两个层次：一是配送方法上的合并，二是共同配送。

企业在安排车辆完成配送任务时，充分利用车辆的容积和载重量，做到满载满装，是降低物流成本的重要途径。由于产品品种繁多，不仅包装形态、储存性能不一，在容重方面也往往相差甚远。一辆车上如果只装容重大的货物，往往是达到了载重量，但容积空余很多；只装容重小的货物则相反，看起来车装得满，实际上并未达到车辆载重量。这两种情况实际上都造成了浪费。实行合理的轻重配装、容积大小不同的货物搭配装车，不但可以在载重方面达到满载，而且也能充分利用车辆的有效容积，取得最佳的效果。最好能借助计算机来计算货物配车的最优解。

共同配送是一种产权层次上的共享，也称集中协作配送。它是几个企业联合，集小量为大量，共同利用统一配送设施的配送方式，其标准运作形式是：在中心机构的统一指挥和调度下，各配送主体以经营活动（或以资产）为纽带联合行动，在较大的地域内协调运作，共同对某一个或某几个客户提供系列化的配送服务。这种配送有两种情况：一是中小生产、零售企业之间分工合作，实行共同配送，即同一行业或同一地区的中小型生产企业、零售企业在单独进行配送运输量少、效率低的情况下进行联合配送，不仅可以减少企业的配送费用，配送能力得到互补，还有利于缓和城市交通拥挤，提高配送车辆的利用率；二是几个中小型配送中心之间的联合，针对某一地区的用户，由于各配送中心所配物资数量少、车辆利用率低等原因，几个配送中心将用户所需物资集中起来，共同配送。

（4）延迟策略

传统的物流计划安排中，大多数的库存是按照对未来市场需求的预测量设置的，这样就存在着预测风险：当预测量与实际需求不符时，就出现库存过多或过少的情况，从而增加物流成本。延迟策略的基本思想就是对产品的外观、形状及其生产、组装、配送应尽可能推迟到接到客户订单后再确定，一旦接到订单就要快速反应。因此，采用延迟策略的一个基本前提是信息传递要非常快。一般说来，实施延迟策略的企业应具备以下几个基本条件：①产品特征：模块化程度高，产品价值密度大，有特定的外形，产品特征易于表达，定制后可改变产品的容积或重量；②生产技术特征：模块化产品设计，设备智能化程度高，定制工艺与基本工艺差别不大；③市场特征：产品生命周期短、销售波动大、价格竞争激烈、市场变化大、产品的提前期短。

实施延迟策略常采用两种方式：生产延迟（或称形成延迟）和物流延迟（或称时间延迟），而配送中心往往存在着加工活动。具体操作时，常常发生在诸如贴标签（形成延迟）、包装（形成延迟）、装配（形成延迟）和发送（时间延迟）等领域。美国一家生产金枪鱼罐头的企业就通过采用延迟策略改变了配送方式，降低了库存水平。这家企业为提高市场占有率，曾针对不同的市场设计了几种标签，产品生产出来后运到各地的分销中心储存起来。由于客户偏好不一，几种品牌的同一产品经常出现某个品牌因畅销而缺货，而另一些品牌却滞销压仓。为了解决这个问题，该企业改变以往的做法，在产品出厂时都不贴标签就运到各分销中心储存，当接到各销售网点的具体订货要求后，才按各网点指定的品牌标志贴上相应的标签，这样就有效地解决了矛盾，从而降低了库存。

（5）标准化策略

标准化策略就是尽量减少因品种多变而导致的附加物流成本，尽可能多地采用标准零部件、模块化产品。如服装制造商按统一规格生产服装，直到销售时才按不同的身材调整尺寸大小。采用标准化策略要求厂家从产品设计开始就要站在消费者的立场去考虑怎样节省物流成本，而不要等到产品定型生产出来了才考虑采用什么技巧来降低物流成本。

案例 3-4　施乐公司的墨盒再制造

墨盒是复印机的耗材。一般情况下，墨盒内的墨粉用完后，客户就会将墨盒作为废品丢进垃圾桶。从 1990 年起，施乐公司开始回收旧的墨盒作为原材料制造新的墨盒。

这项措施实施六个月之后，回收部门开始获利；同时实现了成本的节约，也使公司能够降低产品成本，提升了市场竞争力。

当客户打开施乐墨盒的包装时，同时会收到一个形似飞机的且已付运费的美国或加拿大的邮包，如果客户承诺归还墨盒，就可以再次以优惠的价格买下它。施乐公司的墨盒返还率为 60%。这些回收的墨盒被送到两个专门的处理中心，在那儿，这些墨盒被拆卸、清洗和检查；废弃的部分将被收集起来作为原材料，而那些好的部分则将被翻新并运到另一个地方进行再制造。所以施乐公司的产品是新部件与再制造部件的混合，很难找出全新部件与再制造部件的区别。

此外，施乐公司复印机里的所有塑料都注入了延缓燃烧的材料，这种塑料已获准可重复使用五次。而且施乐公司自己控制这项工艺，以保证产品的质量和利润。

施乐公司现在每年再制造大约 100 万个零部件和 15 万台办公设备，给公司带来了丰厚的回报，即使它的售价较低，但是由于它成本低廉，公司仍然在节约的基础上找到了新的利润增长点。

3.5　逆向物流方案设计

逆向物流是使商品自最终的目的地回流的过程。逆向物流包括由损坏、季节性库存、重新进货、回调货物或过量库存所导致的商品回流，它包括循环利用商品、危险品及某些过时设备的处理，还有对回收品的分类处理，实现物品所有者收益的最大化；企业在供应、生产、销售的活动中总会产生各种边角余料和废料，在一个企业中，如果回收物品处理不当，往往会影响整个生产环境，甚至影响产品的质量，还会占用很大空间，造成浪费。逆向物流还包括对商品的改造和整修活动，它不仅包括循环利用容器和包装材料，还包括以下重要的活动：重新设计包装以减少消耗，降低运输过程中的能源消耗，减少污染。

有一些工业企业几乎没有废弃物的问题，但也有废弃物物流十分突出的企业，如制糖、选煤、造纸、印染等企业，废弃物物流组织得如何，几乎决定了企业能否生存下去。

回收物流、废弃物物流评价指标有回收物品利用率、废料回收利用率、主副产品产值比率。

其中，废料回收利用率=经过综合利用的废弃物数量/可能利用的废弃物数量×100%

3.5.1　逆向物流概述

逆向物流方案的重点是解决废弃物料以及退货回收和处理。逆向物流与企业物流成本有密切的联系，使逆向物流合理化，与废旧物资的利用、压缩物流成本关系重大。

1. 废弃物流

废旧物资的产生有如下途径：在制造过程中的废品和边角余料，在加工过程中产生的废渣和废料，在辅助供应过程中产生的废旧零部件和废旧包装材料，在成品库和在制品库中产生的废品和陈旧物料等。

许多企业对废弃物资的回收和利用十分重视，有的成立专门的部门对废弃物资进行管理，有的委托各加工制造单位自行处理等，产生了较好的经济效益，但由于没有把废弃物流作为企业物流的组成部分，因此还存在不少问题。

（1）废弃物流不规范

有的企业在对废弃物回收的管理上各自为政，形成多头管理局面，导致废弃物管理分支多、效率低下。有的企业虽有专门部门管理，但与企业物流管理脱节，员工对废弃物流认识不高，缺乏规范的盘点、考核和监控的作业流程，各个物流环节联系不密切。

（2）废弃物流失和利用不当

废弃物回收中没有涉及废料的价值，也没有从成本中加以体现，导致大量的废弃物被扔进垃圾堆，作为废料运到厂外。对边角余料没有进行分拣和再加工，直接作为废弃物资出售，减少了企业的收益。

（3）生产部门兼做回收工作

这违背了专业化的分工原则，对废料处理不力，不能做到精细分拣和再加工、再利用。各生产部门缺乏沟通，在一个部门是边角余料，在另一个部门可能是原材料；各部门分散寻找销售渠道，信息不共享，不能汇总成大宗废料集中招标以获得更好价格，无形中减少了企业的收入。

2. 回收物流

（1）回收物流产生的原因

1）在我国，由于经济由短缺转为过剩，市场竞争愈加激烈。所以，首先是为了生存，其次是以此寻求进一步的发展，为了获得客户的忠诚，让客户得到更多的让渡价值，现在绝大多数制造商、分销商、零售商都极大地放宽了退货、换货政策。

这种情况在国外更为明显，这是由于它们奉行的是自由退货政策，即顾客可以在购买商品后不提出任何理由即可退货。在美国，大多数返还给最上层供应商的商品（要么是消费者退货，要么是因为未被售出）都被最初的供应商收回，由它们对这些产品进行再加工和处理。

2）为了维护和建立商誉，企业主动回收产品。这种事例在各种召回事件中得到了集中体现。英特尔公司在奔腾 II 时代，曾经召回了存在浮点计算错误的处理器，蒙受了巨额经济损失。

3）价值回收也是影响企业实施回收物流的重要原因。据美国汽车零部件再制造协会估计，1998 年，再制造的汽车零部件价值约 360 亿美元，50%的新起动机是来自于再制品。保守估计，在美国约有 12 000 家汽车零部件再制造商，这些活动同时还使美国一年节约了几百万 USgal[⊖]的原油以及大量的钢材和其他金属。

4）比较自由的退货政策同样也会使供应链上的分销商与零售商感到放心，可以促使它们多进货，降低了它们买非畅销品的风险。同时，制造商接受供应链上伙伴的退货和自己实施主动的回收与再加工再制造相结合，将有利于更新供应链上的库存，加速新品的流转，从而保护了供应链上各个节点成员的边际利益。

另外，随着人们环保意识的增强，环保法规约束力度的加大，企业被迫承担起更多回收产品的责任。一方面是厂商有义务回收和处理废旧产品及有关垃圾等；另一方面由于垃圾填埋和焚化费用的不断上涨，厂商也愿意用回收利用的方式来处理旧货。

（2）回收物流的特点

回收物流作为工业物流价值链中特殊的一环，与正向物流相比，有着明显的不同。

⊖ 1USgal=3.78541L；1UKgal=4.54609L。

1）回收物流产生的地点、时间和数量是不确定的，预测难度大。回收物流，特别是退货，一般来讲不会有历史数据用于参考，它的零星发生和大规模突然爆发都是很难预测与计划的，往往只能是在事情发生以后被动地应付。对于产品的召回，由于是厂商主动采取的行为，因此在总量和地域上会有较清楚的认识，然而客户何时、何地将这些产品退回却是不确定的，所以召回也具有难以预测性，同样也使处理更加复杂。

2）发生回收物流的地点分散，运输路径不明确。回收物流的发生一般较为分散、无序，不可能集中一次向接受点转移。管理人员还需要花费相当长的时间来决定各种退货的去向，还要考虑生产商对于退还商品处理的特殊规定，如在二级市场转卖的商品必须去除标志等，这些都使得回收物流中对于商品的处理选择众多、方向不明。

3.5.2 逆向物流的合理化

1. 废弃物流的合理化

（1）建立废弃物流管理部门

在企业物流管理组织中设立专业废弃物流组织，人员应精炼、专业化和专门化，负责废弃物资的回收管理工作，制订回收作业、回收销售计划，以及监督和协调等具体工作。

（2）做好回收计划

不同材质的废弃物料的回收利用有不同的特点，应针对这些特点制订回收利用计划，确定废旧物资的合理流向。制订计划要抓住重点，对于能产生高使用价值的废旧物料，应认真加以研究开发。

（3）提出实际处理方法

将钢铁、铜、铝等旧物料适当分类、简单加工，作为新料；对拆解的旧零部件进行维修、保养和整修后，可以再使用；对大批量且有价值的废料，认真分拣，设法利用或对外出售；其余的销售给废品回收公司。对于无利用价值的，采取各种处理办法，做好环境保护。

2. 回收物流的合理化

（1）对回收物流的预测

回收物流的一个重要特点就是它产生的地点、时间和数量的不确定性。因此，企业要成功实施回收物流管理，就必须寻找一个好的预测方法，通过它把不确定性尽可能地降低。

一个典型的新产品的生命周期可以划分为4个阶段：导入期、成长期、成熟期和衰退期。虽然说很难特别精确地给一个产品划分出这4个周期，但是仍然可以大致地知道自己企业的产品的销售形态，从而根据不同的表现形式进行科学的回收物流预测。

另外，当零售商或配送中心不能销售出商品时，需要及时反馈退货信息（包括退货理由、退货损失等），以便上一级节点及时掌握退货信息，为退货运输、库存或再销售做准备。同时，零售商需要及时传递回收报废产品信息，为配送中心制订运输计划提供资料。

（2）建立集中退回处理中心

一般说来，在处理退货和回收问题上应考虑建立集中退回处理中心。集中退回处理中心不仅要承担物流中心所具备的仓储、配送职能，还要承担详细鉴别产品的外观、品质、可拆卸程度的责任，并完成产品的分类、清洁、拆卸的工作；然后，它要根据采购物流的具体订货情况立即或经过一定时间的储存后发给相关使用部门。因此，集中退回处理中心既处于连接零售商、分销商、制造商、供应商的承上启下的位置，又具有节约成本和创造价值的双重作用，所以它应是供应链中实施回收物流活动的枢纽。

（3）产品设计的可拆解性和模块化、标准化

对于企业来说，回收物流不可避免，因此企业在设计产品时就必须开始考虑可拆解性以及产品的模块化、标准化，以利于回收物流的开展，延长产品的生命周期。

许多公司正在采用模块化的设计技术并使用标准化的产品接口。由大量标准化零部件组装而成的产品可以方便地进行升级，而不是被废弃，仅仅用新部件替代过期部件就可以达到这样的目的。

以老型号产品中的标准化部件和模块为基础进行新产品的设计制造，使企业有机会利用老型号产品中的零部件。企业分解一种老型号产品时，就有很多机会把老部件重新应用到新产品上。

（4）应用有效的产品识别与跟踪技术

企业进行回收物流有效控制是一种全程的监控。全程监控的最好方法就是利用先进的技术。例如，使用无线电射频识别技术，在回收物流产生时，可以用此系统方便地知道该产品的各种基本信息。此外，当接收退货和实行回收后，可以用该技术最大限度地减轻一线员工的信息输入工作，降低他们的工作强度与烦琐度，有利于提高管理效率。

3.5.3　逆向物流的设计要点

典型的逆向物流（从消费者流向生产商）的过程可以分为四级：第一级是零售商，第二级是分销商，第三级是生产商，第四级是供应商。根据逆向物流的方向，可把逆向物流管理分为零售商管理、分销商管理、制造商管理和供应商管理。逆向物流业务主要有：

1）回收。它分为内部回收和外部回收，前者主要指报废零部件及边角余料的回收，后者主要指退货、召回产品、报废产品回收等。

2）检验。各级节点对于流经该级的逆向物流要检验，以控制不合理的逆向物流。

3）分类。在每个检验的过程中，都需要分类，确定产品回流的原因，以便对流经该节点的逆向物流进行分流处理。

4）处理。对流经各级节点的逆向物流，经各级节点分类后，先由自身节点处理，对不能处理的向下一级节点转移，由下一级节点处理，直到生产商终端。零售商对逆向物流中的可再销售的产品继续转销，无法再销售的产品交由配送中心处理；配送中心对可再分销的产品继续分销，无法分销的产品转移给生产商处理；生产商对可维修产品进行维修，然后再销售，对不可维修产品、回收报废产品及零部件、生产中的报废零部件以及边角余料通过分拆、整理重新进入原材料供应系统；对召回产品通过分拆，进行更换零部件或技术改造等，重塑产品价值；对于产品包装物，以及分解后的不可再利用零部件，要采取机械处理等环保的方式进行处理。

1. 零售商逆向物流管理

零售商的一线员工要负责接收顾客的退货和处理产品的回收。基本上可以认为他是第一个处理一个产品的逆向问题的人，所以他必须做好退回的进入控制。首先必须在资料库中检索和查询该产品是否属于公司政策范围内的退货，并依据所获得的信息做出相应的处理；如果是肯定的回答，就必须判断产品的状况。其次，根据企业对自己的授权情况确定是由自己处理，还是交给上级；如由自己处理，接着就是进行全额或部分的退款，并将处理情况输入信息系统。最后需要做出判断：该产品是进行再销售、维修、降级处理还是将其交给本企业的储运部门运往上游，并在其授权范围内自主行动。经过这样一系列的作业过程，他就发挥了把好退货和回收的入门关的作用。

储运部门安排运输，将退回产品运往集中退回处理中心。像正向物流一样，信息流应该先于物流，所以应该先向集中退回处理中心提前发送详细的产品信息，同时还要向财务部门发出发货信息。财务部门根据销售部门与储运部门的信息做出账目上的处理；对于销售额的损失，根据供应链企业间的规定，或者向上游要求赔偿或者由本企业承担。至此退回处理的第一阶段完成。经过一定时期的积累过后，零售商的管理部门应根据原始数据做出详细的分析报告。一方面可以为今后的订货提供参考，另一方面也可以向制造商提出改进建议，同时还可以用它来改变管理的相关规定并进行员工的绩效考核。到此，整个阶段才算完成并进入下一次循环。整个流程如图 3-6 所示。

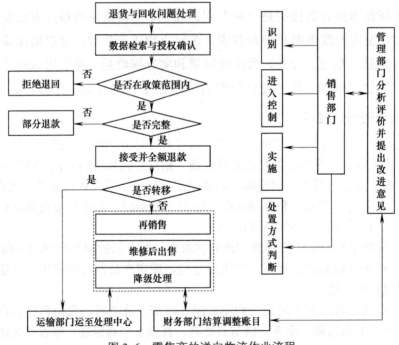

图 3-6　零售商的逆向物流作业流程

2. 分销商逆向物流管理

分销商在逆向物流中的地位和行为与零售商相似，也有可能接受客户的直接退货和召回过去售出的产品，因此也要经历如同零售商销售部门一样的识别、入门控制、实施、处置方式判断四个阶段来处理退回。不同之处是，要将可用于再次销售的产品进入物流系统，再运给零售商售卖；同时还要接收零售商不进行现场销售、维修、降级处理的产品，连同本企业收集的同一类产品一并转运到集中退回处理中心。集中退回处理中心进行相关作业后，将用于再制造和再循环的部分分别运往制造商和供应商处进行加工。整个流程中有很大一部分是与零售商的作业流程相同的，其简略的流程如图 3-7 所示。

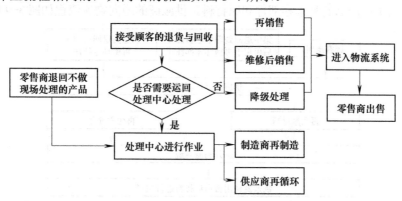

图 3-7　分销商的逆向物流作业流程

3. 制造商逆向物流管理

因为集中退回处理中心在供应链中集收集、储存、鉴定、测试、分类、清洁、拆卸于一体，一方面承接下游零售商、分销商的退货，另一方面又连接制造商，因此它是整个逆向物流活动实施的枢纽。但它的重心仍是与制造商相协调，以顺利实现逆向物流回收价值这一经济目的，以及通过它将一部分无利用价值的产品进行废弃处理。整体上，它还是与制造商作业流程的关系更紧密，集中退回处理中心和制造商的逆向物流流程如图 3-8 所示。

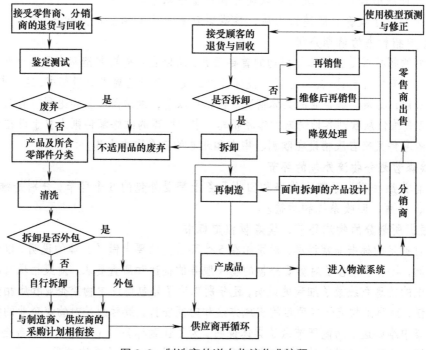

图 3-8　制造商的逆向物流作业流程

4. 供应商逆向物流管理

供应商在逆向物流中的地位处于弱势,在特殊的情况下也可能会收到客户的退货,如客户认为是由于原材料品质造成了产品的质量问题。通常,它只接收集中退回处理中心的物品和制造商转来的用于再循环的物品,将其作为自己生产的原料,从而节约成本。制成的零部件或新的原材料又成为制造商生产产品的基本零部件和原材料。供应商的逆向物流流程如图3-9所示。

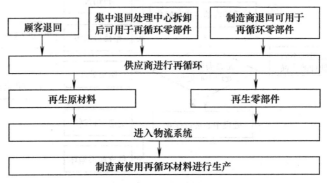

图 3-9　供应商的逆向物流作业流程

案例 3-5　康柏的物流外包运作

1998年,康柏公司在欧洲请埃森哲公司(全球最大的上市咨询公司)规划自己维修和回收上的物流管理,借以缩减公司在这一方面的成本,提高康柏在供应链管理上的竞争力。埃森哲在为康柏做了将近一年的咨询以后,向康柏提出了外包这一块业务的建议,理由是:康柏在这方面的管理不具有竞争优势,也不具备这方面的成本优势,外包可以提高维修和回收管理能力,进而可以提升客户服务水平。

在康柏同意了埃森哲的建议以后,埃森哲就着手为康柏拟定招标书。

1. 拟定招标书的前期分析

因为好的招标书是招标工作成功的首要因素,所以企业先要想清楚自己要干什么,希望物流公司怎样来配合自己,然后才能让投标公司拟定符合自己要求的投标书,这一点很重要。在拟定标书前,必须了解企业的具体情况。在招标以前,康柏在荷兰和比利时有两个大型维修中心,负责维修从欧洲各地送来的康柏机器,中心所需的维修零件则来自于设在各地的分库,分库的零件又来自康柏设在欧洲、中东和北非的三个中央大库。

2. 埃森哲划分物流外包的环节

埃森哲为康柏列出了整个维修和回收业务上需要外包的5个环节,分别是维修中心、中央大库、分库、回收系统和运输。

3. 根据所划分的物流环节,埃森哲拟定标书

埃森哲拟定的标书非常详尽,对康柏在5个环节上的要求做了具体的说明。以维修中心的招标为例,标书中包含了对需要外包的物流服务的描述和质量要求,对康柏现有的信息系统和理想中的信息系统做了细致的说明,还分别陈述了外包协议中物流企业和康柏分别需要承担的责任,列明了物流外包项目的实施方法和时间安排,最后则是对物流企业的投标书中应包含的集中维修这一功能环节做了具体说明。为了让竞标公司了解康柏的业务全貌,埃森哲所拟的标书中还包括对康柏保留的相关业务和外包业务之间关系的说明。

　　标书另有一部分是对物流公司投标书的要求。标书要求投标公司能逐一说明如何满足康柏的物流需求，还要求投标公司对自身的信息系统、组织构架、资历和以前的成功案例都有详细的说明，同时要求物流公司说明目前为康柏公司提供服务的年收入金额及其占物流公司整体年收入的比例，以此来估测康柏在这一竞标公司业务体系中的重要性。标书另外还要求投标书包含未来成本预测、外包绩效管理、报价等多项内容。

4．标书投放

　　标书投放不久，TNT、DHL、Exel、UPS 等多家物流公司就纷纷投标。

　　埃森哲的评标包括解决方案评估、公司整体评估、信息系统评估、商业条款评估和财务状况评估 5 个部分。埃森哲的评估人根据招标的 5 个环节分为 5 个小组，分别对各家投标公司在每个环节上的能力一一评测，遴选出几家在各个领域表现较好的公司，然后由所有评测人员做出整体评估，在各具特色的投标公司间做出整体平衡，尽量选出能满足所有 5 个要求的公司。经过小组审批、团队审批和总部批准，最后评测小组会选出 2～3 家公司，这时招标就进入最后的议价阶段。埃森哲需要具体考虑投标公司的信息系统能否与康柏的系统对接、成本核算方式是否有效、物流公司在业务接收过程中对康柏本身的业务会有多大影响等各种细节上的问题，还要和投标公司商议出一个最终能让康柏接受的价格。

　　最终，埃森哲为康柏选择了 Exel，主要基于以下的原因：

1．选择 Exel 是因为它具有很好的整体解决方案

　　埃森哲之所以选择 Exel，是因为 Exel 在仓库、运输、计划、单据、财务和调配多方面都有很好的整体跨区域解决方案，康柏通过 Exel 能提高客户服务的质量。

2．Exel 对康柏中央仓库的管理

　　外包过程完成以后，康柏的中央大库缩减至荷兰一个，其中的人员和设施交由 Exel 管理。Exel 对大库的工作人员有完全的控制权，可以裁员也可以增员。维修中心的设施由 Exel 管理，但维修人员和仪器还是由康柏管理，因为 Exel 没有兴趣管理维修中心的技术人员，Exel 管理的是货品处理。

3．Exel 对康柏分库的管理

　　康柏原有的分库系统也完全交由 Exel 管理。Exel 根据实际需要对分库做了调整，不再按照康柏原来的位置设立分库。Exel 公司本身就有很好的仓库系统，在整合康柏的分库以后，Exel 将自己的许多仓库辟为康柏的维修分库。各个分库和中央大库间及分库和维修中心间的运输比较灵活，Exel 可以自行决定是由自己运输还是由其他快递公司运输，当然是以高效率和低成本作为判断依据。

　　康柏物流经过外包，在客户服务这一块的成本节约达到了 20% 左右。

3.6　工业物流商业运营模式

　　不同的企业由于自身的特点和物流需求，采用不同的物流运营模式。总结各个企业的物流运营模式，大致可以分为三类：第一类是自营物流，第二类是外包物流（委托给第三方物流企业），第三类是合作（包括合资）物流。

3.6.1　自营物流

　　自营物流是指企业建立自己的物流系统，管理自己的物流活动。自营物流必须建立自己

的物流管理部门，有的称为物流部，有的称为物流推进部，有的称为储运部等。在组织上，此部门是企业管理组织机构中的一部分，直接接受企业的领导。

自营物流必须有足够的物流资源。当资源不足时，可以采取部分物流业务外包的形式，但外包部分不是自营物流的主流。有的自营物流会投入巨资建设立体仓库或者物流中心，以控制自己的物流。

自营物流必须建立自己庞大的物流运作团队和领导机构。

1. 建立自营物流的原因

企业建立自营物流是出于多方面的考虑：

一是认为没有哪家物流公司可以让自己满意，不放心将自己的物流业务外包出去。有的企业在设计物流方案时，想找第三方物流，但感到有些物流企业规模小，服务水平不高；另一些物流企业有经验、有水平，但费用太高，服务质量还不能令人满意。二是有的企业认为物流行业具有很高的利润，不愿意将此利润拱手相让，还是自营更好。

还有一些企业担心自己的商业秘密外泄或业务流程失控，认为采用第三方物流在物流业务控制上总不如自营物流，将物流业务外包则意味着企业对物流活动的失控，担心当第三方物流企业完全介入企业物流后，会对企业造成潜在的威胁。

于是，我国企业多为自营物流，很多大型企业都建立了自营物流系统，如春兰集团、海尔集团、双鹤药业等。

2. 自营物流的优点

企业采用自营物流的方式将是长期存在的物流模式之一，自营物流给企业带来了许多的方便。

首先，自营物流完全在企业的支配控制下，与企业的生产计划和销售计划连接，而且是完全统一在企业的战略目标下进行的。如今世界上最大的连锁商业企业——沃尔玛的物流，就是自营物流的典范。

其次，企业对自己的产品和客户非常重视，完全掌握产品的物流特性，自营物流可以使自己物流链条形成网络，从而更加符合产品的特征，满足客户需求。企业对物流方案中所涉及的内容，如物流中心选址、生产需求预测、生产进度衔接、综合性物料需求计划、整个物流系统的 JIT 操作以及仓储、包装、装卸、订单处理、采购、运输配送、客户服务、质量退货、废物回收等各方面，认为由自己做才能做好。

最后，自营物流可以充分盘活企业自身的物流资源，降低物流运作的门槛，充分安置自己的员工，解除企业发展的后顾之忧。

3. 自营物流的不足

自营物流的最大不足是成本较高。自营物流方案设计得再好，在实施中也会因为种种原因而使成本居高不下。

一是因为企业的自营物流没有走向市场、没有参与市场竞争，而是自己跟自己比较，容易产生满足感。

二是因为自营物流管理部门与企业管理部门一体化，很难不断要求降低成本。

三是因为自营物流实质上是实行了企业的"产、供、销一条龙"的形式，这种小而全、大而全的经营管理模式是计划经济的产物。实践证明，"产、供、销一条龙"不符合专业分工的原则，由此产生的物流成本居高不下是肯定的。

自营物流最大的问题是"效率"，其中包括物流资源的利用效率、物流网络的运作效率和物流信息系统的利用效率等。自营物流在开始运作时，集成了企业物流的多个环节，显示出了一定的效率（比没有采取物流整合之前），但运作一段时期以后，再提高物流运作效率便会非常困难。目前有的大型国有企业已经放弃自营物流而采取外包物流的模式，在物流市场中选择优秀的物流企业，以促进物流效率不断提高。

3.6.2 外包物流

外包物流又称合同物流、委托物流，是指企业将自己的物流服务外包给第三方物流。随着国际上第三方物流企业在规模上和实力上的增强，物流外包的趋势更加明显。跨国公司的核心竞争力是研发优势、制造能力、市场销售能力和服务水平，他们愿意把自己的物流外包给专业物流公司，并且逐渐形成一种稳定的合作伙伴关系，双方分享信息资源。第三方物流企业的核心竞争力是拥有专业的物流方案设计团队和物流运作团队，可根据跨国公司的具体要求设计物流解决方案，并跟进跨国公司的业务拓展。我国的大型国企只有一部分采用外包物流的模式。

1. 外包物流的形式

企业在寻找第三方物流企业时，主要有三种形式：

其一是采用招标方式寻找自己满意的物流供应商，经过投标和评标后中标的第三方物流企业与招标企业签订物流服务合同。

其二是企业经过多方考察、内部评定，选定某物流服务商为自己的物流合作伙伴；或者是某物流企业是伴随企业一起成长的，完全熟悉企业的物流需要，企业可以直接委托。

其三是企业将部分物流业务外包。比如，企业只将自己的销售物流业务外包，或只将自己的厂外供应物流业务外包。对第三方物流企业来说，虽然是承包了企业物流的一部分，但这是切入企业物流的良好开端，只要抓住机会，展示自身高水平的物流服务能力，就会逐渐取得企业的信任，进而成为企业的物流合作伙伴。

2. 外包物流的优点

第三方物流企业的专业是经营物流，具有一系列的物流服务优势，这一点是自营物流所不能比拟的。企业把自己的物流业务委托给第三方物流企业，所获得的最大利益是可以降低物流成本，提高物流运作效率，最终取得客户的满意。第三方物流企业要有能力设计高水平的企业物流方案，把降低成本、提高效率作为企业物流服务的宗旨。

面对激烈的市场竞争，要想生存和发展，企业要有核心竞争力。所谓核心竞争力，是指企业所独有的能力，别的企业要想拥有这种能力，要花相当长的时间。物流并不是工业制造企业的主业，也不是其核心竞争力，在某种意义上是一种"副业"，所以当企业把自己的物流外包给有经验、有水平的第三方物流企业后，可以专心致力于打造和加强自己的核心竞争力，从而将自己的事业做大、做强。国际上许多知名跨国公司采取的都是这种运作模式，这种运作模式经过市场检验，被证明是正确的。

3．外包物流的现状

外包物流是工业物流发展的趋势，也是很多跨国公司所采取的成功做法。

目前，我国大部分第三方物流企业均处于起步阶段，规模不大，水平不高，物流服务的理念还没有建立起来，此时将自己的物流外包出去具有很大的风险。某企业将自己的销售物流外包给某物流公司后，物流成本不但没有下降，反而升高了，工人多次抗议，物流公司撤换了总经理，情况略有好转。这种情况使很多企业在是否采用外包物流的模式时犹豫不决。

我国第三方物流兴起不久，相当一部分企业经验不足，物流理念陈旧，物流服务技术水平不高，使企业很担心第三方物流企业提供的物流服务质量，不放心把自己的物流业务外包出去。因此，我国的外包物流发展缓慢。

4．第三方物流企业的选择与管理

在选择第三方物流企业时，要从其物流网络结构和设施、价格、质量、声誉、管理水平（特别是信息化管理水平）、从业人员、业务范围和过去的经验等方面进行衡量和考察。此外，企业的物流外包决策是一个复杂的过程，企业与第三方物流企业的合作也是一个长期磨合的过程，需要与之形成一种伙伴关系，整合资源，共同参与市场的竞争。

（1）正确理解外包物流

企业是否采用物流外包（第三方物流），应基于对企业自身的深度分析加以考量。企业应深入分析内部物流状况，并探讨物流是否是企业的核心能力，物流是否能为企业带来外部战略经济利益；如何在无缝衔接的基础上调整业务流程，进行职能变革；如何对外包的物流功能进行持续有效的监控；企业文化是否鼓励创新与变革；企业领导和员工对变革持何种态度等。外包本身并不是企业发展战略，它仅仅是实施企业战略的一种方式，企业应确定在行业中是否存在有能力和可供选择的第三方物流企业，否则实施外包不仅不能成功，反而会导致一系列问题。企业只有在拥有了合适的合作伙伴，企业内部管理层也认识到外包的重要性而且清楚针对外包应做的准备工作后，才能决定是否实施外包。

（2）严格筛选第三方物流企业

在选择第三方物流企业时，首先要改变现有的观点，即仅着眼于企业内部核心竞争力的提升，而置第三方物流企业的利益于不顾；企业（需求方）应以长远的战略思想来对待外包，通过外包既实现企业利益最大化，又有利于第三方物流企业持续稳定的发展，达到供需双方双赢的局面。在深入分析企业内部物流状况和员工心态的基础上，调查第三方物流企业管理深度和幅度、战略导向、信息技术支持能力、自身可塑性和兼容性、行业运营经验等，其中战略导向尤为重要，确保第三方物流企业有与企业相匹配的或类似的发展战略。对于第三方物流企业的承诺和报价，企业务必认真分析、衡量。报价不仅仅是一个总数，还应包括各项作业的成本明细。对于外包的承诺，尤其是涉及政府政策或第三方物流企业战略方面的项目，必须来自第三方物流企业最高管理者，避免在合同履行过程中出现对相关条款理解不一致的现象。

（3）明确列举服务要求

许多外包合作关系不能正常维持的主要原因是服务要求模糊。由于服务要求没有量化或不明确，导致供需双方理解出现偏差，第三方物流企业常常认为企业（需求方）要求过高，企业则认为第三方物流企业未认真履行合同条款。例如，第三方物流企业在没有充分了解货物流量、货物类别、运输频率的情况下就提交了外包投标书；或者第三方物流企业缺乏应有的专业理论知识，不能对自身的物流活动进行正确、详细的描述等，企业应该详细列举第三方物流企业应该具备的条件：设备能力、服务水平、操作模式和财务状况等。比如，订单是否能够 100%完成，准时率是否能达到 100%等。

（4）合理选择签约方式

分别签订仓库租赁合同和操作合同，这样两个合同单独履行，互不影响，即使取消了操作合同，仓库租赁合同仍然有效。要注意不同企业商业文化的差异，特别是企业的上游和下游，对两者都要提前做出判断，从而有效地协调沟通，确保与第三方物流企业签订的合同满足各方的需求，实现各自的目标。合同不可能对环境变化做出全面准确的预测，签订前后的各种情况会有所不同，诸如行业政策、市场环境、第三方物流企业内部发展状况等。在某种情况下，即使第三方物流企业的操作方式或理念比较超前，也并不一定适合企业发展的需要。

（5）共同编制操作指导书

企业不能认为外包作业是第三方物流企业单方面的工作，应与第三方物流企业一起制定作业流程、确定信息沟通渠道、编制操作指导书，供双方参考使用。操作指导书能够使双方对口人员在作业过程中步调一致，也为检验对方作业是否符合要求提供了标准和依据。

（6）提前解决潜在问题

建立外包合作关系后，认真细致地考虑未来发生的变化及潜在的问题，在问题出现之前就要提出解决方案。在物流外包方面，文化、思想的多样化和差异性具有特殊作用。有时，企业内部物流经理会把第三方物流企业当作威胁自己地位的竞争对手。而当第三方物流企业规模越来越大时，也会出现工作官僚化的现象。一种经常使用的方法，是与第三方物流企业探讨如何解决假设存在的问题，例如：如何处理客户投诉，如何应对服务质量的下降、应变能力的降低等。

（7）积极理顺沟通渠道

导致外包合作关系失败的首要原因是计划错误，其次是沟通不畅。沟通的重要性仅次于计划，供需双方在日常合作过程中出现的问题大多与沟通不畅有关。第三方物流企业是客户关系中最重要的环节之一，应该被包括在企业整个业务链中。双方应建立正确的沟通机制，就矛盾产生的根源达成一种共识，即矛盾和冲突是业务本身产生的，而非工作人员主观原因导致的。当问题出现时，双方应理性对待，不要过于冲动，给对方考虑和回复的时间。同时，在履行合同的过程中，花费一定的时间和精力相互沟通了解，探讨合同本身存在的问题以及合同以外的问题，对维持双方的合作关系是很重要的，这一点常常容易被忽视。

（8）明确制定评估标准

一般情况下，对第三方物流企业服务水平的评估是基于合同条款，而合同条款多数只对结果做出描述，因此对外包业务过程不能进行有效的评估，也不能建立适宜的持续改进机制。随着时间的推移，当企业准备向第三方物流企业增加外包项目时，才发现第三方物流企业已不符合企业进一步发展的要求。不能有效地考核，正是管理薄弱的表现。当建立合作关系后，应依据既定合同，充分沟通协商，详细列举绩效考核标准，并对此达成一致。绩效评估和衡量机制不是一成不变的，应该不断更新以适应企业总体战略的需要，促进战略的逐步实施和创造竞争优势。实施外包变革是一个长期、艰巨而又曲折的过程，合同的签订只是外包的开始，在过程中还需要不断地对完成的活动进行考核，甚至包括考核外包决策，使每个步骤都能达到预期的目的，从而确保变革的有效性。企业不断对第三方物流企业进行考核的目的，是促使第三方物流企业的核心能力得到长期、持续、稳定的发展。

企业不仅要对第三方物流企业不断进行考核，还要对企业内部与外部活动相关的职能进行持续监控。外包虽不是企业的核心能力，但它正日益成为企业创造竞争优势的重要贡献者。过去，外包决策是基于扩大生产规模而采取的一种短期战术行为，现在它是基于实现资本有效利用的长远目标进行考虑的，企业管理者应时时关注和考核自身的核心能力，同时找出问题，加以改进。

（9）适时采用激励方法

绩效考核标准应立足实际，不能过高而使第三方物流企业无法达到，同时要有可操作性，但是标准应该包含影响企业发展的所有重要因素。良好的工作业绩应该受到肯定和奖励，第三方物流企业或企业内部职能部门即使对所做的工作有自豪感，也同样需要得到承认和好的评价。表扬、奖励、奖品甚至一顿晚餐都是一种激励方式，管理者应充分应用一切有效的方式和方法来达到激励的目的。

（10）持续巩固合作关系

外包意味着双方利益是捆绑在一起的，而非独立的。良好的合作关系将使双方受益，任何一方的不良表现都将使双方受损。供需双方真诚的评估和定位、行为道德、相互信任和忠诚以及履行承诺，是建立良好的外包关系的关键因素。

3.6.3 合作物流

合作物流是指企业与第三方物流公司合作共同经营和管理企业物流。这种合作物流主要是指由双方共同组织合资物流公司来运作企业物流。合作物流是针对我国大型国有企业的物流现状而探索出的一种新的物流运作模式，是对物流实践的一种创新，丰富了我国的物流理论。

1. 合作物流的产生

由于历史原因，我国的大型企业都有自己的物流资源，在设计企业物流方案时，首先想到的是利用自己的物流资源。但由于缺乏经验和丰富的物流专业知识，自己运作有困难。如果完全外包给第三方物流企业，企业又难以完全满意。有一种方式，既充分利用企业的物流资源，又以第三方物流企业的服务水平来运作企业物流，这就是合作物流。

合作物流的特点如下：

一是企业物流方案由第三方物流企业设计，企业物流也由第三方物流企业运作。

二是在企业的控制下，利用自身现有的物流资源，任用原有的人员（经第三方物流企业培训后竞聘上岗）。

三是合作物流获得的利润由双方分享。

合作物流既解决了企业和第三方物流的关系问题，又能使双方获得共同发展。这是符合我国国情的一种创新的物流运作模式。

2. 合作物流的形式

在合作物流中，企业付出的是物流资源和物流市场，第三方物流公司付出的是物流知识、经验和技术。双方合资成立物流公司，存在一个投资比例的问题。经分析和研究以及实践上的探索，双方投资比例各占 50%为好。企业出任董事长，第三方物流公司出任总经理。合资公司首先要保证精心运作企业物流，全心全意为企业物流服务。为使合资物流公司的产权明晰，有如下四种投资方式供选择：

其一是以企业的全部物流资源入股（如仓库、车队等），在资产评估后，第三方物流以相等的资金注入。

其二是企业以全部的物流资源入股，经资产评估后，物流公司收购其资产的一半，然后双方再注入启动资金。

其三是选择企业的优良资产入股，经资产评估后，第三方物流注入相同的资金。

其四是由双方组成物流公司，双方投入对等的注册资金，对于原企业的物流资源进行租赁或买断。

这四种模式，可由双方协商选择。合资物流公司的职员组成，除高层管理者由双方委派外，其余人员一律从原企业从事物流业务的人员中招聘，经系统培训后上岗，上岗后一律与原企业脱钩。

课后案例　某印染集团物流改进方案

某印染集团是一家以生产纯棉服装面料为主的大型民营股份制企业集团。近年来，由于贸易摩擦、能源价格上涨、人民币升值、出口退税降低，导致行业平均利润率降到了 3%左右。该印染集团急需摆脱粗放型的规模扩张模式，优化内部管理，提升盈利能力。

本项目以物流为抓手，意在促进印染集团内部管理的进一步改善，最终提升印染集团的核心竞争能力。

第一部分 | 调 研 情 况

一、总体情况

1）目前仓库按功能分为坯布仓库和成品仓库，4 个分散型的仓库总面积为 $12\,000\text{m}^2$，管理人员为 30 人。

2）人员精简，资源配置简单，单位库存成本较低。

但是：

1）流程和制度没有规范统一，难以有效和切实地执行。

2）各部门的独立性较强，增加了内部管理的损耗。

3）人工管理缺少信息系统的支持。

4）难以支持柔性生产和流水线紧急拉动的需要。

5）仓库管理的 KPI 考核指标没有体现。

6）国内运输有多家物流供应商共同服务，不利于集中管理和资源整合，缺少高效的运输管理体系，难以应对突发的紧急事件。

二、现状分析

坯布仓库、成品仓库的现状分析分别见表 3-3 和表 3-4。

1．坯布仓库

表 3-3　坯布仓库的现状分析

	现　象	原　因	结　果
A坯布仓库（进库）	坯布到库基本无预约时间	采购部没有预报，供应商无预约	库位压力增加
			增加加班频率
	遇大批量采购，存储库位紧张	没有考虑实际空余库位，没做到分批入库，缺少临时缓冲仓库	库位利用率波动较大
			人工效率降低，加班增加
			在某阶段会占用大量库位
	坯布入库不及时	工厂坯检报告滞后，供货商送货延误	账外库存增加，容易使账内、账外库存混淆，差错率提高
			影响生产计划的推进
	不合格坯布占用库位	供货商保函未及时提供、未取回货物	影响库位的周转率
			增加管理风险
	库位通道堵塞严重	库位紧张	存在安全隐患（增加误差、破损、损耗）
			无法做到先进先出
			库内移动增加，无效劳动增加
A坯布仓库（出库）	无法做到按计划备货	生产计划临时变动频繁，前置时间不足	使备货时间不够，产生差错
			造成生产线待料
			工作效率降低，重复劳动增加
	仓库管理采用手工做账，未采取库位管理方式	无软件系统的支持	凭记忆取货，易发生差错
			备货时间延长
			盘点工作困难
			库存信息统计困难，不利于库存控制

2．成品仓库

表 3-4　成品仓库的现状分析

	现　象	原　因	结　果
B成品仓库	非仓库工作人员随意进库取货	仓库人手不足，管理制度不规范，执行力度不够	库位混乱
			成品交接不规范
			可能造成库存账的差错
	经常改变缸号	客户的需求	仓库人员不足，出错率提高
			影响交货周期
	人工记录货物状态（库位、数量、批次、批号等）	无软件系统的支持	计算机输入量增加
			取货难度大，易产生差错，备货时间延长
			影响盘点工作
			库存信息统计困难，不利于库存控制

（续）

	现　象	原　因	结　果
B 成 品 仓 库	缺少定期库存报告	无完整计算机统计数据	闲置货物无法及时处理
			占用有效库位
			资金无法及时回笼
	成品退货后未及时处理	业务部工作不力或其他原因	影响库位的周转率和使用率
			可能造成货物呆滞
			影响资金回笼，增加管理风险

3．运输状况

运输状况见表 3-5。

表 3-5　运输状况

	现　象	原　因	结　果
C 运 输 状 况	坯布未按指定时间送货	供货商没有及时送货	增加作业难度
			导致加班频率增大
			延缓生产的有序进行
	货物在途信息不明	物流供应商管理力度不强	无法预知交货的准确时间
			如有突发事件发生，应变能力削弱
			客户投诉增多，客户满意度下降，客户流失
			产生经济纠纷及赔偿
	成品发运时间紧张	生产的延期、计划不完备及其他原因	运输及相关成本的上升
			影响安全驾驶，事故发生率提高

4．信息系统

1）没有信息系统，不能适应集约化物流的要求。

2）没有供应商管理的功能。

3）没有入库、出库、坯布上线、生产线在制品的库存管理等全部的厂内物流管理功能。

4）手工操作，没有在进货、出库、退货、盘点时使用 HT（Hand-Held Terminal，手持终端）进行业务处理的功能。

5）没有根据生产日计划自动生成坯布上线发料单的功能。

第二部分 | 解 决 方 案

一、理顺各部门之间的互动关系

1．坯布仓库出入库

坯布仓库出入库流程如图 3-10 所示。

2．成品仓库出入库

成品仓库出入库的流程如图 3-11 所示。

3．物流运输

物流运输的流程如图 3-12 所示。

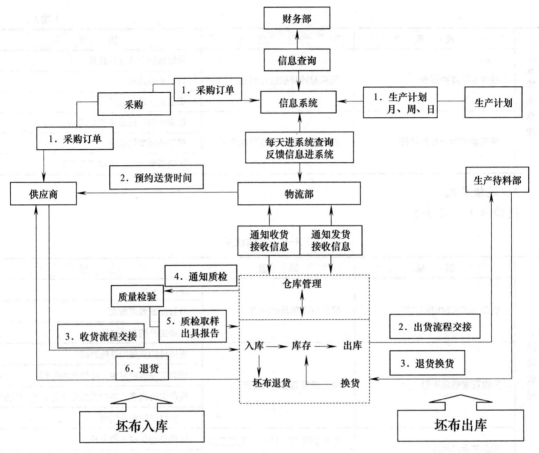

图 3-10　坯布仓库出入库的流程

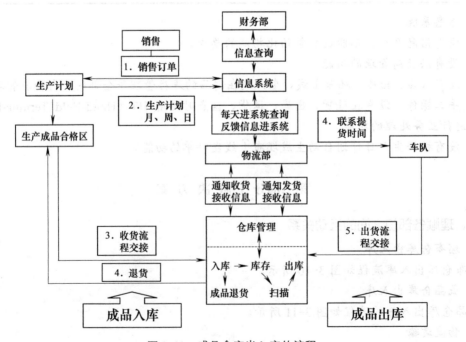

图 3-11　成品仓库出入库的流程

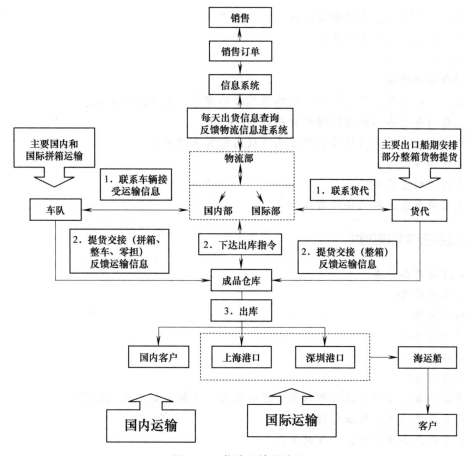

图 3-12 物流运输的流程

二、坯布仓库管理改进

1. 对供应商进行 ABC 分类管理

将现有供应商按采购金额大小、产品类别及送货距离分类，调整供货批量和频率。

2. 制订收货计划，调整收货时间

1）和供应商预约送货时间。

2）大的采购订单分批收货。

3. 提供库存分析报告及下阶段库存能力预测

1）每天原料进、出、存日报。

2）每周库存分析报告（对不同商品库存天数、周转速度分析）。

3）每周报告预测下一周可提供的空余库位数量。

4. 应用仓库管理软件

1）对坯布分类管理，将每包坯布的编号、米数输入系统，便于先进先出、正确配货。

2）系统制作报表和收发记录。

3）和采购、计划、质检、生产、财务等部门实现信息共享。

5. 设定最小前置时间，增加操作弹性

1）设定采购坯布入库的前置时间。

2）设定坯布备货出库的前置时间。

3）提供柔性服务和无缝操作。

4）制定应急方案。

6. 原料仓库改造

1）底层坯布仓库采取货架和地面堆放结合的方式，留出正常通道。

2）二层坯布仓库作为临时缓冲仓库。

3）所有原料存储采用库位管理方式（提高配货正确率）。

7. 盘点和审计

1）实行滚动盘点和抽点。

2）采用每天盘点取代年终盘点。

三、成品仓库管理改进

1. 对库存商品分类

1）经常性库存。

2）订单库存。

3）季节性库存。

4）积压性库存。

5）退货暂存。

6）周期检查，有效确认低周转率和过时商品，报相关部门采取措施。

2. 设定前置时间，增加操作弹性

1）设定成品备货出库的前置时间。

2）制订应急方案。

3. 采用条码管理技术，减少差错

1）成品生产线下线后，增加物流条码。

2）成品进、销、存按条码管理。

3）成品跟踪细化到最小单位（每卷），减少差错和浪费。

4）各部门之间信息共享。

4. 采用料架堆放成品

便于商品抽检、移位和配货。

四、运输管理改进

1. 制定运输过程

1）运输时间标准（预约前置时间和在途时间）。

2）服务质量标准（准时率、货损货差率、单证返回率等）。

3）价格标准（各种运输工具的价格）。

2. 优化运输方式

1）分析运量、时间对运费的影响。

2）采用班车运输模式，整合运输供应商。

第三部分 ┃ 流 程 再 造

一、坯布采购入库

坯布采购入库流程如图 3-13 所示。

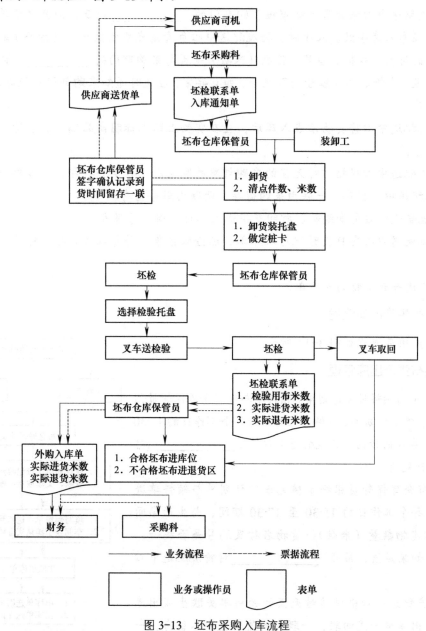

图 3-13　坯布采购入库流程

二、坯布采购入库管理

坯布采购主要是 BH 季节性采购和 GH 外购两类。BH 季节性采购是指采购部门根据物流配送中心坯布库存和市场行情主动备货；GH 外购指采购部门根据销售需要采购备货。

1）采购部门负责和供应商预约送货时间，供应商的送货时间为每个工作日的 8:30 至 11:30，不在该时段内，物流配送中心有权拒绝卸货，或者通知采购部门对该供应商进行处罚。对于批量超过_____的订单，根据生产及库存容量通知供应商分批送货。

2）物流配送中心保管员根据审核采购部门的_____以及供应商送货单据，无误后才可办理坯布入库手续。入库时，物流配送中心负责清点实物数量，进行外观验收，同时要关注坯布的价格、规格、型号、件数（米数）是否与采购部门的_____以及供应商送货单据一致，货物名称及编号是否统一。如有异常，应及时通知采购部门的经办人员改正，否则拒绝入库。

3）物流配送中心将实物清点入库后，应在实物上贴上标明商品编码、名称、规格型号和批次的标签。

4）物流配送中心根据核对无误的采购订单关联生成入库单并打印。入库单一式四联，一联由物流配送中心留存，一联由采购留存，两联由财务留存。

5）物流配送中心负责编制、打印及报送入库日、周、月报表。

6）物流配送中心每日及时配对入库单、坯检联系单，并与入库日报表核对，无误后一并报送财务。

7）禁止虚开无实物的入库单。

三、坯布生产出库流程

坯布生产出库流程如图 3-14 所示。

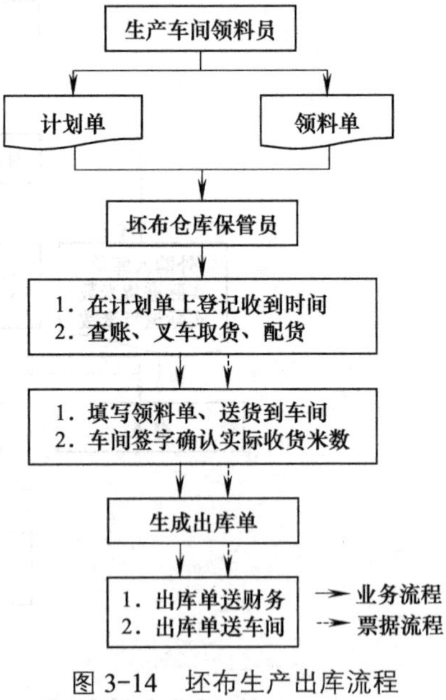

四、坯布生产出库管理

1）生产车间领料员凭计划单、领料单与坯布仓库保管员预约送货时间，接受计划单、领料单的时间为每个工作日的 12:30 至 15:30。不在该时段内，物流配送中心按照_____对生产车间进行处罚。

2）坯布仓库保管员根据审核无误的计划单与领料单进行配货，在每个工作日的 15:30 至 17:30 期间，与生产车间领料员核实实物数量（米数）、货物名称及编号是否统一，进行交接。如果延误，按照_____对物流配送中心进行处罚。

3）物流配送中心根据核对无误的领料单关联生成出库单并打印，出库单一式四联，一联由物流配送中心留存，一联由生产车间留存，两联由财务留存。

4）物流配送中心负责编制、打印及报送出库日、周、月报表。

5）物流配送中心每日及时配对出库单和领料单，并与出库日报表核对，无误后一并报送财务。

图 3-14 坯布生产出库流程

6）禁止虚开无实物的出库单。

五、车间坯布退货流程

车间坯布退货流程如图 3-15 所示。

六、车间坯布退货管理

1）生产车间在每个工作日的 15:30 至 17:30，将经营部长已签字的坯检报告单、退货红字单交坯布仓库保管员。

2）坯布仓库保管员审核坯检报告单、退货红字单与生产车间清点实物件数（米数）是否与坯检报告单、退货红字单一致，货物名称及编号是否统一，如有异常，应及时通知生产车间经办人员改正，否则拒绝入库。

3）物流配送中心将实物清点完毕并送入供应商退货区后，应在实物上贴上标明商品编码、名称、规格型号、批次的标签。

4）物流配送中心根据核对无误的坯检报告单、退货红字单关联生成入库单并打印，入库单一式四联，一联由物流配送中心留存，一联由采购留存，一联由财务留存，一联由计划部留存。

5）物流配送中心负责编制、打印及报送入库日、周、月报表。

6）物流配送中心每日及时配对入库单、坯检报告单、退货红字单，并与入库日报表核对，无误后一并报送财务。

7）禁止虚开无实物的入库单。

七、供应商退货流程

供应商退货流程如图 3-16 所示。

八、供应商坯布退货管理

1）计划部计划员在每个工作日的 8:30 至 11:30，将外购入库单（负数）送交坯布仓库保管员，坯布仓库保管员根据核对无误的外购入库单（负数）填写细码单。

2）采购部门应及时通知供应商将退货坯布取回，超过＿＿＿＿期限将对供应商采取＿＿＿＿＿＿＿处罚措施。同时，将预约的时间及时通知坯布仓库保管员。

3）供应商的取货时间为每个工作日的 8:30 至 11:30，不在该时段内，物流配送中心有权拒绝装货，或者通知采购部门对该供应商进行处罚。

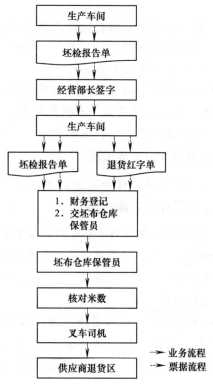

图 3-15　车间坯布退货流程

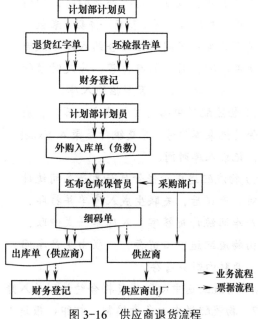

图 3-16　供应商退货流程

4）物流配送中心根据核对无误的细码单关联生成出库单（供应商）并打印，出库单一式四联，一联由物流配送中心留存，一联由采购留存，一联由财务留存，一联由计划部留存。

5）物流配送中心负责编制、打印及报送出库日、周、月报表。

6）物流配送中心每日及时配对外购入库单（负数）、细码单、出库单（供应商），并与出库日报表核对，无误后一并报送财务。

7）禁止虚开无实物的出库单。

九、成品生产入库流程

成品生产入库流程如图 3-17 所示。

十、成品生产入库管理

1）物流配送中心的收货时间为每个工作日的 8:30 至 11:30，不在该时段内，物流配送中心有权拒绝收货，或者按照_____对生产车间进行处罚。

2）物流配送中心保管员根据审核无误的生产车间正品合约入库单或者次品拼件单以及合约计划单，才可办理成品布入库手续。

3）物流配送中心保管员在生产车间成品领料区域填写合约号、花色、件数、包号；并负责清点实物数量，进行外观验收，同时要关注成品布的合约号、花色、件数（米数）、包号是否与生产车间的正品合约入库单或者次品拼件单相一致。如有异常，应及时通知生产车间入库员改正，否则拒绝入库。

4）物流配送中心将实物清点入库后，应由保管员记录库位号，并交统计员录入 Excel 表格，记录入库时间。

5）物流配送中心保管员与生产车间统计员核对，无误后，关联生成入库单并打印，由生产车间统计员签字，入库单一式四联，一联由物流配送中心留存，一联由生产车间留存，两联由财务留存。

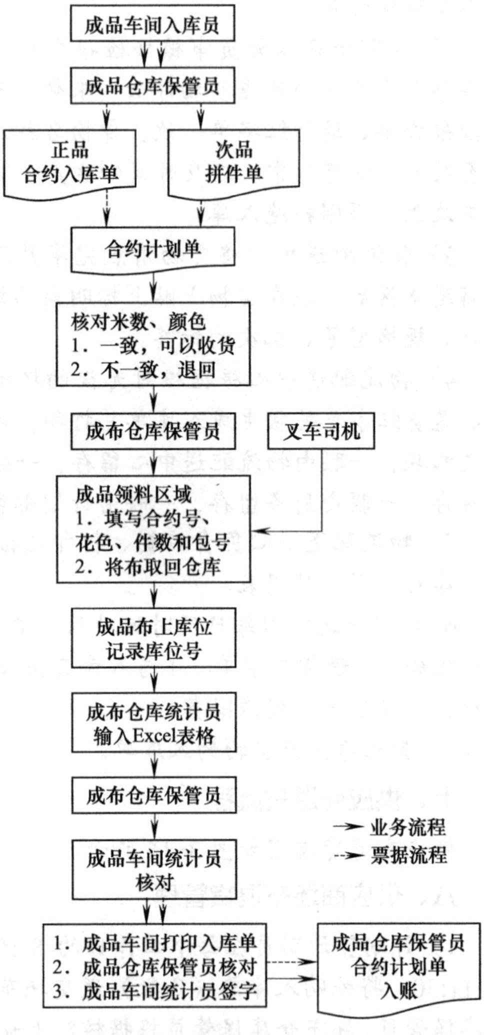

图 3-17 成品生产入库流程

6）物流配送中心保管员将合约计划单入账。

7）物流配送中心负责编制、打印、报送入库日、周、月报表。

8）物流配送中心每日及时配对入库单、正品合约入库单、次品拼件单、合约计划单，并与入库日报表核对，无误后一并报送财务。

9）禁止虚开无实物的入库单。

十一、成品销售出库流程

成品销售出库流程如图 3-18 所示。

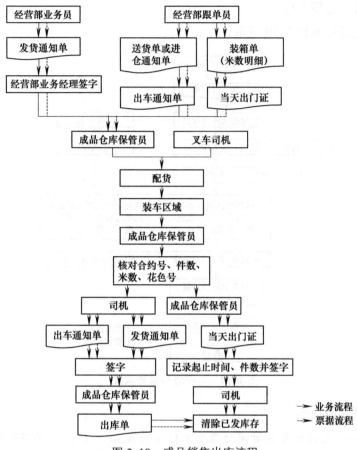

图 3-18 成品销售出库流程

十二、成品销售出库管理

1）物流配送中心接受发货通知的时间为每个工作日的 15:30 至 17:30，不在该时段内，物流配送中心有权拒绝发货，或者按照_____对经营部进行处罚。

2）物流配送中心保管员核对发货通知单和送货单或进仓通知单、装箱单以及出车通知单、出门证，无误后才可办理成品布出库手续。

3）物流配送中心保管员在装车区域与司机进行交接，并负责清点实物数量，进行外观检查，同时要关注成品布的合约号、花色、件数（米数）、包号是否与发货通知单一致，如有异常，应立即改正，否则不能出库。

4）司机在发货通知单、出车通知单上签字确认；保管员在出门证上签字后交给司机。

5）物流配送中心保管员根据发货通知单，关联生成出库单并打印；出库单一式四联，一联由物流配送中心留存，一联由经营部留存，两联由财务留存。

6）物流配送中心保管员将出库单入账。

7）物流配送中心负责编制、打印及报送出库日、周、月报表。

8）物流配送中心每日及时配对发货通知单和送货单或进仓通知单、装箱单以及出车通知单、出门证，并与出库日报表核对，无误后一并报送财务。

9）禁止虚开无实物的出库单。

十三、车间成品退货流程

车间成品退货流程如图 3-19 所示。

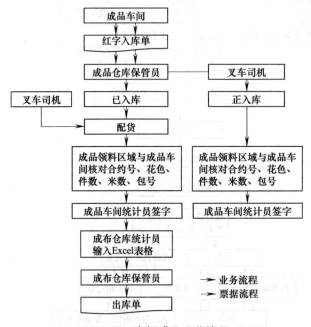

图 3-19　车间成品退货流程

十四、车间成品退货管理

1）物流配送中心处理退货的时间为每个工作日的 8:30 至 11:30，不在该时段内，物流配送中心有权拒绝执行，或者按照＿＿＿＿＿＿＿＿＿＿＿＿＿＿＿＿＿对生产车间进行处罚。

2）物流配送中心保管员根据审核无误的生产车间红字入库单办理成品布退货手续。

3）入库时，物流配送中心保管员与生产车间核对合约号、花色、件数、包号是否与生产车间的红字入库单一致，如有异常，应及时通知生产车间改正，否则拒绝处理。退货完毕后，红字入库单交由生产车间统计员签字确认。

4）物流配送中心入库完毕后的退货，由保管员与叉车司机配货后，在生产车间领料区域与生产车间核对合约号、花色、件数、包号是否与生产车间的红字入库单一致；如有异常，应立即改正。退货完毕后，红字入库单交由生产车间统计员签字确认。

5）红字入库单交统计员录入 Excel 表格，记录出库时间。

6）物流配送中心保管员将红字入库单关联生成出库单并打印，出库单一式四联，一联由物流配送中心留存，一联由生产车间留存，两联由财务留存。

7）物流配送中心负责编制、打印、报送出库日、周、月报表。

8）物流配送中心每日及时配对红字入库单、出库单，并与出库日报表核对，无误后一并报送财务。

9）禁止虚开无实物的出库单。

十五、QC 借布流程

QC（质量检验员）借布流程如图 3-20 所示。

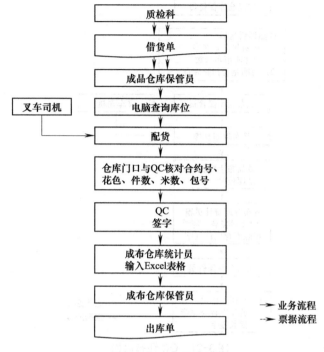

图 3-20　QC 借布流程

十六、QC 借布管理

1）物流配送中心处理借布的时间为每个工作日的 12:30 至 15:30，不在该时段内，物流配送中心有权拒绝执行，或者按照_____对质检科进行处罚。

2）物流配送中心保管员根据审核无误借货单，才可办理成品借布手续。

3）物流配送中心由保管员与叉车司机配货后，在仓库门口与 QC 核对合约号、花色、件数、包号，由 QC 填写借货单，双方签字确认。

4）借货单交统计员录入 Excel 表格，记录出库时间。

5）物流配送中心保管员将借货单关联生成出库单并打印，出库单一式四联，一联由物流配送中心留存，一联由质检科留存，两联由财务留存。

6）物流配送中心负责编制、打印及报送出库日、周、月报表。

7）物流配送中心每日及时配对借货单、出库单，并与出库日报表核对，无误后一并报送财务。

8）禁止虚开无实物的出库单。

十七、QC 还布流程

QC 还布流程如图 3-21 所示。

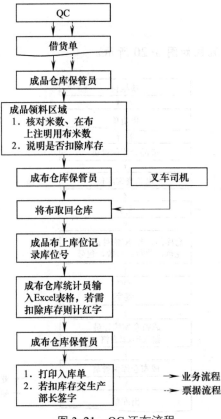

图 3-21　QC 还布流程

十八、QC 还布管理

1）物流配送中心的接收还布时间为每个工作日的 12:30 至 15:30，不在该时段内，物流配送中心有权拒绝收货，或者按照＿＿＿＿＿＿＿＿＿＿＿对质检科进行处罚。

2）物流配送中心保管员根据审核无误借货单，才可办理成品布入库手续。

3）物流配送中心保管员在生产车间成品领料区域清点实物数量，进行外观验收，同时要关注成品布的合约号、花色、件数（米数）、包号是否与借货单一致，是否在成品布上注明了用布米数，并说明是否要在库存中扣除。如有异常，QC 应立即改正，否则拒绝入库。

4）物流配送中心将实物清点入库位后，应由保管员记录库位号，并交统计员录入 Excel 表格。如需扣除库存，应由统计员计红字。

5）物流配送中心保管员核对借货单无误后，关联生成入库单并打印。如需扣除库存，交由生产部长签字。入库单一式四联，一联由物流配送中心留存，一联由生产车间留存，一联由质检科留存，一联由财务留存。

6）物流配送中心负责编制、打印及报送入库日、周、月报表。

7）物流配送中心每日及时配对入库单、借货单，并与入库日报表核对，无误后一并报送财务。

8）禁止虚开无实物的入库单。

十九、紧急放行流程

紧急放行流程如图 3-22 所示。

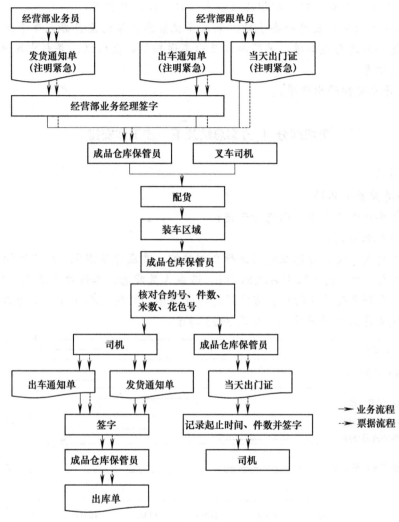

图 3-22　紧急放行流程

二十、紧急放行管理

1）物流配送中心保管员审核发货通知单（注明紧急）以及出车通知单（注明紧急）、出门证无误后，才可办理成品布紧急出库手续。

2）物流配送中心保管员在装车区域与司机进行交接，并负责清点实物数量，进行外观检查，同时要关注成品布的合约号、花色、件数（米数）、包号是否与发货通知单一致；如有异常，应立即改正，否则不能出库。

3）司机在发货通知单、出车通知单上签字确认；保管员在出门证上签字确认后交给司机。

4）物流配送中心保管员根据发货通知单，关联生成出库单并打印，出库单一式四联，一联由物流配送中心留存，一联由经营部留存，两联由财务留存。

5）物流配送中心保管员将出库单入账。

6）业务员必须在____天内参照销售出库管理补办销售出库手续。如果业务员没有在规定时间内补办出库手续，将按照_____对经营部进行处罚。

7）物流配送中心负责编制、打印及报送出库日、周、月报表。

8）物流配送中心每日及时补办手续，未入库就紧急出库的需补办入库手续，并配对发货通知单和送货单或进仓通知单、装箱单以及出车通知单、出门证，并与出库日报表核对，无误后一并报送财务。

9）禁止虚开无实物的出库单。

第四部分 | 方案总结及下一步工作安排

一、方案总结

1. 流程再造前后的不同

流程再造主要从以下三个方面进行改进：

（1）合理分配作业时间

在流程再造之前，没有对作业时间进行合理分配，造成作业混乱，加班时间增加，仓库作业人员一般工作12h，销售旺季时达到24h，造成人员疲惫，工作效率降低，差错率升高；通过流程再造，合理分配作业时间，有效提高作业效率，舒缓仓库作业人员的工作压力，降低差错率。分段式作业的时间管理，如图3-23所示。

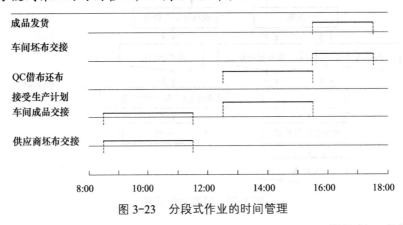

图3-23　分段式作业的时间管理

（2）统一作业流程

该印染集团最近几年通过企业并购快速扩张，而内部整合却没有进行，灯芯绒、纱卡、印花生产线部分沿袭了企业并购前各自的业务流程、管理制度，因此要对印染集团的内部作业流程和管理制度进行统一，这样才能提高作业效率，使企业形成合力。

（3）表单书面化、管理规范化

口头命令、管理随意是很多民营企业的通病。在企业规模很小时，这样做能够快速反应，适应市场的变化；但在企业发展壮大后，如果仍然沿袭以前的做法，势必会造成管理混乱、内耗严重，基层工作人员无所适从。

例如，QC借布、还布没有统一、规范的单据，仅凭手工借条，甚至口头跟仓库工作人员说一下。极个别的情况是QC自己到仓库取布、还布时没有放到原有库位上，或者没有注明检验已用布的米数，或者干脆忘记还布等情况时有发生，结果造成库存账目和实物严重不符。此外，车间主管通过电话或口头任意改变生产计划，随意插单，导致仓库工作人员作业量增加和作业难度加大等。

因此急需制定合理的作业流程、统一的表单和规范的管理制度。

2．方案实施的结果

据该印染集团总经理估算，流程再造方案实施后，每年可为集团节约成本30万元，并且以物流为突破口，规范了内部管理，增强了集团的核心竞争能力，如图3-24所示。

图3-24 方案实施前后的比较

二、下一步工作安排

1．运输管理改进思路

（1）时间窗看板使用

1）便于仓库简易操作的时间窗看板显示所有的作业人员出入和运输的基础信息。这项简单的视觉显示让操作者能够清楚地了解当天的工作计划。

2）入库运输。

① 各供应商预计货物到达物流中心的时间。

② 计划外运输信息，例如意外状况的发生或特别集货。

3）出库运输。

到达和返回物流中心的预计时间信息。

4）操作流程及优势分析。

① 所有的入库及出库运输信息以颜色标注（例如：红色为入库，黄色为出库），此举有助于工作人员快速计算入库及出库的货车需求量。

② 到达或发车确认后，对时间窗看板的颜色标注进行人工调整（例如，从红色转为绿色），此举能清楚地显示任何没有及时到达或发车的货车。

③ 时间窗看板方便操作者有效地规划收货及发货通道。

④ 在工作高峰时段灵活调整人力资源配置。

（2）控制运输成本

1）采用运费预算制度。

2）将发生的运输成本拆分到每个部门，为公司进行部门成本考核提供数据。

2．建立KPI绩效考核指标体系（如图3-25所示）

KPI（主要性能指标）将会在互动中形成，并将预先设定的服务水平、生产效率和成本等与现实情况进行比较。

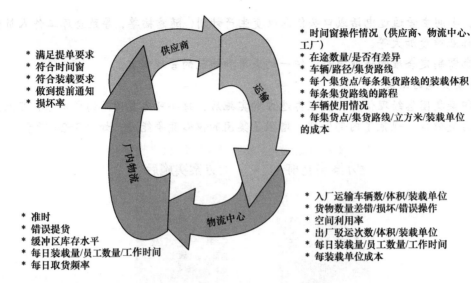

图 3-25　KPI 绩效考核指标体系

此课后案例获得由共青团浙江省委、浙江省教育厅等单位组织的浙江省第二届高职高专院校"挑战杯"创新创业竞赛二等奖。

实　训

参考课后案例，对一家制造企业的物流状况进行实地考察，听取物流及相关部门的介绍，完成调研报告，同时提出改进建议。

项目 4
商业物流方案设计

———————— **项目学习目标** ————————

通过本项目的学习，了解商业物流的特点，掌握配送规划的步骤及其改善措施，掌握越库转运技术，熟悉生鲜商品的配送模式。

———————— **本项目中应掌握的知识点** ————————

1. 商业物流的特点
2. 商业物流的合理化
3. ABC 库存分类法
4. 客户 ABC 分类管理
5. 库存管理改善措施
6. 配送规划的步骤
7. 配送的改善措施
8. 越库转运的运作特点
9. 越库转运的运作模式
10. 生鲜商品的经营模式
11. 生鲜商品的配送模式

▍▍▍▍ 导入案例 ▍▍▍▍

华联超市的物流系统

目前，华联超市（以下简称"华联"）已从江苏、浙江两省发展到向全国辐射。在超常规发展的过程中，华联非常注重配送中心的建设和配送体系的构筑。图 4-1 是没有配送中心的配送次数，图 4-2 是有配送中心的配送次数。

华联认为物流系统构筑的目的，就是提供能使门店（或顾客）满意的物流服务。而影响顾客满意度的因素有：商品结构与库存服务，配送过程中如何确保商品品质，门店紧急追加、减货的弹性，根据实际确定配送时间安排，缺货率控制，退货问题，流通加工中的拆零工作，配送中心的服务半径，废弃物的处理与回收，建立客户服务窗口共 10 个方面。

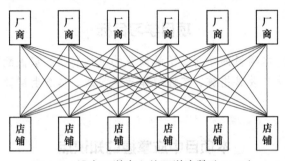

图 4-1　没有配送中心的配送次数（$N \times M$）

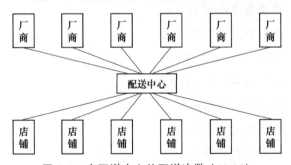

图 4-2　有配送中心的配送次数（$N+M$）

一、上海桃浦配送中心的建设

桃浦配送中心的主体建筑物是高站台、大跨度的单层物流建筑。为了充分利用理货场上方的空间，配送中心的局部为两层钢筋混凝土框架结构的建筑物。配送中心的基地面积为 28 041m²，总建筑面积为 20 000m²。商品总库存能力 90 万箱；日均吞吐能力 14 万箱。配送中心基地内部的环状主干道路宽 20m，实行"单向行驶、分门进出"。配送中心的南北两侧建有 4m 宽的装卸平台；站台高出室外道路 1m，当厢式载货汽车尾部朝向站台停靠时，车厢抱垫板与站台地面基本处在同一平面上，将商品装卸作业变成水平移动，大大减少了装卸作业的环节并降低了劳动强度。站台作业线总长 270m，可停靠 80 辆载货汽车同时作业。站台上方装有悬挑 8m 的钢结构雨篷，保证配送中心可以 24h 全天候作业。配送中心的中央空间采用金属网架结构，上盖镶嵌有通长采光带的彩钢夹芯保温板屋面，白天（包括阴雨天）库内作业不需人工照明。铺设绿色非金属耐磨地面，装卸搬运作业时不起灰，确保了食品卫生安全。

1．仓储立体化

配送中心采用高层立体货架和拆零商品拣选货架相结合的仓储系统，大大提高了仓库的空间利用率。在整托盘（或整箱）商品存货区，上三层为储存区，下两层为配货区，存放整箱发货、周转快的商品；拆零商品配货区，在拆零货架上放置 2 500 种已打开运输包装纸箱的商品，供拆零商品拣选用；十部货架作为拆零商品的库存区。

2．装卸搬运机械化

采用前移式蓄电池叉车、电动搬运车、电动拣选车和托盘，实现装卸搬运作业机械化。

3．拆零商品配货电子化

近年来，连锁超市对商品的"拆零"作业需求越来越强烈，国外同行业配送中心拣货、拆零的劳动力已占整个配送中心劳动力的 70%。华联超市配送中心拆零商品的配货作业采用电子标签拣选系统。只要把门店的订单输入计算机，存放各种拆零商品的相应货格的货位指示灯和品种显示器就会立刻显示出需拣选商品在货架上的具体位置以及所需数量，作业人员便可从货格里取出商品，放入拣货周转箱，然后按动按钮，货位指示灯和品种显示器熄灭，订单商品配齐后进入理货环节。电子标签拣货系统自动引导拣货人员进行作业，任何人不需特别训练即能立即上岗工作，大大提高了商品处理速度，减轻了作业强度，大幅度降低了差错率。

4．物流功能条码化与配送过程无纸化

采用无线通信技术的计算机终端，开发了条码技术，从收货验货、入库到拆零、配货，全面实现条码化、无纸化。

5．完善"虚拟配送中心"技术的应用

组织好"越库中转型物流""直送型物流"和"配送中心内的储存型物流"，完善"虚拟配送中心"技术在连锁超市商品配送体系中的应用。

6．建立自动补货系统（ECR）

华联与上海捷强集团公司以及宝洁公司建立了自动补货系统，将"连锁超市补货"转变为"供货商补货"。这样做可以把流通业者与制造业者紧密结合，双方不只是追求自己企业的效率化，还把注意力放在"整体"供货系统的共同效率化，因此得以削减整体成本、库存与有形的资产投资，并使消费者得以选择高品质、高新鲜度的产品。ECR 力求将消费者、供应商和零售商拴在一根线上，结成利益共同体。通过供应商和零售商的共同努力，双方共同成为市场的赢家。

二、配送系统的构筑

本着让客户与门店满意的宗旨，华联做了大量工作，如采用机械化作业与合理规划，减少搬运次数，防止商品保管与配送中的损伤；通过计算机控制等手段控制商品保质期；通过调查，制定门店追加、减货条件，增加配送系统"紧急加减货功能"；根据商场的销售实绩、门店的要货截止时间、门店的交通状况、门店的规模大小以及节假日等来确定配送时间等；采用"电子标签拆零商品拣选设备"，进一步扩大拆零商品的品种数（增加到 4 000 种），提高拆零商品的拣选速度和准确率，以满足加盟店的需要；以配送中心最佳服务半径 250km 为基础，研究如何构筑华联的配送网络体系等。

合理规划物流配送的流程是构筑配送体系的重要前提。华联根据经营商品进销的不同情

况和商品的 ABC 分析，按三种类型的物流来运作。

1）储存型物流，适用于进销频繁，整批采购、保管，经过拣选、配货、分拣，配送到门店的商品。

2）中转型物流（即越库转运），适用于通过计算机网络系统，汇总各商场门店的订货信息，然后整批采购，不经储存，直接在配送中心进行拣选、组配和分拣，再配送到门店的商品。

3）直送型物流。适用于不经过配送中心，由供货商直接组织货源送往超市门店的商品，而配货、配送信息由配送中心集中处理。

4.1　商业物流概述

商业物流是指直接与最终消费者相连接的物流，是物流系统的最末端，它所涉及的产品（商品）直接送到消费者手中消费。从事商业物流的企业自己并不生产产品，而是通过商业行为取得产品（商品）的所有权，所以商业物流又称之为第二方物流。商业物流的兴起是市场经济发展的必然结果，厂家必须生产适销对路的产品，而商业企业必须走规模经营的道路。连锁经营是商业的出路，商业物流专业化是连锁经营的必由之路。

商业物流的业务主要包括处理订单，制订配送计划，进行备货、理货和配送加工，进行包装、运送，以及信息反馈等。商业物流具有如下特点：

1. 配送是商业物流的主业

商业物流与工业物流有许多相同的功能，如：必须备有储存仓库，必须进行商品运输，有时也要负责商品分拣和简单加工等。但商业物流的最大特点是配送。配送的定义是：在经济合理区域内，根据用户要求，对物品进行拣选、加工、包装、分割、组配作业，并按时送到指定地点的物流活动。

2. 具有功能完备的配送中心

配送中心的定义是：从事配送业务的物流场所或组织，为特定的用户服务，配送功能健全、信息网络完善、辐射范围小、多品种小批量，以配送为主、储存为辅。

商业物流配送面向商店或最终消费者，他们需求的最大特点是品种多、数量少、频率大。因此，作为商业物流的配送中心的功能必须完备，包括：货物配备是由配送中心完成的；具有详细的配货计划与组织，配送必须与销售和供应等经营活动相结合；大型配送中心必须具有先进的流通设备、加工设备、储存设备和信息处理中心等。

3. 具有功能强大的物流信息网络

为了跟上快速变化的市场需求，使商品配送适时、准确、合理，就必须依靠信息网络技术来实现商业物流信息化。物流信息网络是指物流配送系统中的计算机通信网络，它将商业物流配送与销售连接起来，及时地将销售点销售数据（POS）与物流配送中心的信息处理中心相连接，将销售数量、品种、规格、型号、货架上的货物数量以及订单信息，及时传输到配送中心。没有功能强大的物流配送信息网络，实现高效率的物流配送是不可能的。

4. 具有特殊作业功能

商业物流配送是许多业务活动的集成，有许多不同于工业物流的作业，如商品的拣选、分货、包装、分割、组配、配货、送货中的多处卸货搬运等特殊作业。这些业务的工作难度较大，在商业物流配送方案设计中必须精心加以研究才能解决好。

5．具有现代化技术装备

商业物流中的配送是一种专业化的分工方式，不同于送货只是作为销售的手段，它是大生产、专业化分工在流通领域的体现。因此，配送在规模、水平、效率、速度、质量上都有严格要求，必须采用现代化的技术和装备。如：各种传输设备及标志码、条码技术、自动拣选等机电设备，使配送中心作业像工业生产中的流水线一样，实现高效率的工业化作业。

4.2 商业物流方案的合理化设计

商业物流方案的合理化应从如下几个方面进行评价：方案达到具体物流配送的目标，即满足客户需求的程度；物流费用占原物流总费用的比例；货损、货差、脱销的次数；物流配送的时间；商业物流各环节的无缝连接情况；采用先进物流技术、物流信息网络的程度等。

4.2.1 商业物流配送中心的合理化设计

1．配送中心的集成化

面向社会的物流配送中心，为适应市场经济的发展需要，把配送中心、冷藏冷冻仓库、货物集散中心、办公室、展示厅、会议室等设施集中在一起，形成集成化的配送中心。生产厂家的产品、批发商和零售商采购的商品，都可以直接储存在综合性的配送中心里。零售店配送商品时可采用共同配送体制，以保证物流活动的高效化。

这些规模巨大的流通中心由政府统一规划和开发，由企业投资经营，组织海、陆、空运输配套成网，构建成大型公共流通中心。可见，政府的统筹规划、全面安排、积极扶持是物流配送中心迅速发展的一个重要因素。

2．配送中心规模化

规模化经营是物流配送中心发展的趋势。在不断地让利给消费者和客户的同时，物流配送中心必须走规模化的道路。规模就是效益。例如，日本的物流配送中心规模都比较大，东京流通中心（TRC），占地 150 703m²，建筑面积 481 237m²，由流通中心、汽车运输中心、普通仓库和冷藏仓库四个部分组成。东京流通中心设施先进、功能齐全，共拥有两栋七层、一栋六层的立体停车场，计 11 838m²；一栋十层多功能办公室，计 14 366m²；一栋十三层的综合服务楼，计 59 541m²；三个商品展示厅，计 12 212m²。这些先进设施均采用计算机等现代化管理手段。

3．配送中心多功能化

多功能化是商品需求多样化的必然结果，配送中心具备多功能就有广阔的市场前景。比如，由于方便食品产业的崛起，日本的许多物流配送中心都增加了食品的加工功能，设有鱼、肉等生鲜食品的小包装生产流水线，在储存、配送过程中还配置了冷藏、冷冻仓库和保温运输货车。物流配送中心要能满足厂商和销售商对物流全过程提出的高速化、高效化的要求，具备从收货、验货、储存、装卸、配货、流通加工、分拣、发货、配送、结算到信息处理等多种功能，实现物流一体化。

4. 配送中心的系统化

物流配送中心的设计，首先应着重于系统设计，系统设计要求各个环节互相配合，使物流的全过程处于一个均衡协调的系统之中。许多配送中心，在研究物流流程和具体操作过程时，对经营的商品分成三大类进行分析：第一类是使用频率高的畅销商品。这类商品在流通过程中，首先是整批进货和储存，然后再按订货单配货后送到零售店。由于这类商品以出厂价购入，再以零售价售出，减少了流通环节，降低了物流费用，因此获利丰厚。第二类是配送中心将客户的订货单汇总后统一向工厂整箱订货的商品。配送中心收到货后不需储存，直接进行分拣作业，再配货到零售店，这样可以节省储存费用。第三类是需要一定程度保鲜的商品，如牛奶、面包、豆腐等，通常不再经过配送中心停留处理，而是由配送中心直接从生产厂家送往零售店。如果物流配送中心的物流工艺流程系统设计合理，获得的经济效益就会是十分可观的。

5. 配送中心的信息化

为了提高商品处理的速度，降低作业强度，使不熟练人员也能准确作业，现代物流配送中心广泛采用了由计算机控制的拣选操作系统。只要将客户要货单输入计算机，货位指示灯和数量显示器就会立即显示出拣选单上的商品在货架上的位置及数量，作业人员即可从货架上拣取商品，放入配货箱内，由胶带输送机送至自动分拣系统。该自动拣选配货系统从结算、抄单到库存管理均由计算机进行，还可几个人同时作业，以实现无纸化作业。

计算机的广泛应用促进了物流系统管理的现代化，加快了商品流通速度。在物流配送中心，不仅分拣系统和立体仓库等采用计算机控制，库存管理和业务经营等也普遍实现了电子化，通过物流信息网络来交换信息。作为信息网络的节点，配送中心还通过流通 VAN 网或互联网与制造商、批发商、零售商等联机，构成完整的信息网络，进行信息处理和交换，控制着从接受订货到发货的整个物流过程，奠定了供应链物流的基础。

4.2.2 商业物流配送的合理化设计

1. 保持合理的库存总量

在一个配送系统中，分散于各客户的库存转移给了配送中心。配送中心的库存数量与各客户实行配送后的库存量之和，应低于配送之前各客户库存量之和。合理的库存，既能保证商品不脱销、不断档，又能使库存量减少，这需要在设计库存量时仔细计算，另外还要考虑随机因素的影响。

库存周转在物流配送中心起调剂作用，以低库存保持高供应能力，配送库存总是快于各客户的库存周转。库存量和周转速度是以库存储备资金计算的。

2. 降低总的配送费用

总的配送费用包括用于配送的资源价值和各种成本。配送合理化设计，应有利于降低总费用，并使物流资金运用科学化。从资金运用方面看，应有利于加快资金周转，充分发挥资金作用。

3. 提高配送效益

各个商业物流配送企业都是各自独立的以利润为中心的企业。因此，物流方案必须重视提高物流配送的总效益。合理的物流配送方案，不但能给物流企业带来效益，更能给客户带来效益。由于商业物流是面向社会的，因此物流方案必须重视提高物流配送给社会带来的宏观效益。总效益和宏观效益应以按国家政策完成的国家税收以及物流企业给客户带来的利润来计算。总效益还应分配到具体的配送环节中，应降低各环节成本以获取更多收益。

4. 保证配送质量

商业物流配送，客户最担心的是送货保证问题。配送必须是提高而不是降低对客户的送货保证。在实施配送后，必须降低缺货次数，甚至应做到不缺货，以免影响客户的经营和消费者的购买需求；实施配送后，还要做到提高及时配送的能力和速度，以满足客户出现特殊情况时的紧急进货要求，而且其能力和速度高于未实行物流配送前客户紧急进货能力和速度才算合理。当然，这种合理化是有限度的。

5. 充分整合社会运输能力

运输能力即运力，运力方案设计的合理化是依靠配送计划和整个配送的合理流程，以及对社会运力的合理整合。运力方案合理化是配送方案合理化的组成部分。整合社会运力可采取全部运力外包的形式，或部分运力外包、部分自运的形式等。如果配送中心自运，以社会运力作为补充，则应采取各种运输优化方法，正如在工业物流中运输方案设计的那样。

4.2.3　商业物流配送的标准化设计

在物流配送方案中，用标准化技术将物流配送各环节有机连接可以降低连接的难度，尤其是采用供应链物流模式时。对于商业物流企业来说，标准化是改善内部管理、降低成本、提高服务质量的有效措施，也是满足客户已有需求或潜在需求的最好途径。

商业物流配送标准化的内容包括：机构设置及管理制度、规章的标准化，业务流程的标准化，业务开发的标准化，客户开发和维护的标准化，数据库建设的标准化，与供应链各企业接口的标准化，配送网络和配送节点建设的标准化等。

1. 制定物流配送运作标准

在总结单一物品的物流配送业务流程的基础上，提炼同类物品的配送在不同地区、不同公司的业务流程与管理上的相同点，并在此基础上制定统一的标准。根据实际运作经验，总结不同物品、不同服务的业务流程，自下而上地收集各环节、各岗位的操作指导，并按部门及功能块制定切实可行的管理制度及控制标准。根据标准，使各部门及功能块控制点清晰，管理目标明确，可减轻中层管理人员的管理难度；各岗位人员严格按照操作指导及标准工作，为提升业务量及增加新的配送服务奠定了基础；各子公司在开展新业务时，依据标准建立同类业务的业务流程、操作指导及管理控制标准，实施业务的开发、运作及管理，能大大加快业务的拓展。

2. 制定物流配送标准管理体系

物流配送实际运作不同程度地实现了不同物品、不同服务过程的资源共享及综合利用（资源包括人力、信息、基础设施、工作环境、供方、合作者、银行及财务资源等）。因此，需要制定不同物品物流配送实际运作中的管理标准，总结关联单位、客户、用户及合作者的标准化接口，对实际运作经验进行分析，掌握规律，制定运作及管理标准体系。随着业务种类、合作伙伴和合作方式的不断增加，建立标准管理体系，形成有关物流配送的标准。

3. 实施质量标准管理

实施标准管理应按照 ISO 9002 建立质量体系,并根据行政、财务管理需要,按照 ISO 9002 的理念建立行政、财务管理体系。将质量管理体系与行政、财务管理体系进行有机融合,形成一套完整的标准。标准化管理体系的建立及实施,可规范物流配送中心的运作和管理,使业务运作及行政、财务进入有序状态,提升公司的服务质量和竞争力。

案例 4-1 伊藤洋华堂的存货管理

日本的伊藤洋华堂是著名的连锁零售企业,其以多种会议,如业务改革委员会会议、店长会议、综合管理者会议、集团方针说明会议的形式,通过自上而下全面的沟通和交流,形成了一个完整、有效的组织管理体系和信息共享机制,实现了信息传递的双向及时的流动,是实现存货管理和削减滞销商品的重要组织基础。

1. 伊藤洋华堂存货滞销标准

在现实管理活动中,最困难的是如何确定什么是滞销品,什么商品在什么时候、在什么程度上是合理的,滞销品削减多少最为恰当,以及用什么尺度来衡量等问题。

伊藤洋华堂每年采购的商品品种有 60 多万种,面对这么多的商品,让商场的负责人自己去判断哪些是滞销品是根本不可能的。所以,伊藤洋华堂在商品库存管理上,一个品种一个品种地制定滞销标准,制定完后,再将这种标准拿到店长会议上讨论,最后形成统一意见,并按这个标准实施。

2. 伊藤洋华堂对存货的理解

原来那种仅仅关注总库存水平、忽视单品库存和销售差异的控制方法并不合理。以衬衫为例,顾客在购买时尽管很注意衬衫的设计和质地,但他们最为关注的却是领口、袖长等尺寸是否合身。而总库存控制状态下的管理人员只关注衬衫应该有多大的库存以及各店铺的衬衫库存是否合理,这种粗线条的管理导致尽管衬衫的总库存可能比较合理,但在店铺中却常常出现需求量很少的衬衫陈列很多,而一些需求量大的衬衫却出现断货的现象。如果不能就每个单品的库存做出合理的规定,就不可能真正解决商品滞销问题。

3. 伊藤洋华堂存货管理绩效

伊藤洋华堂实施商品管理办法后,经营业绩有了突破性提高,销售额比前期增长了 6.9%;与此同时,经常利润比前期增长了 42.8%;各种长短期负债及利息负担比前期减少了 37.5%。

伊藤洋华堂存货管理的成效可归纳如下:

1)滞销品的削减,在继续保持畅销品库存的同时,能有效地导入顾客所需要的新产品,从而不断优化产品的结构,维持伊藤洋华堂强大的竞争力。

2)商品库存管理需要花费很多资金,库存减少就能增加企业的流动资金,减少贷款,同时也能减轻相应的利息负担。

3)滞销品的排除减少了处理销售工作,加快了商品周转,从而提高了总利润率。

4)由于库存水平下降、商品周转加快,所以库存管理所需要的人力资源减少、工作强度下降,这也有助于企业削减人员费用,优化经营体制,并为构筑现代化的物流管理体制奠定了坚实的基础。

4.3 库存管理方案设计

4.3.1 ABC 库存分类法

商业企业经营的商品品种繁多，不同的品种对资金占用和库存周转的影响存在较大的差异。因此，有必要对商品品种进行分类，实施不同的管理方法。一般最常用和最有效的分类方法就是 ABC 库存分类法。

1. ABC 库存分类法的基本原理

ABC 库存分类法的基本原理是，将库存货品按品种和占用资金的多少分为特别重要的库存（A 类）、一般重要的库存（B 类）和不重要的库存（C 类）三个等级，然后针对不同等级分别进行管理与控制。ABC 分类管理如图 4-3 所示。

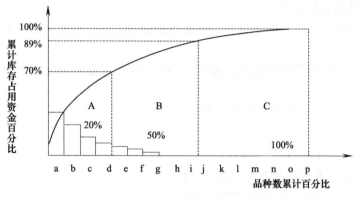

图 4-3 ABC 分类管理

将根据帕累托原理（80:20 原理）所发展出来的"ABC 分类法"应用于存货的重点管理，可以减少库存量及损耗率。其理念主要强调："对一切工作，应根据其价值的不同，付出不同的努力，以合乎经济性原则。"由于库存品种的需求量和单价不同，各库存品种占用库存资金的比重也不同。那些占用资金较大的库存商品，对企业的经营影响较大。

（1）A 类商品的存储管理

A 类商品的定义：存货品项少，但销售金额相当大，即所谓的"重要的少数"。商店和配送中心必须有充足的库存，以避免缺货。

A 类商品特征：品种数所占比例为 15%～20%；库存资金所占比例为 75%～80%。

管理策略：

1）缩短供应商前置时间。

2）采用定期订货方式，对其存货必须做定期检查。

3）正确地预测需求量，少量、频繁地采购，减少平均库存量。

4）采购需经高层主管核准。

5）对交货期限需加强控制，发货和收货设置严格标准。

6）实施货品包装标准化。

7）对每件货品进行编号。

8）货品放置于出入口附近。

9）严格执行盘点，每天或每周滚动盘点，以提高库存精确度。

10）与出货需求者合作，使出库量平均化，以减小需求变动，减少安全存量。

（2）B 类商品的存储管理

B 类商品的定义：介于 A 类与 C 类之间，存货品项与销售金额大致上占有相当的比率，正常流动。

B 类商品特征：品种数所占比例为 20%～25%，库存资金所占比例为 10%～15%。

管理策略：

1）采用定量订货方式，但对前置时间较长或需求量有季节性变动趋势的货品宜采用定期订货方式。

2）中量采购。

3）采购需经中级主管核准。

4）每 2～3 周盘点一次。

（3）C 类商品的存储管理

C 类商品的定义：存货品项相当多，但销售金额却很少，即所谓的"不重要的大多数"，慢速流动。

C 类商品特征：品种数所占比例为 60%～65%，库存资金所占比例为 5%～10%。

管理策略：

1）大量采购，以在进货价格上获得优惠。

2）采用定量订货方式，节省手续。

3）采购仅需基层主管核准。

4）安全库存需较大，以免发生存货短缺情况。

5）简化库存管理程序，以最简单的方式管理。

6）可交由现场保管使用。

7）每月盘点一次即可。

2. ABC 库存分类法的实施步骤

商业企业实施 ABC 库存分类法，可以采取以下步骤：

1）收集数据。配送中心可以通过信息系统收集年度需求量、品种数、单价和资金占用等数据。

2）处理数据。根据已收集数据，计算出各库存品种的年度库存总金额。

3）编制产品 ABC 分析表。将各库存品种占用资金的多少按顺序排列，分别计算库存金额累计百分比和品种数累积百分比。

4）根据已计算的年库存金额的累计百分比，按照 ABC 库存分类法的基本原理，对库存进行分类，并绘制分析图。

5）确定库存管理模式和订货模式。

6）在实际业务中修正库存管理模式。

4.3.2 客户 ABC 分类管理

在库存管理中，"客户 ABC 分析"和"产品 ABC 分析"具有同等重要的地位。商业企业配送中心的客户主要有直营商店、加盟店和供应商三类。其中，供应商与连锁企业互为客户关系，同时又是重要的业务伙伴。客户 ABC 管理就是通过重点管理来优化运作效率。

提高客户服务水准是存货管理的重要考虑因素。为了优化投入资源的产出效益，提高客户满意度，需要对客户进行重点管理，避免因为"小户驱逐大户"的现象对企业绩效造成不良影响。

根据订单资料进行客户 ABC 分类时，应主要考察其购买量占公司销售额的百分比，以及相关的利润贡献指标，如主利率、库存周转率、毛利贡献度等。

一般而言，对 A 类客户应重点投入人力及物力做优先处理，而对 C 类客户则可按部就班，但仍要仔细分辨其能否上拉列入 B 类或 A 类，以避免因误判而导致损失。在设置配送中心时，参考分析数据，将其设于重要客户附近，以减少运输成本及重要客户延迟交货次数，提高服务水准。

某连锁企业对商店配送的服务标准见表 4-1。

表 4-1　某连锁企业对商店配送的服务标准

商店配送优先顺序	配送频率	配送到货率	订单传递时间	订单处理时间	补货周期合计	送货可靠性
A	1 次/天	99%	1h	3h	12h	接单至交货在 12h 内完成，前后误差不超过 1h
B	1 次/2 天	95%	3h	6h	24h	接单至交货在 24h 内完成，前后误差不超过 2h
C	1 次/周	90%	6h	12h	36h	接单至交货在 36h 内完成，前后误差不超过 4h
D	1 次/2 周	85%	8h	24h	48h	接单至交货在 48h 内完成，前后误差不超过 8h

某连锁企业对供应商的管理服务标准见表 4-2。

表 4-2　某连锁企业对供应商的管理服务标准

供应商优先顺序	管理性指标					服务性指标	
	订货周期	订单前置时间	库存周转天数	供应商缺货率	准时交货率	验收入库周期	新产品配送上架周期
A	1 次/2 天	1 天	7 天	2%	100%	2h	1 天
B	1 次/1 周	3 天	10 天	5%	90%	4h	2 天
C	1 次/2 周	7 天	15 天	10%	80%	8h	5 天
D	1 次/月	10 天	30 天	15%	75%	12h	7 天

4.3.3　库存管理改善措施

1. 库存周转率

库存周转率是衡量企业效益以及库存量是否适当的重要指标。周转率越高，库存周转天数越短，即表示用较少的库存完成同样的销售，提高了资金使用率。

$$库存周转率=销售成本金额/库存成本金额$$

下面介绍库存周转率常见问题及改善措施。

1）库存周转率低。

改善措施：

① 缩减存货量。尽量缩短库存天数，增加采购次数，避免资金积压；建立预测与实绩的

跟踪模型，控制库存。

② 缩减单品的存货量，增加储存品种数。

③ 缩短订货前置期。

2）库存周转率过大，库存周转速度快，但同时可能发生库存不足而导致缺货。

改善措施：

1）采购周期及频率应尽量配合库存周转率，最好按月控制采购次数，使其等于库存周转率。

2）每次采购量基本配合补货期间的销售量。

2. 呆滞商品报损率

呆滞商品报损率可用来测定货品耗损造成资金积压的状况。一般来说，若某货物停滞在仓库中的时间超出其周转天数，则可被视为呆滞货品。

$$呆滞商品报损率=呆滞商品成本金额/库存成本金额$$

降低呆滞品报损率的措施有：

1）验收严格把关，防止不合格品混入。

2）加强保质期管理。

3）推行标准化与简单化。从而减少商品品种改变的损失。

案例 4-2 / **百胜物流降低连锁餐饮企业配送成本**

对于连锁餐饮行业来说，靠物流手段降低成本并不容易。然而，作为肯德基、必胜客等快餐业巨头的指定物流提供商——百胜物流公司，抓住配送环节做文章，通过合理的配送安排，降低配送频率，实施歇业时间送货等优化了的管理方法，有效地实现了物流成本的"缩水"。

由于连锁餐饮行业的原料价格相差不大，因此物流成本始终是企业成本竞争的焦点。据有关资料显示，在一家连锁餐饮企业的总体物流成本中，配送成本占到60%左右，而配送成本中的55%～60%又是可以控制的。因此，降低物流成本应当紧紧围绕配送这个核心环节。

一、合理安排配送排程

由于连锁餐饮业餐厅的进货时间是事先约定的，这就需要配送中心根据餐厅的需要，制定一个类似列车时刻表的主排班表，它是针对连锁餐饮餐厅的进货时间和路线详细规划制定的。

众所周知，餐厅的销售存在着季节性波动，因此主班表至少应有旺季、淡季两套方案。有必要的话，应该在每次营业季节转换时重新审核配送排程表。安排主班表的基本思路是，首先计算每家餐厅的平均订货量，设计出若干条送货路线，覆盖所有的连锁餐厅，最终达到总行驶里程最短、所需司机人数和车辆数最少的目的。

配送排程的构想最初起源于运筹学中的最短路线原理，其最简单的模型如：从起点A到终点B有多条路径可供选择，每条路径的长度均不相同，要求找到其中最短的路线。实际问题要比这种模型复杂得多，首先，需要了解最短路线上的点数，从实际上的几个点增加到成百甚至上千个点，路径的数量也相应增加到成千上万条。其次，每个点都有一定数量的货物需要配送或提取，因此要寻找的不是一条串联所有点的最短路线，而是串联几个点的若干条路线的最优组合。另外，还需要考虑许多限制条件，比如车辆装载能力、车辆数目、每个点相应的开放窗口时间等，问题的复杂度随着约束数目的增加呈几何级数增长。要解决这些问题，需要用线性规划、整数规划等数学工具。目前，市场上有些软件公司能够借助数学解题方法，结合连锁餐饮企业的物流配送需求，做出优化配送路线安排的系统软件。

在主班表确定以后，就要进入每日配送排程，也就是每天审视各条路线的实际运货量，根据实际运货量对配送路线进行安排和调整。通过对所有路线逐一进行安排，可以去除那些不太合理的送货路线，这样一来，至少可以减少某些路线的行驶里程，最终达到提高车辆利用率和司机工作效率以及降低总行驶里程的目的。

二、减少不必要的配送

对于产品保鲜要求很高的连锁餐饮企业来说，加强和餐厅沟通，减少不必要的配送频率，可以有效地降低物流配送成本。

如果连锁餐厅要将其每周配送的频率增加一次，会对物流运作的哪些领域产生影响呢？

在配送方面，餐厅所在路线的总货量不会发生变化，但配送频率上升会导致配送里程上升，相应的油耗、过路过桥费、维护保养费和司机人工费用都要上升。在客户服务方面，餐厅下订单的次数增加，相应的单据处理作业也要增加。餐厅来电打扰的次数相应上升，办公用品（纸、笔、计算机耗材等）的消耗也会增加。在仓储方面，所要花费的拣货、装货的人工会增加。如果短保质期物料的进货频率提高，那么仓储收货的人工也会增加。在库存管理方面，如果短保质期物料进货频率提高，由于进货批量减少，进货运费很可能会上升，处理的厂商订单及后续的单据作业数量也会上升。

由此可见，配送频率提高会影响配送中心的几乎所有职能，最大的影响在于配送里程上升所造成的运费上升。因此，减少不必要的配送，对于连锁餐饮企业显得尤其关键。

三、提高车辆的利用率

车辆的时间利用率也是值得关注的，提高货车的时间利用率可以从增大货车尺寸、改变作业班次、二次出车和增加每周运行天数四个方面着手。

由于大型货车可以每次装载更多的货物，一次出车可以配送更多的餐厅，因此其在途时间延长，有效作业的时间也有所增多，还能减少总配送里程。虽然大型货车单次的过路过桥费、油耗和维修保养费高于小型货车，但其总体上的使用费用绝对低于小型货车。

配送成本是最大项的物流成本，所有其他物流职能都应该配合配送作业的需求。所谓改变作业班次就是指改变仓库和其他物流职能的作业时间，以适应实际的配送需求，提高配送资产的利用率。否则朝九晚五的作业时间表只会限制发车和收货时间，从而限制货车的使用效率。

如果配送中心实行 24 小时作业，货车就可以利用晚间二次出车配送，大大提高车辆的时间利用率。在实际物流作业中，一般会将餐厅收货的时间分成上午、下午、上半夜、下半夜 4 个时间段，据此制定仓储作业的配套时间表，从而将货车利用率最大化。

四、尝试歇业时间送货

目前，许多城市的交通运输限制越来越严，货车只能在夜间时段进入市区。由于连锁餐厅营业一般到夜间 24 点结束，如果赶在餐厅下班前送货，车辆的利用率势必非常有限。随之而来的解决办法就是利用餐厅的歇业时间送货。

歇业时间送货避开了城市交通高峰时段，既没有交通拥挤的干扰，也没有餐厅营业的影响。由于餐厅一般处在繁华路段，夜间停车也不用像白天那样有许多顾忌，可以有充裕的时间进行配送。由于送货窗口时间延长到了下半夜，使货车可以二次出车，因此提高了车辆利用率。

在餐厅歇业时段送货的最大顾虑在于安全。餐厅没有员工留守，司机必须持有餐厅钥匙或是掌握防盗锁的密码，餐厅安全相对多了一层隐患。货车送货到餐厅，餐厅没有人员当场验收货物，一旦发生差错，很难分清到底是谁的责任，双方只有按诚信的原则妥善处理纠纷。歇业时间送货要求配送中心与餐厅之间有很高的互信度，如此才能降低系统成本。所以，这种方式并非在所有地方都可行。

4.4　配送管理方案设计

4.4.1　配送概述

以流通的观念来看，配送是指将被订购的货品，使用运输工具从配送中心或制造厂、生产地送到零售点及顾客手中的物流活动。

1. 车辆配送服务要点

车辆配送服务是配送中心直接面对客户的服务。服务优劣对配送中心的效益和信誉影响较大。为此，必须注意如下几点：

1）时效性。能在指定时间内交货。

2）可靠性。完好无缺地把货送到用户手中。

3）服务态度。送货人员代表公司形象。为此，必须以最佳服务态度对待用户，从而维护公司的信誉。

4）便利性。为让客户方便，一定要按用户要求送货。如客户要求紧急送货等，应尽量满足客户的要求。

5）经济性。满足客户要求，不仅品质好，而且价格合理，通过配送中心精心运作，降低成本，做到收费低廉，让用户感到实惠。

2. 配送规划的原则

配送规划的出发点是：距离最短、时间最少和成本最低。

1）距离最短。设立配送中心来整合与调配转运至各客户的零散路线，减少迂回运输和过远运输，缩短配送距离。

2）时间最少。如由多家企业共同参与而只由一家运输公司承担配送作业，有效地使物流效率化，使物流企业赢得时间，从而提高经济效益。

3）成本最低。利用回程车，降低货车的运输成本；采取直接运送，减少流通的中间环节，降低流通环节中的成本；运用"共同配送"寻求大量化（即大量储存、大量输运、大量处理），使单位物流成本大幅度下降。

4.4.2　配送方案设计

一般来说，商业物流费用包括包装费、搬运费、运输配送费、保管费及其他，其中运输配送费比例最高，占 35%～60%。若能降低运输配送费用，对企业的收益就有极大的贡献。

货物的移动总称为运输，而其中短距离的少量运输称为配送。一般来说，配送的有效距离最好在 50km 半径以内，专家建议配送半径在 30km 以内最好。若以配送中心做节点划分，由工厂将货物送至配送中心的过程是运输，属于少品种、大量、长距离的运送；而由配送中心将货品送到客户手中的活动称为配送，属于多频率、多样少量、短距离的运送。当然，两者若能兼顾效率、服务原则，将可得到最佳绩效；但若无法兼顾，因运输较重视效率，则尽可能以装载率优先，每次装载越多越有利；而配送则多以服务为目标，要尽量优先满足客户服务要求。

在实际配送的分配过程中，包括许多动态与静态的影响因素。静态因素如：配送客户的分布区域、道路交通网络、车辆通行限制（单行道、禁止转弯、禁止货车进入等）、送达时间的要求等；动态因素如：车流量变化、道路施工、配送客户的变动、可供调度车辆的变动等因素。这些都导致配送规划的决定更加困难。实际上，配送规划所能运用的前置时间仅有 1～2h 而已，且需依靠计算机系统的辅助。最好的方式应是开发一套以人为判断为主，计算机辅助配合的配送规划决策支持系统，目标在于取得即时可用的可行性配送手段及路线。而此决策支持系统主要的决策项目应包含：配送区域划分、车辆安排、每辆车负责的客户数量、配送路径选择、配送顺序决定、车辆装载方式等。

1．基本配送区域划分

为使整个配送有一个可循的基础，通常会先依客户所在地点的远近、关联状况做一区域上的基本划分，例如分为东区、南区、西区、北区等。当然，遇到突发情况，此基本分区亦应能进行弹性调整。

2．配送批次决策

当货品性质差异很大，有必要分别配送时，则必须依照每个订单的货品特性进行优先划分。例如，生鲜食品与一般食品的运送工具不同，需分批配送；化学物品与日常用品的配送条件有差异，也要分开配送。

3．配送先后次序的确定

信用是创造后续客源的源泉，因而能在客户要求的时间准时送货非常必要，所以在考虑其他因素确定配送顺序前，应先按照"各客户的订货时间"大概掌握配送的先后次序。

4．车辆安排

究竟要安排什么型号、种类的配送车？是使用自用车好呢？还是外雇车好？这要根据客户、车辆及成本等因素来综合考虑。在客户方面，必须依照各客户的订货量、订货体积、货物重量，以及客户点的卸货特性限制；在车辆方面，要知道有哪些车辆可供调派，以及这些车辆的载货量与重量限制；在成本方面，必须依自用车的成本结构及外雇车的计费方式来选择哪个比较划算。只有将三个方面相结合，才能做出最合适的车辆安排。

5. 决定每辆车负责的客户

既然已做好配送车辆的安排，对于每辆车所负责的客户点数自然也有了决定。

6. 路径选择

确定了每辆车需负责的客户点后，就可以确定如何以最快的速度完成这些客户点的配送了，即根据"各客户点的位置关联性"及"交通状况"来做路径的选择。除此之外，要考虑有些客户或所在环境有送达时间的限制，例如，有些客户不愿意中午收货，或是有些道路在高峰时间不准货车进入等，都必须在选择路径时加以考虑。

7. 配送顺序

做好车辆的调配安排及配送路径的选择后，依据各车辆的配送路径，即可确定客户的配送顺序。

8. 车辆装载方式

决定了客户的配送顺序，接下来就是如何将货品装车，这主要以什么次序上车的问题。原则上，确定了客户的配送顺序先后，只要将货品依"后送达先上车"的顺序装车即可，但有时为妥善利用空间，可能还要考虑货物的性质（怕震、怕撞、怕湿）、形状、容积及重量来做弹性安排。此外，对于这些货品的装卸方式也有必要依货品的性质、形状等来决定。

4.4.3 配送常用单据

1）根据配送规划，调度员填写"配送调度表"（见表 4-3）。

表 4-3 配送调度表

编号：																		
出货日期： 年 月 日 星期							调度员：											
出 货 顺 序							配 送 运 输									费 用		
开始时间	结束时间	时间合计	分店	单数	金额	是否有尾货	车牌	分店	司机	出发时间	到店时间	离开时间	到仓时间	总时间	超停时间	原因	里程	路费	燃油费	备注
合计																		
配送中心经理：									调度主管：									

2）司机根据配送顺序，填写"驾驶记录表"（见表 4-4）。

表 4-4 驾驶记录表

车号：		驾驶员：		日期：					
顺序	送货地点	送货单	品名数量	客户名称	驾驶距离	驾驶时间	停留时间	时间合计	摘要
				预计驾驶里程			实际驾驶里程		

3）司机送货后，请客户签收"送货单"（见表 4-5）。

表 4-5　送货单

送货单号码：

司机姓名：　　　　　　　　　　　　送货客户：

封条号码：　　　　　　　　　　　　送货日期：

车牌号码：　　　　　　　　　　　　出货员：

出货地点：　　　　　　　　　　　　收货地点：

序号	商品编码	商品名称	条码	规格	单位	发货数量			实收数量			备注
						总数	箱	散货	总数	箱	散货	
合计												

配送中心经理：　　　　　　　　　　客户收货人：

　　　　　　　　　　　　　　　　　收货时间：

4）配送结束，调度员汇总填写"配送日报表"（见表 4-6）。

表 4-6　配送日报表

日期：　　年　月　日　　星期　　天气：　　　温度：　　　单位：

货车	号码	驾驶员	运送内容	驾驶时间				行走里程	燃料	输送量	送货员	运费	收款人运费计算				其他
				开始	终了	移动时间	合计						收款人	运费	人工费用	合计	

合计	作业时间		行走距离		配送吨数		燃料		人工费用		支付费用		备注
合计	本日	累计	日	累计	本日	累计	本日	累计	本日	累计	本日	累计	

5）配送结束后，调度员还需填写"配送人员出勤日报表"（见表 4-7）。

表 4-7　配送人员出勤日报表

驾驶员姓名：　　送货员姓名：　　　　年　　月　　日

趟次编号：　　　车号：　　　　使用回票数：　　车种　　　张

报到、交货地点	计划时间	到达时间	离开时间	经过时间	里程数	冷冻、冷藏温度	卸货箱数	送货单据号码	备注（延迟送达原因）

6）月末调度主管填写"月度配送作业报告"（见表 4-8）。

表 4-8　月度配送作业报告

　　年　　月　　单位：

车辆号码	工作日数	总车辆数	行走距离	配送吨数	燃料	其他
合计						

4.4.4 影响配送效率的常见因素及改善措施

1. 人员利用率

$$人均配送量=\frac{配送量}{配送人员数}$$

$$人均配送体积（重量）=\frac{配送总体积（重量）}{配送人员数}$$

$$人均配送距离=\frac{配送总距离}{配送人员数}$$

$$人均配送吨公里=\frac{配送总吨公里}{配送人员数}$$

$$人均配送车次=\frac{配送总车次}{配送人员数}$$

$$人均驾驶时间=\frac{总配送驾驶时间}{配送人员数}$$

评估配送人员的工作分摊（距离、重量、车次）及其作业贡献度（配送量），以衡量配送人员的能力负荷与作业绩效，确定是否增添或减少司机人手，在保证安全驾驶和成本控制之间取得平衡。

1）若人均配送体积、重量较高，配送人员装卸货工作量较大，配送时间过长，应考虑增加配送人员来减轻工作量负荷。

2）若人均配送量、人均配送重量过低，表示配送人员的工作量负荷较低，应减少配送人员或扩大业务量。

3）若人均配送量大，人均配送重量低，可推测虽然客户订货量很大，但多属轻负荷货品，应考虑增加每次的配送装载量，或减少配送次数及人员数。

4）若人均配送距离过大，配送人员的配送时间较长，则不利于安全驾驶。可考虑增加配送人员或通过调整配送路线调整配送距离。

5）若人均配送量、配送距离、配送重量皆不高，但人均配送车次较高，表示针对客户即时需求的配送比例较高，应检讨服务策略，降低配送次数。若无法降低配送次数，则应考虑增加配送人员。

6）人均驾驶时间主要涉及安全驾驶的法规要求。

2. 车辆利用率

（1）配送车辆产能负荷

$$平均每台车配送金额=\frac{配送总金额}{总配送车辆数}$$

$$平均每台车配送吨公里=\frac{配送总吨公里数}{总配送车辆数}$$

$$平均每台车配送距离=\frac{配送总距离}{总配送车辆数}$$

评估和设置最佳的配送车辆产能负荷，可以避免折旧、损耗速度过快，以及可能发生的额外成本（过高的维修费、耗油费），并用来判断是否应增减配送车数量。

1）平均每台车的吨公里数高，表示每台车的运营负荷较重。可能原因：一是同一台车本期的配送距离过远；二是公司货品重量较大，此时应考虑增加配送车辆。

2）平均每台车的吨公里数低，表示每台车的运营负荷较轻。只有超重载运次数较多，或配送频率超高，才增添车辆，否则维持现况即可。

3）若每次发车的重量及装载率均不高，可考虑削减车辆数。

（2）空间利用率

$$满载车次比率=\frac{满载车次}{总配送车次}$$

满载车次比率考核对车辆的空间利用率。

1）若满载车次比率及平均每车次配送重量皆低。如果是由于客户对时效性的要求提高，导致低载重量和低满载车次比率高，可考虑更换车辆，使用小型车配送。如果是由于货品重量过大，难以达到满载，应调度规划，将重量大及重量小的货物同车配送，以达到较高的满载车次比率。如果是由于某些地区的业务量减少，应重新规划配送分区及路径。

2）若满载车次比率低，但平均每车次配送重量高，表示所有出货品体积不大，重量很大，以致无法调和轻、重货物同车配送，可考虑与较轻货物的客户实施"共同配送"。

（3）空车率

$$空车率=\frac{空车行驶距离}{总配送距离}$$

若空车率过高，则表示未能充分遵循"回程顺载"的原则。

1）首先做好"回收物流"，包括退货、配送工具和回收物资。回收物流包括：容器回收（啤酒瓶、牛奶瓶），托盘、笼车、拣货篮回收，原材料的再生利用（纸箱、废纸）等。

2）回程向供应商提货，可以通过采购协议向供应商收取合理的费用。

3. 配送规划

（1）配送车运转率

$$配送车运转率=\frac{配送总车次}{总车数×天数}$$

配送车运转率高，表示现有车辆利用率高。

（2）配送效率

$$车辆满载率=\frac{配送货物的总体积}{车辆总体积数×配送车运转率×工作天数}$$

$$平均每车次配送重量=\frac{配送总重量}{配送总车次}$$

装载容积及重量是最直接的配送效率指标，且两者有一定程度的反向关系。车辆调度应在容积限制与重量限制之间优化规划。

1）满载率及平均每车次配送重量皆低。如果客户对时效性要求高，可多使用小型车配送。如果货物较重，满载可能超出车辆负载限制，则应将较重及较轻的货品同车运送。

2）满载率低，但平均每车次配送重量高，无法调配轻、重货物同车配送，则应考虑与配送较轻货品的客户进行"共同配送"，以降低配送支出。

3）若满载率、平均每车次配送重量、平均每车次吨公里数皆不高，则需重新规划配送路线，以增加每车的配送量来降低高出车频率。

4）若满载率、平均每车次配送重量、平均每车次吨公里数中有任一指标偏高，表示超重或超载情况较多，应增加车辆或使用较大型车辆来提升配送效率。

（3）配送距离

$$平均每车次配送距离 = \frac{配送总距离}{配送总车次}$$

根据平均每车次的配送距离可以判断每次发车的距离规划是否有效率。

1）如果平均每次发车的配送距离短，应尽量将配送点连接起来，实行巡回配送。

2）如果平均每次发车的配送距离长，应尽量采用大型车辆。

（4）配送速度

$$配送平均速度 = \frac{配送总距离}{配送总时间}$$

1）配送平均速度低，若是由于路况不良，应重新安排配送路线。

2）配送平均速度低，若是由交货点下货验收的速度慢引起的，则应与客户商议对交货验收方式进行调整。

4. 时间效率

（1）季节品比率

$$季节品比率 = \frac{本月季节品存量}{平均库存量}$$

1）若季节品比率很高，表示公司淡旺季配送量差距很大。可在旺季增加外雇车，以节省自用车在淡季时的闲置成本。

2）若季节品比率很低，表示公司淡旺季差别不大。此时可考虑增添自用车，以提高配送效率。

（2）配送时间比率

$$配送时间比率 = \frac{配送总时间}{配送人员数 \times 工作天数 \times 正常班工作时数}$$

观察配送时间对配送的贡献度。

若配送时间比率太低，说明资源利用率低。

1）如果是由于配送人员较少，以致花费较长时间配送，应增加配送人员来减少配送时间，以便更迅速地交货。

2）配送贡献度不高。①订货客户的距离较远，或出车次数太多，但出货量及营业额并无相应增加。②出货量少或出货商品计量方式不合理，与时间不成比例。

3）配送效率问题。如未能按路线分别规划配装货物，则应按区域分配、固定订货时间，尽量集中订货，减少零散订货量，也可提升配送效率。

5. 配送延迟率

$$配送延迟率 = \frac{配送延迟车次}{配送总车次}$$

应掌握交货时间，尽量减少配送延迟情况，以确保公司信用度。

4.5　越库转运——配送领域的 JIT 技术

配送中心的四大功能为收货、存储、订单拣选和出货。其中，存储、订单拣选功能是成本耗用最高的功能，而订单拣选是人力耗费最大的作业。

越库转运是一种物流技术，能够有效地将收货与拣选整合起来，省略了存储环节。其构思是将货物从进货货车上直接转移到出货货车上，从而省略了作为中间环节的存储功能。通常的越库转运（Cross Docking）的出货时间短于 24h，有时甚至短于 1h。

越库转运本质上是将必须与其他商品分类整合的货物从进货车辆装载到出货车辆的转载设施上。从管理的角度，越库转运是一项复杂的工作，涉及配送者、供应商和客户之间的广泛协调和资源整合。越库转运必须知道把什么货物送给哪些客户、在哪辆车上、在什么时间到达。高水平的越库转运还必须做好货车的到达时间表，以避免因过度拥挤而导致短期缺货。

越库转运的作业示意图如图 4-4 所示。

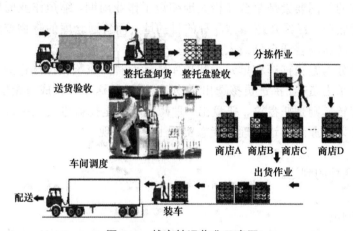

图 4-4　越库转运作业示意图

4.5.1　越库转运的运作特点

越库转运的经济性原则：作业费用低于节省的运输和存储成本。

1）越库转运是降低库存成本的有效手段，可避免维持高水平和稳定的商品库存造成的高库存成本的浪费。

2）越库转运是降低送货成本的有效手段。单独的商店供应商使用零担运输或租用车辆运输直接送货，因而导致送货成本的上升。通常，零售商可以通过第三方物流供应商将多家供应商的货物整合后送往多家商店，从而有效降低运输成本并简化零售商店的收货流量。

通常，适用于越库转运的产品主要需满足以下两种标准：适度的低变化和足够的数量。理想的情况是：产品是持续稳定的，仓库可以在适合的时间里接受适当数量的产品并简单地出货。如果产品需求不稳定且数量稀少，越库转运就难以运作，因为匹配需求和供应相当困难。另外，低变化产品必须具有足够的需求以满足频繁的送货。如果需求太小，没有数量足够的商品组成满车，此时频繁送货导致送货成本的上升，仓库持有库存反而变得更加经济。

越库转运包括多种形式的运作方式，它们都包括快速的商品整合和出货。

4.5.2 越库转运的运作模式

越库转运的分类见表 4-9。

表 4-9　越库转运的分类

越库转运类型	说　明
制造越库转运	接受和整合内向式供应，以支持 JIT 制造。制造商可以将仓库改为元配件预装车间或整合相关配套零件。因为 MRP 系统[①]的输出产生明确的需求，所以不需要元配件的库存
分销越库转运	将不同供应商的货物整合成单品混合的托盘，在完成最后的单品收货时尽快出货。例如：计算机配送中心通常从不同的制造厂家采购元配件模块，然后整合成一个出货单位送往组装中心
运输越库转运	整合零散运输业者，形成规模经济效应。在包裹快递行业，越库转运的货物搬运由输送机和分类拣选机网络构成。零担运输商主要以人工搬运和叉车搬运为主
零售越库转运	从不同的供应商处接受送货，分拣后转入配送到不同商店的货车
投机式越库转运	在任何仓库里，直接将收货转运到出货，以满足某个已知的订单或需求

① 材料需求计划系统。

以上运作方式的共同要素是整合和极大地缩短了作业周期。缩短作业周期的前提是在货物接收前或决定接收前，已经知道具体品种的目的地。而普通仓库的货物被存储至客户被确定为止，这是越库转运与普通仓储最大的区别。

零售越库转运分为整箱拣选和单元运载越库转运两种。在整箱拣选作业中，零售商接收整托盘货物后进入重力货架，拣选员拣选出货物后，通过传送带转换成整箱出货或品种出货。

单元运载越库转运则是托盘进、托盘出，理想的状态是托盘进货直接进入出货车辆而无须接触地面。由于以下原因，这种理想状态实际上很少出现：

1）增值加工。

2）等待其他品种的到达。

3）加固包装。

4）装车顺序颠倒。

无论整箱拣选越库转运还是单元运载越库转运，由配送中心决定出货的推式配送最有效率，因为完全排除了商店需求的波动，所以配送中心无须存储安全库存。

单元运载越库转运可以按理货工序分为以下三种模式：

1）单工序单元运载越库转运模式。

2）双工序单元运载越库转运模式。

3）自由工序单元运载越库转运模式。

（1）单工序单元运载越库转运模式

作业员将托盘拖入与收货平台相应的巷道，该模式可以将理货分拣设置在收货平台或出货平台，如图 4-5 所示。

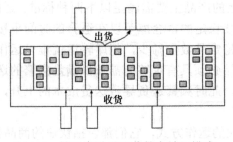

图 4-5　单工序单元运载越库转运模式

1）在收货阶段理货。作业人员从货车卸货的时候并不需要知道出货的目的地，这样就减轻了供应商在出货前贴托盘标签的负担。通常，越库转运会根据供应商预先以电子方式传来的 ASN（预先发货清单）打印托盘标签，作业人员在进入理货区时贴上托盘标签。

更理想的状态是供应商预先贴好条码，作业人员可以直接将货物从收货车辆装入出货车辆，以减少中间的理货搬运成本。这需要零售商和供应商之间有非常高的合作水平。

2）在出货阶段理货。作业人员直接将托盘拉入适当的巷道，以连接适当的出货平台。但这必须由供应商预先贴好托盘标签。

此模式的优点是作业人员更好地把握所需要装载的货物，因而产生更高的装载效率，并大幅降低长途运输的成本。

（2）双工序单元运载越库转运模式

1）第一队作业人员将托盘拉入与收货平台相对应的巷道。

2）第二队作业人员负责理货，将托盘拉入出货巷道。

3）第二队作业人员最后完成装车作业。

双工序单元运载越库转运模式如图 4-6 所示。

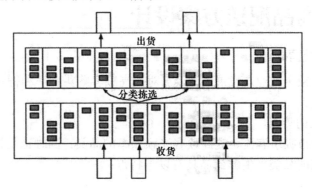

图 4-6　双工序单元运载越库转运模式

优点：有利于提高车辆装载的紧密度，作业人员可以用若干托盘拣选货物以形成出货队列，而且允许在收货时进行增值加工。

缺点：增加托盘的处理时间，越库转运站台需增加宽度，以适应增加的出货队列，同时因行走距离的增加而造成人工成本增加。

案例 4-3　**连锁零售企业"7-11"的物流配送**

随着店铺的扩大和商品的增多，"7-11"的物流配送越来越复杂，配送时间和配送种类的细分势在必行。以我国台湾省的"7-11"为例，其全省范围内的物流配送就细分为出版物、常温食品、低温食品和鲜食食品四个类别，各区域的配送中心需要根据不同商品的特征和需求量每天进行不同频率的配送，以确保食品的新鲜度，以此来吸引更多的顾客。新鲜、即时、便利和不缺货是"7-11"配送管理的最大特点，也是各家"7-11"店铺的最大卖点。台湾省总共拥有 2 690 家 7-11 店铺，现在已经开通网上购物，消费者可利用其庞大的连锁体系，在任何地点网上下单，再到离自己最近的店面取货付款。对于消费者而言，这样既省去了运费，又缩短了接货时间。

和我国台湾省的配送方式一样，日本的"7-11"也是根据食品的保存温度来建立配送体系的。日本"7-11"对食品的分类是：冷冻型（-20℃），如冰激凌等；微冷型（5℃），如牛奶、生菜等；恒温型，如罐头、饮料等；暖温型（20℃），如面包、饭食等。不同类型的食品会用不同的方法和设备配送,如各种保温车和冷藏车。由于冷藏车在上下货时经常开关门,容易引起车厢温度的变化和冷藏食品的变质,"7-11"还专门用一种两仓式货运车来解决这个问题,一个仓中温度的变化不会影响到另一个仓,需冷藏的食品就始终能在需要的低温下配送了。

除了配送设备,不同食品对配送时间和配送频率也会有不同要求。对于有特殊要求的食品,如冰激凌,"7-11"会绕过配送中心,由配送车早、中、晚三次直接从生产商处拉到各个店铺。对一般的商品,"7-11"实行的是一日三次的配送制度,早上 3:00 到 7:00 配送前一天晚上生产的一般食品;上午 8:00 到 11:00 配送前一天晚上生产的特殊食品,包括牛奶和新鲜蔬菜;15:00 到 18:00 配送当天上午生产的食品,这样一日三次的配送频率在保证商店不缺货的同时,也保证了食品的新鲜度。为了确保各店铺供货的万无一失,配送中心还有一个特别配送制度来和一日三次的配送相搭配。每个店铺随时可能会碰到一些特殊情况造成缺货,这时只能向配送中心打电话告急,配送中心则会用安全库存来向店铺紧急配送。如果安全库存也已告罄,配送中心就转而向供应商紧急要货,并且在第一时间将货品送到缺货的店铺中。

4.6 生鲜商品配送方案设计

4.6.1 生鲜商品经营概述

生鲜商品是连锁企业业态发展的重点,对提高顾客购买频率和销量以及加强商品的竞争力具有重要的意义。

(1)生鲜商品的特点

生鲜商品是超市吸引客流、提高顾客光顾频率的品类,同时也是损耗最大、消耗人力最多和销售成本较高的品类。生鲜商品具有以下特点:

1)时令性。

2)生活必需、价格敏感、购买频率高、消费量大。

3)冲动购买。

4)促销主题丰富。

5)损耗风险大。

6)非标准条码。

7)流转过程出现损耗是不可逆转的。

8)只有经过盘点才能核算成本。

生鲜商品的划分标准见表 4-10。

表 4-10 生鲜商品的划分标准

大 类	说 明	产 品
初级产品	只需进行保鲜和简单整理,不需要加工就可以销售的产品	蔬菜、水产品、畜产
加工产品	由初级产品经过加工后制成的生鲜产品	配菜
日配、冷冻食品	保存条件相同、销售方式相同的商品	日配食品、冷冻冷藏食品、五谷杂粮、散装食品等

(2)生鲜商品经营模式

在目前的主要连锁超市业态中,生鲜商品占有一定的经营比例,主要面积比例数据见

表 4-11。

表 4-11 主要连锁超市业态生鲜商品经营面积比例

超市类型	经营面积/m²	生鲜商品经营面积占比
便利店	<500	通常不经营
社区店	500～2 000	30%～40%
大型超市	2 000～5 000	25%
超大型超市	>5 000	20%

由于生鲜商品的损耗和成本控制比较困难，因此具有一定的风险性。生鲜商品的经营模式见表 4-12。

表 4-12 生鲜商品经营模式

经营模式	说 明	优 点	缺 点
加工模式	初级经营模式，生鲜商品全部由供应商供货，不设生鲜加工场地	投资少，人员配置少	卖场活力小，价格和毛利空间较小，竞争能力较弱
现场加工模式	加工区较大	现场气氛活跃，品种变化灵活，鲜度较好	加工间占地较大，设备投资较大
配送中心统一加工、配送模式	由配送中心统一加工后配送到各门店	通过投资规模效益和标准化作业降低成本，提高商品质量，控制损耗	基础投资规模较大，冷链供应设备投资巨大，投资风险较大

4.6.2 生鲜商品的配送模式

随着连锁规模的扩大，为了降低运作成本和提高生鲜商品的质量，连锁企业需考虑发展生鲜商品的配送中心。

有无生鲜商品配送中心的区别见表 4-13。

表 4-13 有无生鲜商品配送中心比较表

比 较 项 目	无生鲜商品配送中心	有生鲜商品配送中心
供应渠道	供应商环节较多，价格缺乏竞争力	直接从产地进货，供应商环节较少
货源与价格	由于按地区采购，供应商分散，经常出现货源和价格不稳定的情况	可控制采购货源和维持相对稳定的价格
质量与鲜美度	商品的质量和鲜度控制较为困难，难以统一管理促销	可提高生鲜商品的鲜度、促进销售；同时可以组织有吸引力的促销活动，并保证货源充足
损耗	由于存储加工作业缺乏专业性，损耗较大	通过专业存储加工作业使商品损耗较小
运作管理成本	由于生鲜加工的作业量大，人员需求较多，增加了门店的运作管理成本	可降低门店的作业量，降低销售成本

（1）农产品配送

1）如果无配送中心，就会导致农产品供应渠道较长，环节较多。由于进货渠道较为分散，因此进货的价格较高，货源难以保证，商品质量也难以保证。无配送中心的农产品供应渠道如图 4-7 所示。

图 4-7 无配送中心的农产品供应渠道

2）在有配送中心的情况下，农产品供应渠道较短、环节较少。由于渠道集中，在保证货源和商品质量控制方面具有较大的优势。有配送中心的农产品供应渠道如图 4-8 所示。

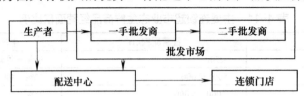

图 4-8　有配送中心的农产品供应渠道

3）农产品的典型配送流程。农产品的配送重点是缩短交货和配送周期，同时利用苏生库对蔬菜保鲜，如图 4-9 所示。

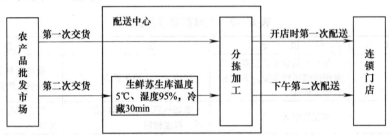

图 4-9　农产品的典型配送流程图

2．鲜活水产品配送

鲜活水产品的采购特点是价格浮动性大配送要重点做好损耗控制。运送鲜活水产品的车辆需要配置各种保鲜设备和采取相应的措施以保证水产品的鲜活度。

1）鲜度管理——采取塑料袋+充氧机。

2）冰块降温——对水产品使用冰块进行保鲜处理。

3）快速作业——使用专门的分拣工具和容器。

4）环境卫生——使用专门的容器。

鲜活水产品配送流程如图 4-10 所示。

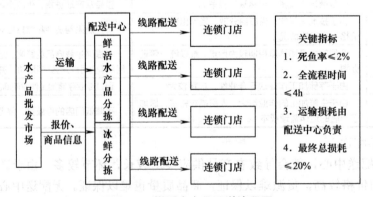

图 4-10　鲜活水产品配送流程图

3．畜产与配菜的加工和配送

畜产与配菜的加工要通过严格的作业时间表控制，需要供应商密切配合，采用集中加工处理的方式，发挥配送中心的作用。

某超市配送中心的作业时间见表 4-14。

表 4-14　某超市配送中心作业时间表

日　次	作业时间	作业内容
第一天	9:00	分店订货，配送中心汇总订单
	10:00	配送中心向供应商订货
	18:00—20:00	供应商按规定的时间表送货
	20:00—22:00	分店订单调整，出配送单
	18:00—0:00	切割及配菜加工
	23:00	第一批配送装车出发
第二天	1:00	第一批配送到达商店
	3:00	回程到达配送中心，第二批配送装车出发
	4:30	第二批配送到达商店
	7:00	回程到达，作业结束

畜产品与配菜加工配送流程如图 4-11 所示。

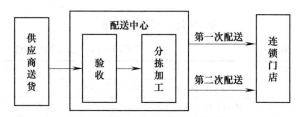

图 4-11　畜产品与配菜加工配送流程图

课后案例　浙江省高职高专院校物流技能大赛现代物流作业方案设计与实施

一、队员分工

根据作业任务单中的方案设计要求和作业实施要求，每位队员的分工见表 4-15。

表 4-15　队员工作任务表

序　号	人　员	职　责	工　作　内　容
1	A（队长）	主管	1. 队员分工安排 2. 运输车辆调度 3. 就地堆码存储区规划 4. 配送车辆调度与路线优化 5. 撰写外包委任书 6. 编制预算表 7. 编制作业进度计划
2	B	仓管员	1. 编制收货检验单 2. 编制托盘条码 3. 制定货物组托图 4. 规划上架存储货位 5. 绘制站台分配示意图 6. 制订装配装载方案

（续）

序 号	人 员	职 责	工 作 内 容
3	C	仓管员	1. 订单有效性分析 2. 客户优先权分析 3. 制订补货作业计划 4. 制订库存分配计划表 5. 制订拣选作业计划
4	D	仓管员	1. 物动量 ABC 分类 2. 统稿排版

二、运输作业

1．填写运单

由于古龙贡米和娃哈哈矿泉水不能混装，需要 2 辆车，根据采购订单填制 2 张公路运输单，见表 4-16 和表 4-17。

表 4-16　公路运输单 1

运单编号：Y20170320001　　　　　　　　　采购单号：R2017032002

始发站：杭州市		目的站：上海市		
计划到货时间：2017 年 03 月 21 日				
取货联系人：×××	电话：021-7843×××		取货地址：上海市浦东新区	
传真：021-6547×××		邮箱：×××@163.com		
货品名称	总体积/m³	单价（元/套）	总重量/kg	订购数量
古龙贡米	38.4	60	300	60

制单人：　　　　　　主管（签字）：　　　　　　受理日期：

表 4-17　公路运输单 2

运单编号：Y20170320002　　　　　　　　　采购单号：R2017032002

始发站：杭州市		目的站：上海市		
计划到货时间：2017 年 03 月 21 日				
取货联系人：×××	电话：021-7843×××		取货地址：上海市浦东新区	
传真：021-6547×××		邮箱：×××@163.com		
货品名称	总体积/m³	单价（元/套）	总重量/kg	订购数量
娃哈哈矿泉水	31.5	38	700	70

制单人：　　　　　　主管（签字）：　　　　　　受理日期：

2．车辆调度

（1）车辆选择

古龙贡米总体积为 38.4m³，总重量为 300kg，选择车型Ⅰ（额定载重 500kg，额定容积 40m³）。

娃哈哈矿泉水总体积为 31.5m³，总重量为 700kg，选择车型Ⅱ（额定载重 800kg，额定容积 50m³）。

（2）路线选择（计算结果保留两位小数）

1）路线一：杭州—上海高速公路共计 174km，耗时近 3h，过路费 80 元。

车型Ⅰ运费：174/100×12×6.66+10+80=229.06（元）

车型Ⅱ运费：174/100×15×6.66+12+80=265.83（元）

2）路线二：杭州—上海国道 197km，耗时 5h，无过路费。

车型Ⅰ运费：197/100×12×6.66+10=167.44（元）

车型Ⅱ运费：197/100×15×6.66+12=208.80（元）

因为时间允许，所以车型Ⅰ、车型Ⅱ都选择路线二：杭州—上海国道，197km，耗时 5h，无过路费，运费成本更低，车辆调度表见表 4-18。

总运费为：167.44+208.80=376.24（元）

表 4-18　车辆调度表

序号	车型	所取货物名称	货物总体积	货物总重量	线路	目的地	发车时间
1	车型Ⅰ	古龙贡米	38.4m³	300kg	杭州—上海国道	上海	2017 年 3 月 20 日
2	车型Ⅱ	娃哈哈矿泉水	31.5m³	700kg	杭州—上海国道	上海	2017 年 3 月 20 日

制单人：　　　　　　　　主管（签字）：　　　　　　　　日期：

三、入库作业计划

1. 物动量 ABC 分类

（1）货物出库量统计表

将最近 5 个月的出库量进行统计，按照出库量的多少降序排列，得出货物出库量统计表，见表 4-19。

表 4-19　货物出库量统计表

序　号	商品名称	一月出库量（箱）	二月出库量（箱）	三月出库量（箱）	四月出库量（箱）	五月出库量（箱）	总出库量（箱）
1	王老吉	1 980	2 180	1 780	2 100	1 880	9 920
2	康师傅红烧牛肉面	1 230	1 450	1 348	1 280	1 180	6 488
3	脉动	1 000	890	1 100	998	1 120	5 108
4	肉松饼干	300	343	340	402	234	1 619
5	盼盼法式小面包	205	340	200	198	198	1 141
6	乳液	210	234	220	220	203	1 087
7	洁厕剂	183	196	198	190	192	959
8	康师傅冰红茶	142	165	140	253	236	936
9	洗衣粉	198	204	200	162	152	916
10	威化饼干	167	180	172	178	165	862
11	椰子汁	104	100	130	220	120	674
12	旺旺仙贝	88	100	93	100	96	477
13	金锣火腿肠	80	120	65	98	76	439
14	康师傅老坛酸菜面	86	89	90	78	90	433
15	洗衣液	74	68	80	80	80	382
16	八宝粥	54	30	78	63	58	283
17	怡宝矿泉水	45	30	58	89	38	260
18	营养快线	42	56	36	50	41	225
19	洗洁精	43	50	40	39	50	222
20	徐福记沙琪玛	40	21	80	38	41	220
21	牛肉干	24	86	38	12	32	192
22	精华液	36	34	26	38	43	177

（续）

序　号	商品名称	一月出库量（箱）	二月出库量（箱）	三月出库量（箱）	四月出库量（箱）	五月出库量（箱）	总出库量（箱）
23	红牛	40	27	28	30	49	174
24	3+2 饼干	46	19	35	14	13	127
25	真果粒	25	28	34	22	10	119
26	多味花生	19	21	20	20	18	98

（2）物动量 ABC 分类结果

根据表 4-19 算出累计出库量与累计出库量百分比，进行 ABC 分类。分类标准为：出库量占到总出库量 70%的为 A 类，出库量占到总出库量 20%的为 B 类，出库量占到总出库量 10%的为 C 类，货物分类结果见表 4-20。

表 4-20　物动量 ABC 分类表

序　号	商品名称	总出库量（箱）	累积出库量（箱）	占总出库量累积百分比	分类结果
1	王老吉	9 920	9 920	29.58%	
2	康师傅红烧牛肉面	6 488	16 408	48.92%	
3	脉动	5 108	21 516	64.15%	A
4	肉松饼干	1 619	23 135	68.98%	
5	盼盼法式小面包	1 141	24 276	72.38%	
6	乳液	1 087	25 363	75.62%	
7	洁厕剂	959	26 322	78.48%	
8	康师傅冰红茶	936	27 258	81.27%	B
9	洗衣粉	916	28 174	84.01%	
10	威化饼干	862	29 036	86.58%	
11	椰子汁	674	29 710	88.59%	
12	旺旺仙贝	477	30 187	90.01%	
13	金锣火腿肠	439	30 626	91.32%	
14	康师傅老坛酸菜面	433	31 059	92.61%	
15	洗衣液	382	31 441	93.75%	
16	八宝粥	283	31 724	94.59%	
17	怡宝矿泉水	260	31 984	95.37%	
18	营养快线	225	32 209	96.04%	
19	洗洁精	222	32 431	96.70%	
20	徐福记沙琪玛	220	32 651	97.36%	C
21	牛肉干	192	32 843	97.93%	
22	精华液	177	33 020	98.46%	
23	红牛	174	33 194	98.97%	
24	3+2 饼干	127	33 321	99.35%	
25	真果粒	119	33 440	99.71%	
26	多味花生	98	33 538	100.00%	

2. 收货检验单

根据 2017 年 3 月 20 日收货处存放的货物，结合入库通知单，填写收货验收单，见表 4-21 至表 4-23。

表 4-21　收货检验单（1）

入库单号：L20170321R01

供应商：供应商 2　　　　　　　　　　　　　　　　　日期：2017.3.20

序号	商品名称	规　　格	重量/kg	数量（箱）	货物条码	实际验收数量	备注
1	徐福记沙琪玛	290mm×410mm×205mm	27	18			
2	脉动	480mm×235mm×230mm	25	20			

制单人：　　　　　　　　　　　　　　　　主管（签字）：

送货员：　　　　　　　　　　　　　　　　仓管员：

表 4-22　收货检验表（2）

入库单号：L20170321R02

供应商：供应商 3　　　　　　　　　　　　　　　　　日期：2017.3.20

序号	商品名称	规格	重量/kg	数量（箱）	货物条码	实际验收数量	备注
1	康师傅冰红茶	380mm×480mm×220mm	25	18			
2	肉松饼干	370mm×580mm×220mm	27	25			
3	金锣火腿肠	460mm×265mm×300mm	20	18			

制单人：　　　　　　　　　　　　　　　　主管（签字）：

送货员：　　　　　　　　　　　　　　　　仓管员：

表 4-23　收货检验表（3）

入库单号：L20170321R03

供应商：供应商 4　　　　　　　　　　　　　　　　　日期：2017.3.20

序号	商品名称	规格	重量/kg	数量（箱）	货物条码	实际验收数量	备注
1	工具套装	500mm×400mm×650mm	40	3 600			

制单人：　　　　　　　　　　　　　　　　主管（签字）：

送货员：　　　　　　　　　　　　　　　　仓管员：

3. 货物组托示意图

由方案设计与实施操作相关说明得知：所有货位存放货物顶距不得小于 100mm，托盘码放时，货物包装物边缘不允许超出托盘边缘。

由设施设备、工器具信息及其租赁成本明细得知：托盘货架的层高为 1 100mm，托盘的尺寸为 L1 200×W1 000×H160（mm），承重 500kg。综上可知：

托盘的最高码放高度为：1 100mm −100mm −160mm =840mm

每个托盘最多堆码重量为：500kg

根据以上要求，结合入库货品数量、包装规格和重量，计算各入库货品所用托盘数量，见表 4-24 至表 4-28；并绘制入库货品的组托示意图，如图 4-12 至图 4-16 所示。

（1）徐福记沙琪玛组托示意图

表 4-24　徐福记沙琪玛组托计算表

序号	商品名称	规格/mm	数量	说明	备注
1	徐福记沙琪玛	290×410×205	18	需要 1 个托盘，堆 2 层，每层放 9 个	

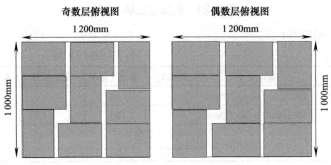

图 4-12　徐福记沙琪玛组托示意图

（2）脉动组托示意图

表 4-25　脉动组托计算表

序号	商品名称	规格	数量	说明	备注
2	脉动	480mm×235mm×230mm	20	需要 1 个托盘，堆 2 层，每层放 10 个	

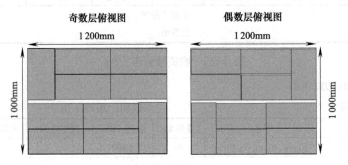

图 4-13　脉动组托示意图

（3）康师傅冰红茶组托示意图

表 4-26　康师傅冰红茶组托计算表

序号	商品名称	规格	数量	说明	备注
3	康师傅冰红茶	380mm×480mm×220mm	18	需要 1 个托盘，堆 3 层，每层放 6 个	

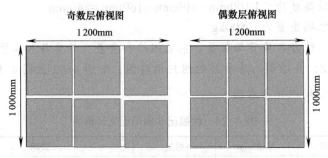

图 4-14　康师傅冰红茶组托示意图

（4）肉松饼干组托示意图

表 4-27　肉松饼干组托计算表

序号	商品名称	规格	数量	说明	备注
4	肉松饼干	370mm×580mm×220mm	25	需要 2 个托盘，第 1 个托盘堆 3 层，每层放 5 个，第 2 个托盘堆 2 层，每层放 5 个	

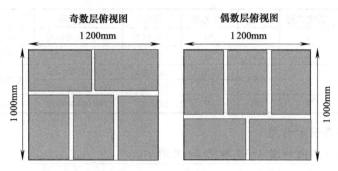

图 4-15　肉松饼干组托示意图

（5）金锣火腿肠组托示意图

表 4-28　金锣火腿肠组托计算表

序号	商品名称	规格	数量	说明	备注
5	金锣火腿肠	460mm×265mm×300mm	18	需要 1 个托盘，堆 2 层，每层放 9 个	

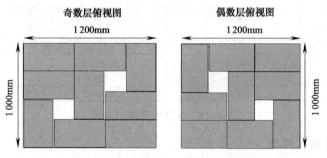

图 4-16　金锣火腿肠组托示意图

4．托盘条码信息表

根据计算得出各货物所需的托盘数并按照托盘编码规则对所需托盘进行编码，编码结果见表 4-29。

表 4-29　托盘条码信息表

序　号	货 物 名 称	托盘编码
1	徐福记沙琪玛	0001001001001
2	脉动	0001001001002
3	康师傅冰红茶	0001001001003
4	肉松饼干	0001001001004
5	肉松饼干	0001001001005
6	金锣火腿肠	0001001001006

5.储位分配计划

（1）储位分配依据

按照同一类货物放置于同一货架以及货物 ABC 分类结果，将该批入库货物进行储位分配，见表 4-30。

表 4-30 储位分配计划表

序号	商品名称	货物类别	数量	储位数量	储位	托盘条码	存 储 原 则
1	徐福记沙琪玛	C	20	20	B00100	0001001001001	A 类货物应放置于货架低层
2	脉动	A	20	20	A00001	0001001001002	A 类货物应放置于货架低层
3	肉松饼干	A	25	15	B00000	0001001001004	A 类货物应放置于货架低层
				10	B00001	0001001001005	
4	金锣火腿肠	B	18	18	B00102	0001001001006	B 类货物应放置于货架低层

（2）入库商品存储示意图

入库商品存储示意图如图 4-17 和图 4-18 所示。

	怡宝矿泉水 （20）	康师傅冰红茶 （18）	真果粒 （20）
A00100	A00101	A00102	A00103
	脉动 （20）	脉动 （20）	椰子汁 （20）
A00000	A00001	A00002	A00003

图 4-17 A 货架存储示意图

徐福记沙琪玛 （20）	徐福记沙琪玛 （20）	金锣火腿肠 （18）	多味花生 （20）
B00100	B00101	B00102	B00103
肉松饼干 （15）	肉松饼干 （10）	威化饼干 （20）	
B00000	B00001	B00002	B00003

图 4-18 B 货架存储示意图

6.就地堆码存储区规划

根据入库通知单 3，进行就地堆码存储区规划。按照收到的入库通知单 3 上的货物信息，计算堆存该批货物所需占地面积及规划的货垛的长、宽、高（箱数）。需要堆码存储的货物信息表见表 4-31。

表 4-31 货物信息表

序号	商品名称	规格	单价	重量	数量	备注
1	工具套装	500mm×400mm×650mm	160 元	40kg	3 600 箱	最高限制堆码 5 层
	合　计				3 600	

1）单位货物面积：$0.5m×0.4m=0.2m^2$。

2）单位面积货物重量：$40kg÷0.2m^2=200kg/m^2$。

3）根据地坪荷载，该货物最高码放 1 200÷200=6 层。

4）存储区域宽度限制为 8m。

5）货物自身限高 5 层。

故该货物最高码放 5 层。

储位面积：$3\,600÷5×0.2m^2=144m^2$。

垛宽：8m

垛宽箱数：8÷0.4=20（箱）。

垛长箱数：144÷8÷0.5=36（箱）。

货垛高 5 箱

四、出库作业

1．订单有效性分析

由于客户 1、客户 10、客户 4、客户 6 均需要得力薄型复写纸、清风牌纸手帕，总要货量分别为 21 件和 16 件，大于货物的库存量 15 件、15 件，所以需要对客户进行优先等级划分，以确定各自的分配量。

根据订单分析相关要求，订单价格金额等数据信息错误、交期要求无法实现以及累计应收账款超过信用额度等三种情况视为无效订单。其中，战略伙伴允许超出信用额度的 15%，子公司超出信用额定依然执行订单，其他客户不允许超出信用额度。由此可以得出订单有效性分析结果，见表 4-32。

表 4-32　订单有效性分析表

客户名称	信用额度（元）	应收账款（元）	本次定金金额（元）	累计金额（元）	订单金额是否准确	客户类型	是否超出信用额度	备 注
下沙店（客户1）	200 000	198 000	2 661	200 661	是	子公司	是	
萧山店（客户2）	500 000	495 000	6 383	501 383	是	战略伙伴	是	
上城店（客户3）	300 000	230 000	6 742	236 742	是	A 类客户	否	
下城店（客户4）	180 000	80 000	5 254	85 254	是	B 类客户	否	
余杭店（客户5）	180 000	165 000	25 070	190 070	是	B 类客户	是	超出信用额度，无效订单
临安店（客户6）	100 000	50 000	4 390	54 390	是	C 类客户	否	
淳安店（客户7）	300 000	290 000	13 734	303 734	是	A 类客户	是	超出信用额度，无效订单
建德店（客户8）	100 000	30 000	462	30 462	否	C 类客户	否	订单价格金额错误，无效订单
富阳店（客户9）	180 000	150 000	9 840	159 840	是	B 类客户	否	
滨江店（客户10）	300 000	200 000	422	200 422	是	战略伙伴	否	
说明：	上城店、下城店、临安店、富阳店、滨江店为有效订单，下沙店、萧山店、余杭店、淳安店累计应收账款超过信用额度和建德店订单价格金额错误为无效订单，下沙店和萧山店因为子公司允许超出信用额度以及战略伙伴允许超出信用额度的 15%，所以为有效订单							

通过对表 4-32 进行分析，可以得出：上城店、下城店、临安店、富阳店、滨江店为有效订单；下沙店、萧山店、余杭店、淳安店累计应收账款超过信用额度和建德店订单价格金额错误为无效订单；下沙店和萧山店因为子公司允许超出信用额度以及战略伙伴允许超出信用额度的 15%，所以为有效订单。无效订单锁定详情见表 4-33。

表 4-33　无效订单反馈表

客 户 名 称	无 效 原 因	处 理 结 果
余杭店（客户 5）	超过信用额度	视为无效订单
淳安店（客户 7）	超过信用额度	视为无效订单
建德店（客户 8）	订单价格金额错误	视为无效订单
制单人	主管（签字）	

2. 客户优先权分析

根据客户订单有效性分析，客户 5、客户 7 及客户 8 的订单为无效订单，因此在对客户优先权进行分析时，不考虑这 3 个客户，由作业任务单中客户优先权分析要求，根据加权法得到客户优先顺序，具体计算过程如下。

客户优先级评价因素参考权重：客户类型占 0.4，上年度该客户业务量占总业务量的比例占 0.3，合作年限占 0.1，客户信誉度占 0.2。评分标准见表 4-34。

表 4-34　评分标准表

客户类型	子公司：100 分；战略合作：90 分；A：80 分；B：70 分；C：60 分
上年度业务量占比	1% 以下：50 分；[1%，3%）：60 分；[3%，5%）：70 分；[5%，8%）：80 分；[8%，15%）：90 分；15% 及以上：100 分
合作年限	（0，3）年：70 分；[3，5）年：80 分；[5，8）年：90 分；8 年及以上：100 分
客户信誉度	优：100 分；良：90 分；中：80 分；差：70 分

根据以上已知条件，统计客户优先权划分的 4 个指标情况，得出表 4-35。

表 4-35　客户优先权各指标情况表

客 户 名 称	客 户 类 型	上年度该客户业务量占总业务量的比例	合 作 年 限	客户信誉度
下沙店	子公司	20%	10	优
萧山店	战略合作	10%	5	优
上城店	A 类客户	3%	4	良
下城店	B 类客户	6%	4	中
临安店	C 类客户	0.5%	2	中
富阳店	B 类客户	12%	6	良
滨江店	战略伙伴	16%	4	优

根据表 4-35，结合各指标权重，计算客户综合得分，见表 4-36。

表 4-36　客户综合得分表

客户名称	客户类型（权重 0.4）	上年度该客户业务量占总业务量的比例（权重 0.3）	合作年限（权重 0.1）	客户信誉度（权重 0.2）	合　计
下沙店	100×0.4=40	100×0.3=30	100×0.1=10	100×0.2=20	100
萧山店	90×0.4=36	90×0.3=27	90×0.1=9	100×0.2=20	92
上城店	80×0.4=32	70×0.3=21	80×0.1=8	90×0.2=18	79
下城店	70×0.4=28	80×0.3=24	80×0.1=8	80×0.2=16	76
临安店	60×0.4=24	50×0.3=15	70×0.1=7	80×0.2=16	62
富阳店	70×0.4=28	90×0.3=27	90×0.1=9	90×0.2=18	82
滨江店	90×0.4=36	100×0.3=30	80×0.1=8	100×0.2=20	94

根据各客户最终得分进行排序，可得到客户优先级排序结果：

下沙店>滨江店>萧山店>富阳店>上城店>下城店>临安店。

3. 库存分配计划表

（1）库存分配

依据客户订单和划分后的客户优先等级顺序制定库存分配计划表，得出库存分配计划表（表 4-37）。

表 4-37　库存分配计划表

序号	商品名称	单位	总库存量	总拣选量	下沙店 1		滨江店 10		萧山店 2		富阳店 9		上城店 3		下城店 4		临安店 6		剩余库存量
					需求量	拣选量	需求量	拣选量	需求量	拣选量	需求量	拣选量	需求量	拣选量	需求量	拣选量	需求量	拣选量	
1	怡宝矿泉水	件	20	13	5	5											8	8	7
2	威化饼干	件	20	18					10	10					8	8			2
3	真果粒	件	20	20							12	12	8	8					0
4	得力薄型复写纸	件	15	15	5	5			4	4					6	6	6	0	缺货 6
5	清风牌纸手帕	件	15	15	3	3			6	6			7	6					缺货 1
6	农夫山泉矿泉水	件	15	7	2	2											5	5	8
7	酷儿橙汁饮料	件	14	3	3	3													11
8	嘉士利早餐饼干（牛奶味）	件	12	9					4	4					5	5			3
9	力士娇嫩香皂	件	15	7			4	4	3	3									8
10	老地方爽口菜芯	件	15	10					5	5									5

（续）

序号	商品名称	单位	总库存量	总拣选量	下沙店1 需求量	下沙店1 拣选量	滨江店10 需求量	滨江店10 拣选量	萧山店2 需求量	萧山店2 拣选量	富阳店9 需求量	富阳店9 拣选量	上城店3 需求量	上城店3 拣选量	下城店4 需求量	下城店4 拣选量	临安店6 需求量	临安店6 拣选量	剩余库存量
11	百事可乐	件	15	10			6	6					4	4					5
12	清博牌钢卷尺	件	10	6									6	6					4
13	清风牌卷筒卫生纸	件	12	7											7	7			5
14	优乐三孔削	件	9	8											3	3	5	5	1
15	管家婆高级卫生纸	件	8	5													5	5	3
16	得力订书钉	件	9	4													4	4	5
17	成林油炒萝卜干	件	15	8			8	8											7
18	美汁源果粒（芒果）	件	10	5			5	5											5

（2）缺货订单处理办法

由于部分货物现有库存不足，产生缺货，对缺货客户需要进行沟通联系，编制沟通卡，见表4-38和表4-39。

表4-38 客户沟通记录卡1

客户名称	上城店3		联系人	
联系电话				
序号	缺货名称		缺货数量	
1	清风牌纸手帕		1	
缺货原因		因为库存不足		
解决方法		今日下达采购要求，到货立即补发		
业务主管		时间		

表4-39 客户沟通记录卡2

客户名称	临安店6		联系人	
联系电话				
序号	缺货名称		缺货数量	
1	得力薄型复写纸		6	
缺货原因		因为库存不足		
解决方法		今日下达采购要求，到货立即补发		
业务主管		时间		

4．补货作业

据仓储事业部的调研与预测，未来两天某些零散货物的配送量会增大，公司决定从重型托盘货架Ⅰ区对电子标签拣货区进行补货，依据客户订单和散货库存情况制订补货作业计划，补货单见表 4-40。

表 4-40　补货单

编号：201700001　　　　　　　　　　　　　　　　　　　　日期：2017 年 3 月 20 日

序号	商品名称	补货数量	原存储货位	补入货位	补货前库存	补货后库存	备注
1	多味花生	5	B00103	电子标签 4	1	6	
2	椰子汁	6	A00003	电子标签 5	2	8	

5．拣选作业

为了减少拣货次数、拣货时间，就提高拣货效率。对需求量大、品种数少的商品进行播种式拣货，由于重型货架区要货量大、品种数少，因此制作播种式拣货单；对需求量少、品种数多的小件货物进行摘果式拣货，由于电子标签库要货品种数多、量少，因此制作电子货架拣选单，见表 4-41 至表 4-46。

由于电子拣选区默认为摘果式拣选，合并订单对其没有意义，所以只对重型货架区有相同货品的订单进行合并。通过对有效订单进行分析可知：

客户订单 1 和客户订单 6 均对怡宝矿泉水有需求，需进行订单合并，见表 4-47 和表 4-48。

客户订单 2 和客户订单 4 均对威化饼干有需求，需进行订单合并，见表 4-49 和表 4-50。

客户订单 3 和客户订单 9 均对真果粒有需求，需进行订单合并，见表 4-51 和表 4-52。

综上，将对上述订单进行合并，并根据合并后的结果出具拣选单。

（1）电子标签拣选区

表 4-41　电子货架拣选单（1）

拣货单号码		D001		拣选时间		
出货日期				核查人员		
客户名称			下沙店（客户 1）			
序号	商品名称	商品储位	站台	拣选量	工具	备注
1	得力薄型复写纸	A00003	1	5		
2	清风牌纸手帕	A00002	1	3		
3	农夫山泉矿泉水	A00106	1	2		
4	酷儿橙汁饮料	A00000	1	3		

制单人

表 4-42　电子货架拣选单（2）

拣货单号码		D002		拣选时间		
出货日期				核查人员		
客户名称			萧山店（客户 2）			
序号	商品名称	商品储位	站台	拣选量	工具	备注
1	嘉士利早餐饼干（牛奶味）	A00006	1	4		
2	力士娇嫩香皂	A00009	1	3		
3	老地方爽口菜芯	A00007	1	5		

制单人

表 4-43　电子货架拣选单（3）

拣货单号码	D003		拣选时间		
出货日期			核查人员		
客户名称	上城店（客户 3）				
序号	商品名称	商品储位	站台	拣选量	工具	备注
1	百事可乐	A00105	1	4		
2	清博牌钢卷尺	A00109	1	6		
3	清风牌纸手帕	A00002	1	6		
制单人						

表 4-44　电子货架拣选单（4）

拣货单号码	D004		拣选时间		
出货日期			核查人员		
客户名称	下城店（客户 4）				
序号	商品名称	商品储位	站台	拣选量	工具	备注
1	得力薄型复写纸	A00003	1	6		
2	嘉士利早餐饼干（牛奶味）	A00006	1	5		
3	清风牌卷筒卫生纸	A00103	1	7		
4	优乐三孔削	A00005	1	3		
制单人						

表 4-45　电子货架拣选单（5）

拣货单号码	D005		拣选时间		
出货日期			核查人员		
客户名称	临安店（客户 6）				
序号	商品名称	商品储位	站台	拣选量	工具	备注
1	管家婆高级卫生纸	A00001	2	5		
2	农夫山泉矿泉水	A00106	2	5		
3	得力订书钉	A00104	2	4		
4	优乐三孔削	A00005	2	5		
制单人						

表 4-46　电子货架拣选单（6）

拣货单号码	D006		拣选时间		
出货日期			核查人员		
客户名称	滨江店（客户 10）				
序号	商品名称	商品储位	站台	拣选量	工具	备注
1	得力薄型复写纸	A00003	2	4		
2	百事可乐	A00105	2	6		
3	成林油炒萝卜干	A00108	2	8		
4	美汁源果粒（芒果）	A00100	2	5		
5	清风牌纸手帕	A00002	2	6		
6	力士娇嫩香皂	A00009	2	4		
制单人						

（2）重型货架区

表 4-47　拣选单 1

序　号	商品名称	商品储位	储　量	拣选量	工　具	备　注
1	怡宝矿泉水	A00101	20	13	堆高机	需返库（或者整托出库）

表 4-48　重型货架拣选单（1）

拣货单号码		Z001			拣选时间				
出货日期					拣选人				
序号	商品名称	商品储位	储量	客户名称	站台	拣选量	剩余量	工具
1	怡宝矿泉水	A00101	20	下沙店 1	1	5	7	
				临安店 6	2	8		

制单人：　　　　　　　　　　　　　　　主管（签字）：

表 4-49　拣选单 2

序　号	商品名称	商品储位	储　量	拣选量	工　具	备　注
2	威化饼干	B00002	20	18	堆高机	需返库（或者整托出库）

表 4-50　重型货架拣选单（2）

拣货单号码		Z001			拣选时间				
出货日期					拣选人				
序号	商品名称	商品储位	储量	客户名称	站台	拣选量	剩余量	工具
2	威化饼干	B00002	20	萧山店 2	1	10	2	
				下城店 4	1	8		

制单人：　　　　　　　　　　　　　　　主管（签字）：

表 4-51　拣选单 3

序　号	商品名称	商品储位	储　量	拣选量	工　具	备　注
3	真果粒	A00103	20	20	堆高机	需返库（或者整托出库）

表 4-52　重型货架拣选单（3）

拣货单号码		Z001			拣选时间				
出货日期					拣选人				
序号	商品名称	商品储位	储量	客户名称	站台	拣选量	剩余量	工具
3	真果粒	A00103	20	富阳店 9	2	12	0	
				上城店 3	1	8		

制单人：　　　　　　　　　　　　　　　主管（签字）：

五、配送作业计划

1. 路线优化及车辆调度计划

根据送货通知单情况，客户 5、客户 7 的订单因为超过信用额度，客户 8 的订单价格有误，这三笔订单被冻结，暂不出库配送，其他客户（客户 1、客户 2、客户 3、客户 4、客户 6、客户 9、客户 10）的货物需要安排配送顺序。

综上所述，需要送货客户为客户 1、客户 2、客户 3、客户 4、客户 6、客户 9、客户 10

制订配送计划。

（1）最短距离矩阵表

配送中心至客户以及客户之间的最短距离见表4-53（"P"表示杭州物流配送中心）。

表4-53　配送中心至客户以及客户之间的最短距离表　　（单位：km）

距 离 矩 阵	P	客户1	客户2	客户3	客户4	客户6	客户9	客户10
P	0							
客户1	24.4	0						
客户2	38.4	30.9	0					
客户3	26.1	7.9	37.3	0				
客户4	26	7.8	22.9	14.7	0			
客户6	26.6	44.9	38.2	49.2	41.6	0		
客户9	33.1	30	9.1	37.4	23.8	31.8	0	
客户10	28.9	5	30.2	9.1	10	48.5	31	0

（2）节约里程表

由表4-53可计算出各客户的节约里程，见表4-54。

表4-54　各客户的节约里程表　　（单位：km）

距 离 矩 阵	客户1	客户2	客户3	客户4	客户6	客户9	客户10
客户1	0						
客户2	31.9	0					
客户3	42.6	27.2	0				
客户4	42.6	41.5	37.4	0			
客户6	6.1	26.8	3.5	11	0		
客户9	27.5	62.4	21.8	35.3	27.9	0	
客户10	48.3	37.1	45.9	44.9	7	31	0

（3）节约里程表排序

根据节约里程表，将节约里程由大到小排序，见表4-55。

表4-55　节约里程排序表　　（单位：km）

序　号	路　线	节约里程	序　号	路　线	节约里程
1	客户2—客户9	62.4	12	客户9—客户10	31
2	客户1—客户10	48.3	13	客户6—客户9	27.9
3	客户3—客户10	45.9	14	客户1—客户9	27.5
4	客户4—客户10	44.9	15	客户2—客户3	27.2
5	客户1—客户3	42.6	16	客户2—客户6	26.8
6	客户1—客户4	42.6	17	客户3—客户9	21.8
7	客户2—客户4	41.5	18	客户4—客户6	11
8	客户3—客户4	37.4	19	客户6—客户10	7
9	客户2—客户10	37.1	20	客户1—客户6	6.1
10	客户4—客户9	35.3	21	客户3—客户6	3.5
11	客户1—客户2	31.9			

（4）配送路线规划

根据 7 个客户的缺货情况确认每笔订单的重量见表 4-56。

表 4-56　订单重量表

客　户	重　量	客　户	重　量
客户 1 下沙店	131.5kg	客户 3 上城店	168kg
客户 10 滨江店	16.5kg	客户 4 下城店	170.5kg
客户 2 萧山店	206kg	客户 6 临安店	209.5kg
客户 9 富阳店	240kg		

根据订单的重量和节约里程法，最优路线为：

线路 1：P—客户 3 上城店—客户 1 下沙店—客户 10 滨江店—客户 4 下城店—P，货物总重为 486.5kg，选择载重量为 500kg 的车型Ⅰ，车辆行驶里程 75km，共节约里程 135.8km。

配送成本：

$$75×12/100×6.66+10=69.94（元）$$

线路 2：P—客户 6 临安店—客户 9 富阳店—客户 2 萧山店—P，货物总重为 655.5kg，选择载重量为 800kg 的车型Ⅱ，车辆行驶里程 105.9km，共节约里程 90.3km。

配送成本：

$$105.9×15/100×6.66+12=117.79（元）$$

总成本：

$$69.94+117.79=187.73（元）$$

2．站台分配示意图

根据客户订单和库存分配对站台进行分配，具体分配如图 4-19 所示。

1 号站台

上城	下沙	滨江	下城
真果粒（8件）	怡宝矿泉水（5件）	得力薄型复写纸（4件）	威化饼干（8件）
百事可乐（4件）	得力薄型复写纸（5件）	百事可乐（18件）	得力薄型复写纸（6件）
清博牌钢卷尺（6件）	清风牌纸手帕（3件）	成林油炒萝卜干（18件）	嘉士利早餐饼干（牛奶味）（5件）
清风牌纸手帕（6件）	农夫山泉矿泉水（2件）	美汁源果粒（芒果）（14件）	清风牌卷筒卫生纸（7件）
	酷儿橙汁饮料（3件）	清风牌纸手帕（6件）	优乐三孔削（3件）
		力士娇嫩香皂（15件）	

2 号站台

萧山	富阳	临安
威化饼干（10件）	真果粒（12件）	怡宝矿泉水（8件）
嘉士利早餐饼干（牛奶味）（4件）		管家婆高级卫生纸（5件）
力士娇嫩香皂（3件）		农夫山泉矿泉水（5件）
老地方爽口菜芯（5件）		得力订书钉（4件）
		优乐三孔削（5件）

图 4-19　站台分配示意图

3. 配装配载方案

根据路线优化结果，第一辆车（车型Ⅰ）车头至车尾配装顺序、第二辆车（车型Ⅱ）车头至车尾配装顺序如图 4-20 所示。

车尾
上城店
真果粒（8 件） 百事可乐（4 件） 清博牌钢卷尺（6 件） 清风牌纸手帕（6 件）
下沙店
怡宝矿泉水（5 件） 得力薄型复写纸（5 件） 清风牌纸手帕（3 件） 农夫山泉矿泉水（2 件） 酷儿橙汁饮料（3 件）
滨江店
得力薄型复写纸（4 件） 百事可乐（8 件） 成林油炒萝卜干（18 件） 美汁源果粒（芒果）（14 件） 清风牌纸手帕（6 件） 力士娇嫩香皂（15 件）
下城店
威化饼干（8 件） 得力薄型复写纸（6 件） 嘉士利早餐饼干（牛奶味）（5 件） 清风牌卷筒卫生纸（7 件） 优乐三孔削（3 件）
车头

a）第一辆车

车尾
萧山店
威化饼干（10 件） 嘉士利早餐饼干（牛奶味）（4 件） 力士娇嫩香皂（3 件） 老地方爽口菜芯（5 件）
富阳店
真果粒（12 件）
临安店
怡宝矿泉水（8 件） 管家婆高级卫生纸（5 件） 农夫山泉矿泉水（5 件） 得力订书钉（4 件） 优乐三孔削（5 件）
车头

b）第二辆车

图 4-20　车辆配装示意图

六、外包准备（外包委托书）

外包委托书

委托_____队作为现代物流作业方案实施的外包业务合法代理人，我队与该代理人签订现代物流作业方案实施外包协议，时间从_____到_____，被委托人的授权范围为：按照我小组要求，对现代物流作业方案实施业务全权负责。在整个外包业务过程中，该代理人执行我队授权行为，均代表我小组，与本队的行为具有同等法律效力。本队将承担该代理人的全部法律后果和法律责任。

代理人无权转让代理权，特此委托。

本协议一经签署，立即生效，不得更改。

代理人姓名：　　　　　　　　　委托人姓名：

身份证号码：　　　　　　　　　委托小组成员签字：

日期：　　　　　　　　　　　　日期：

注：本协议一式三份，双方各执一份，另一份供裁判存档。

七、编制计划

1．作业进度计划

根据作业实施过程中各队员分工，绘制各队员的作业进度计划，如图4-21至图4-24所示。

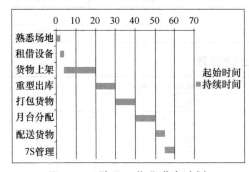

图4-21　队员1作业进度计划

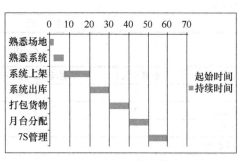

图4-22　队员2作业进度计划

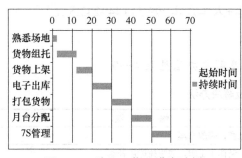

图4-23　队员3作业进度计划

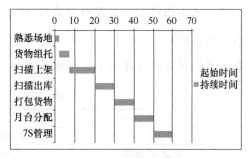

图4-24　队员4作业进度计划

2．租赁准备

设备租赁申请书

为完成现代物流作业方案的现场实施，第___组特此申请租赁：

地牛___台，叉车___台，托盘___个，物流周转箱___个，手推车___台。

配送车辆：车型___，___辆；车型___，___辆。

申请人签字：　　　　　　　　裁判签字：

以下内容方便裁判填写：

地牛使用时长：___分___秒

堆高车使用时长：___分___秒

3．预算表

根据作业过程中所涉及的各种租赁成本和人工费用，本小组做了预算表，见表4-57和

表 4-58。

表 4-57　设备成本预算表

工 具 名 称	租 赁 数 量	租赁时间（s）/使用次数	收 费 标 准	成 本（元）
托盘	6		2 元/个	12
货位	6		5 元/个	30
条码标签	6		2 元/组	12
堆高车		300	0.015 元/（台·s）	4.5
地牛		500	0.010 元/（台·s）	5
手推车		200	0.005 元/（台·s）	1
周转箱	7		1 元/个	7
纸箱	7		3 元/个	21
打包机	7		1 元/次	7
合　　计				99.5

表 4-58　人工成本预算

人　　员	数量（人）	时间[元/（人·s）]	收费标准[元/（人·s）]	成 本（元）
主管	1	1 800	0.02 元/（人·s）	36
理货员	2	1 800	0.02 元/（人·s）	72
操作员	1	1 800	0.02 元/（人·s）	36
指导老师				
合　　计				144

因此，本小组执行此方案的总费用=设备成本+人工成本=99.5+144=243.5 元。

八、应急预案

在方案设计与执行过程中，可能遇到的问题及解决办法见表 4-59。

表 4-59　问题及解决办法

序　号	突 发 情 况	解 决 办 法
1	文案设计错误	及时停止比赛，修改方案
2	WMS 及 RF 故障	手动录入，制作手工单，故障排除后补录
3	信息录入错误	及时更正
4	组托错误	及时更正
5	入库错误	将错误货物出库，将正确货物入库
6	货物搬运过程中掉落，倒塌	及时放回托盘；如有损坏，及时联系客户，照价赔偿
7	站台码放错误	及时更正
8	紧急情况	主管调为理货员

课后案例获得由浙江省教育厅等单位组织的"2017 年浙江省高职高专院校物流技能大赛"三等奖，由指导老师马秀丽提供。

实　训

以小组为单位参观连锁零售企业配送中心，请主管及操作员工介绍配送中心的运营情况及配送作业流程，撰写调研报告并提出合理化建议。

项目 5
配送中心作业及其改善措施

项目学习目标

通过本项目的学习，熟悉配送中心的作业流程，掌握人工作业与使用条码作业的不同，掌握配送中心作业的改善措施。

本项目中应掌握的知识点

1. 进货作业流程
2. 手工作业与使用条码作业的比较
3. 进出货作业的改善措施
4. 储存作业的方法
5. 储存方式
6. 储存管理的改善措施
7. 盘点的流程
8. 盘点方法
9. 人工盘点与使用条码盘点的比较
10. 盘点后的改善措施
11. 订单处理流程
12. 改善订单处理效率的措施
13. 拣选作业的信息传递方式
14. 拣选作业的方法
15. 拣选作业的装备配置
16. 拣选作业的改善措施
17. 补货方式
18. 补货时机
19. 出库作业流程
20. 人工出货作业与使用条码出货作业的比较

■■■■ 导入案例 ■■■■

沃尔玛的物流配送系统

沃尔玛的业务之所以能够迅速增长，并且成为现在非常著名的公司，是因为其在节省成本以及在物流运输、配送系统方面取得了一些成就，最起码在美国市场上是这样的。沃尔玛在美国有 60 多家配送中心，这些配送中心分别服务于 4 000 多家商店。

1. 沃尔玛的自动补货系统及零售链接系统

沃尔玛之所以能够取得成功，是因为沃尔玛有一个补货系统，每一个商店都有这样的系统，包括在中国的门店，它使得沃尔玛在任何一个时间点都可以知道：现在这个商店当中有多少货品，有多少货品正在运输过程当中，有多少是在配送中心，等等。同时，它也使沃尔玛可以了解，某种货品上周卖了多少，去年卖了多少，而且可以预测将来可以卖出多少这种货品。

沃尔玛之所以能够对商品掌控空得这么细，就是因为沃尔玛有 UPC 统一的货品代码。商场当中所有的货品都要有一个统一的货品代码，称为 UPC 代码。沃尔玛所有的货品都有一个统一的货品代码，这是非常重要的。在中国，这被称为 EAN 数码。沃尔玛之所以认为所有这种代码都是非常必要的，是因为可以对它进行扫描，从而对它进行阅读。在沃尔玛的所有门店当中，都不需要用纸张来处理订单。

沃尔玛这个自动补货系统，可以自动向门店经理进行订货，这样就可以非常及时地对门店进行供货。经理们在门店当中走一走，然后看一看这些货品，选到其中一种货品，对它扫描一下，就知道现在门店当中有多少这种货品以及有多少订货，而且知道有多少此种货品正在运输到门店中，会在什么时间到……所有关于这种货品的信息都可以通过扫描这种货品代码得到，不需要其他人再进行任何复杂的汇报。

沃尔玛还有一个非常好的系统，可以使供货商们直接进入到沃尔玛的系统，叫作零售链接。任何一个供货商都可以进入这个系统当中来了解他们的货品卖得怎么样，昨天、今天、上一周、上个月和去年卖得怎么样；他们还可以知道这种货品卖了多少，而且他们可以在 24h 之内就进行更新。供货商们可以在沃尔玛公司每一个门店当中，及时了解到有关情况。

2. 沃尔玛的配送中心作业

由于沃尔玛在美国有数以千计的门店，因此货品的需求量是非常大的。沃尔玛每一个配送中心都是非常大的，平均面积约有 11 万 m²。在这些配送中心，每个月的货品价值超过两亿美元。沃尔玛降低配送成本的一个方法就是把这种配送成本与供应商伙伴们一起来进行分担。这些供货商们可以送货到沃尔玛的配送中心，也可以送到一百家门店当中。两者进行比较，如果供货商们采用集中式的配送方式，可以节省很多钱，那么供货商就可以把省下来的这部分利润让利于消费者。而且这样做，这些供货商们还可以为沃尔玛分担一些建设配送中心的费用。通过这样的方法，沃尔玛就从整个供应链中将这笔配送中心的成本费用节省了下来。

沃尔玛的集中配送中心是相当大的，而且都在一层当中。之所以都在一层，而不是分在好几层，是因为沃尔玛希望货品能够流动起来。沃尔玛希望货品能够从一个门进、从另一个门出。如果有电梯或其他物体，就会阻碍流动过程。因此，沃尔玛所有的这种配送中心都是一个非常巨大的只在一层的配送中心。沃尔玛使用一些传送带，让这些货品能够非常有效地进行流动，不需要重复对它进行处理。比如说，在某某货品卸下来以后，沃尔玛要对这些货品进行一些处理。如果处理好几次，成本就会提高；而如果沃尔玛采用这种传送带，运用无缝的形式，就可以尽可能地降低成本。

沃尔玛所有的系统都是基于 UNIX 系统的一个配送系统，并采用传送带，非常大的开放式的平台、货品代码，以及自动补货系统和激光识别系统，所有这些技术和设备加在一起为沃尔玛节省了相当大的成本。

由于沃尔玛的门店众多，每个门店的需求又各不相同，这个门店也许需要这样，那个门店可能又需要另一样。沃尔玛的配送中心能够把货品根据门店的需要，自动分类放入不同的箱子当中。这样，员工可以在传送带上就取到自己所负责的门店所需的货品。那么，在传送的时候，他们怎么知道应该取哪个箱子呢？传送带上有一些信号灯，有红的、绿的和黄的，员工可以根据信号灯的提示来确定货品应被送往的门店，然后拿取这些货品，并将取到的这些货品放到一个箱子当中。这样，可以在所有门店各自所属的箱子当中放入不同的货品。

配送中心的职能：例如这个门进、那个门出，沃尔玛把这个过程叫转运，就是在一天当中进出，在一天当中完成。另外销售服装时需要加订标签，这需要手工完成，还需要比较小心，因为不能损害货品，这是一个单独的过程。每个货品都会有一定的库存，比如软饮料、尿布等。配送中心根据这种稳定的库存量的增减而进行自动的补送，每一天或者每一周都根据以前确定的数量来为商场提供。

新门店开业的订单：在这些新门店开业之前，沃尔玛要对这些货品进行最后一次检查，然后运输到这些新门店当中，沃尔玛把这称为新门店开业的订单配货。

3. 沃尔玛的配送

配送车队也是很重要的，因为车辆的燃料相当昂贵，此外还需要请司机。在整个物流过程当中，最昂贵的就是沃尔玛配送这部分，车队省下的成本越多，整个供应链当中所节省的钱就越多。沃尔玛用一种尽可能大的货车，大约有 16m 长的货柜，比集装箱运输货车更长或者更高。沃尔玛的车辆都是自有的，而且这些司机也是沃尔玛的员工。他们在美国各个州之间的高速公路上运行，车中的每立方米都填得满满的，这样非常有助于沃尔玛节省成本。沃尔玛的车队大约有 6000 多辆货车，这些货车也是沃尔玛整个供应链当中的一部分。沃尔玛采用全球定位系统来对车辆进行定位。因此在任何时候，调度中心都可以知道这些车辆在什么地方，离门店还有多远；同时也可以了解到某个货品运输到了什么地方，还有多长时间才能运到门店，可以精确到小时。沃尔玛知道了货车在哪里、货品在哪里，就可以提高整个系统的效率。

5.1　配送中心作业概论

配送中心是一种多功能、集约化的物流据点。作为具有现代物流方式和优化销售体制手段的配送中心，把收货、验货、存储、搬运、拣选、分拣、流通加工、配送、结算和信息处理，甚至订货等作业有机地结合了起来，形成了多功能、集约化和提供全方位服务的供货枢纽。

现代化配送中心的内部运作，实际上是物流功能在一个物流据点的垂直整合。配送中心的工艺流程如图 5-1 所示。

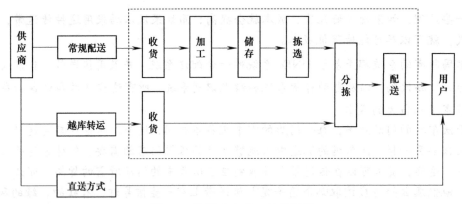

图 5-1　配送中心的工艺流程图

5.2　进货作业及其改善措施

进货作业是指由卸货、开箱、检验、入库等一系列作业环节构成的工作过程。进货作业流程如图 5-2 所示。

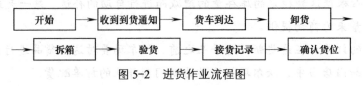

图 5-2　进货作业流程图

5.2.1　进货作业流程

1.卸货作业

配送中心卸货作业一般在收货站台上进行。卸货方式通常有人工卸货、输送机卸货和码托盘、叉车卸货。收货人员卸货与否的重要凭据是采购部门的采购订单，见表 5-1。送货方到指定地点卸货，并将抽样货品、送货单、发票交验；对于没有预报的货品，办理有关手续后方可卸货。

表 5-1　采购订单

采 购 订 单										
订单编号：										
公司名称：				供应商编码：						
订货日期：				供应商名称：						
交货日期：				供应商地址：						
交货地点：				联系电话：						
采购员：				FAX：						
货品编码	供应商编码	货品描述	SKU 条码	采购单位	规格	订货数量	单价	金额合计	需求商店	是否越库
金额合计										
注意事项：										
1. 按规定时间和规定的货品规格、数量送货；2. 收货时间：每天 8:00—18:00；										
3. 供应商送货单据请按本单据顺序制单；4. 价格变更请事先与采购部确认；										
5. 先确认处理退货后收货；6. 无标准条码货品应事先贴好货品编码标签；										
7. 赠品应事先捆绑并与货品同行；8.《验收入库单》作结算凭证，切勿遗失。										

2. 验货作业

货品的验收是指对货品的质量和数量进行检查，为保管好货品打下一个良好的基础。

（1）货品验收的作用

1）是做好货品保管保养的基础。货品经过长途运输和装卸搬运后，包装标志容易损坏、散失，没有包装的货品更容易发生变化。这些情况都将影响到货品的保管。所以，要在货品入库时，将货品的实际状况弄清楚，判明货品的品种、规格、质量等是否符合国家标准或供货合同规定的技术指标；数量上是否与供货单位附来的凭证相符。弄清楚这些情况之后，才能分类、分区按品种和规格分别进行堆码存放，才能对货品进行保管养护。

2）是避免货品积压，减少经济损失的重要手段。对于受损的货品，如果不经过检查验收就按合格品入库，必然造成货品积压；对于计重的货品，如果不进行检查，就按有关单据的供货数量付款，当实际数量不足时，就会造成经济损失。

3）是提出退货、换货和索赔的依据。货品验收过程中，若发现货品数量不足，或发现规格不符，或质量不合格时，仓库检验人员应做出详细的验收记录，据此由采购部门向供货单位提出退货、换货或向承运责任方提出索赔等要求。倘若货品入库时未进行严格的验收，或没有做出严格的验收记录，而是在保管过程中，甚至在发货时才发现问题，就会导致责任不清，难于交涉，带来不必要的经济损失。

（2）货品验收的要求

1）验单货是否相符。货品入库时，首先检查单据所列的产地、货号、品名、规格、数量、单价等与货品原包装上的识别标志内容是否一致，即使有一项不符，也不能入库。

2）检验包装是否符合要求。在清点货品数量的同时，还要检查包装，如木箱、塑料袋、纸盒等是否符合要求，有无污渍、残破、拆开等现象，有无受潮水湿的痕迹，包装标志是否清楚等。

3）检查货品质量是否合格。货品验收时，除查看包装外部情况外，还要适当开箱拆包，查看内部货品是否有生霉、腐烂、溶化、熔化、虫蛀、鼠咬等情况。同时，还要测定货品的含水量是否正常，是否超过安全水分率等。对液体货品，要检查有无沉淀及包装有无破损等。有问题的货品暂不入保管区。

对于破损或不可以发的货品应视情况分类处理：对于包装破损不可以发的货品必须进包装部进行重新包装，并做出调整报告；对于破损不可以发的货品，需进行销毁的要销毁，并要做出销毁报告。

在核对单货相符（包括预报单）的基础上签盖回单，在收货基础联上盖章并签注日期；对于一份收货单的货品分批送货的，应将每批收货件数记入收货检查联，待整份单据的货品件数收齐后，方可将盖章回单给送货车辆带回；对于使用分运单回单制度的单位，除分批验收盖章回单外，货收齐后可在总回单上盖章。

（3）确定抽检比例的依据

配送中心的验收工作繁忙，货品连续到货，而且品种、规格较为复杂，在有限的时间内不可能逐件检查，因此需要确定一定的抽查比例。抽查比例的大小可以根据货品特性、价值、供应商信誉和物流环境等因素决定。

1）货品的物理化学性能：对物理化学性能不稳定的货品应提高抽检比例。

2）货品价值的大小：对贵重货品应提高抽检比例。

3）生产技术和品牌信誉：品牌信誉较好的货品可降低抽检比例。

4）物流环境：包括储运过程的气候、地理环境和运输包装条件等。

5）散装货品的验收：散装称重货品必须全部通过计量，计件货品必须全部检查质量和核查数量。在品质检验方面，包括物理试验、化学分析及外形检查等；在数量的点收方面，除核对货品号码外，还可依据采购合约规定的单位，用工具逐一衡量其长短、大小和轻重。

3．货品编号

配送中心在进货时，大部分货品本身已有货品号码和条码，为了保证配送中心的物流作业准确而迅速地进行，在进货作业时必须对货品进行清楚有效的编号。货品编号是指用一组有序的符号（数字、字母或其他符号）组合，来标志不同种类货品的过程。这组有序的符号组合，实质上是一种识别货品的手段。编号的重要意义是对货品按分类内容进行有序编排，并用简明的文字、符号或数字来代替货品的"名称""类别"，使繁多的货品便于记忆，简化手续，提高工作效率和可靠性。

（1）货品编号的原则

1）唯一性原则：所谓唯一性，是指被标志的货品应与货品编号一一对应。也就是说，每一个编号对象，只能有一个编号，每一个编号只能标志同一货品。

2）简明性原则：货品编号应简明、易记、易校验，号位不宜太长，要既便于手工操作，又便于机器处理和存储。

3）层次性原则：货品编号要层次清楚，要能清晰地反映分类体系内部各货品类目之间固有的逻辑关系。

4）可延性原则：可延性是指货品编号结构应留有足够的后备码位（空号），当需要增加新类目时，不需要破坏该货品的编号结构再重新编号。

5）稳定性原则：货品编号确定后要在一定时期内保持稳定，不能经常或轻易变更，以保证编号系统的稳定性。

（2）货品编号的方法

1）伸式编号法：这种编号方法是由 1 开始，按数字顺序一直编下去，多用于账号或发票编号。

例如：　　　　编号　　　　　　　　货品名称
　　　　　　　1　　　　　　　　　　空调
　　　　　　　2　　　　　　　　　　冰箱
　　　　　　　3　　　　　　　　　　洗衣机
　　　　　　　…　　　　　　　　　　…
　　　　　　　N　　　　　　　　　　微波炉

2）数字分段法：把数字分段，每一段代表货品的一种特性。

例如：　　　类别　　　　　形状　　　　　供应商　　　　　尺寸
　　　　（货品类别）　（货品形状）　（供应商代号）　　（货品尺寸）

这种方法分段清晰，表示明确，容易记忆，使用较多。

3）实际意义编号法：按照货品名称、重量、尺寸、分区、货位、保存期限等实际情况编号。

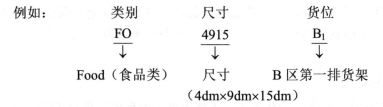

例如：　　　类别　　　　　尺寸　　　　　　货位
　　　　　　FO　　　　　4915　　　　　　B₁
　　　　　　↓　　　　　　↓　　　　　　　↓
　　Food（食品类）　　尺寸　　　B 区第一排货架
　　　　　　　　　　（4dm×9dm×15dm）

4. 进货标志应用

为识别货品而使用的编号标志可贴于容器、零件、产品或库位上，使作业员能够很容易地获得信息。零件或产品上的标志应弹性地增加物件号码，甚至制造日期、使用期限，以方便出货，如先进先出等。一般来说，容器及库位的编号标志是以特定使用为目的，应能被永久保留。

进货货品依计算机打印的托盘标签及箱标签，见表 5-2。

表 5-2　托盘标签和外包装箱标签说明

托 盘 标 签	外包装箱标签
•托盘标志码 •托盘每一层的堆积箱数与层数、总个数 •存储的位置（包括拣取的位置及保留的位置） •制造商的码号	•拣取位置 •货品码 •货品名 •店码 •送货日 •销售价格 •分类用条码（采用订单拣取者不必印刷此项）

托盘识别码、托盘标签如图 5-3 所示。

81253505A：8 → 2008年
　　　　　125 → 从1月1日的累积日数
　　　　　3505 → 当日进货托盘的系列号码
　　　　　A → 保管的指定区域

托盘标签

托盘ID号码：_____
订单号码：_____　　验收单位号码：_____
SKU条码：_____
包装规格：_____　　包装箱尺寸：_____
箱数/托盘：_____　　商品名称：_____
每层箱数×层数+顶层箱数：_____
存储单位：_____　　拣选库位：_____
验收入库日期：_____
商品保质期：_____

图 5-3　托盘识别码、托盘标签示意图

5. 货品堆垛的要求

货品的堆垛一定要从保证货品安全和适应点验、复查出发，要规范化操作。在货品摆放到托盘上时应注意，货品标志必须朝上，货品摆放不超过托盘的宽度，货品每板高度不得超过规定高度，货品重量不得超过托盘规定的载重量。托盘上的货品要尽量堆放平稳，便于上高叠放。每盘货品的件数必须标明，上端用"行李松紧带"捆扎牢固，防止跌落。

在货品堆齐后，每一托盘标明件数，并标明这批货品的总件数，以便与保管员核对交接。在进货操作过程中，为了做到单货相符、不出差错，进货作业与复核最好由两人分别完成。

6. 验收入库货品的信息处理

在完成货品验收后，在暂存区分类，由作业人员入库上架，然后记录存放库位的编号，输入系统处理，这样货品实物库存就会在系统中生成系统库存，然后打印验收入库单（见表5-3），最终完成进货作业。

表5-3　验收入库单

验收入库单

编号：

供应商		采购订单号		验收员	
供应商编码		采购员		验收日期	
送货单号		到货日期		复核员	
发货日期				复核日期	

序号	库位号码	货品名称	货品规格型号	货品编码	包装单位	应收数量	实收数量	备注

仓管员：　　　　　　　　　　供应商代表：

5.2.2　手工作业与使用条码作业的比较

1. 手工收货作业与使用条码收货作业的比较

（1）手工收货作业的流程及缺点

手工收货作业的流程及缺点见表5-4。

表5-4　手工收货作业的流程及缺点

手工收货作业流程	缺　点
• 识别该批送货对应的PO（采购订单） • 识别PO上的品种与货品的品种对应关系 • 将混装的品种分类排序，以便识别验收 • 标记品种和数量的差异 • 标注破损货品 • 标注批次号码 • 递交给数据输入员，输入品种、数量、欠货和破损	• 作业效率较低，增加了供应商和企业自身的作业成本 • 影响后续的仓库作业与销售作业的效率和准确率 • 影响库存准确率 • 由于需使用素质较高的员工，因此人员成本较高

（2）使用条码收货作业的流程及优点

使用条码收货作业的流程及优点见表5-5。

表 5-5　使用条码收货作业的流程及优点

使用条码收货作业流程	优　点
●识别送货：如果订单编码使用条码标志，可以直接扫描条码或输入编码，检查是否与包装相符 ●扫描货品条码，如果无条码，记录并与供应商商议。无须将人工订单与送货单对照，系统就会自动检查，并打印货品验收差异清单 ●如果货品无条码，需打印条码标签 选择1：如果收货现场有打印机，仓库作业员可以立即打印货品编号条码，并将每个品种贴上条码标签 选择2：如果收货现场没有打印机，可以在开订购单时生成条码，集成条码打印机可以避免任何产品信息的输入麻烦 ●无论在何种情况下，只要有标签剩余，就表示送货数量不足；如果标签不足，表示送货数量超出标准。作业者可以用扫描条码的方式通知系统	●精确度：使用条码可以避免在验收平台和其他地方的数据重复输入发生的错误 ●实时性：通过使用条码，可以在收货平台完成处理时实时更新库存，使之立即可以出货和销售 ●支持越库转运和顾客紧急订单，在特殊的情况下，可将正在验收的货品直接送往顾客手中，而避免品种的错误识别和运输差异 ●减少键盘输入次数和单据处理人员的数量

2. 手工上架与使用条码上架作业的比较

（1）手工上架作业的流程及缺点

手工上架作业的流程及缺点见表 5-6。

表 5-6　手工上架作业的流程及缺点

手工上架作业流程	缺　点
选择1：如果货品上架和验收作业使用同一单据，则在完成货品上架后，由仓管员填写货品存放的库位号，然后交单据输入人员按验收单据输入。完成以上作业后才能处理订单需求 选择2：如果货品上架使用不同的单据，则输入品种编码、数量和库位。有时需核对书写不清的数字和文字 货品库位的移动：移动货品填写库位后输入系统	●系统库存更新滞后，造成对拣选作业与其他作业的影响 ●货品识别难度加大，增加了货品拣选和识别的错误率

（2）使用条码上架作业的流程及优点

使用条码上架作业的流程及优点见表 5-7。

表 5-7　使用条码上架作业的流程及优点

使用条码上架作业流程	优　点
选择1：扫描品种条码或托盘条码标签，要求系统提供建议库位；将货品送到存储位置，扫描品种条码或托盘条码标签，输入数量，然后扫描库位条码，系统会指示库位是否正确 选择2：扫描品种条码或托盘条码标签，使用其他手段决定货品应该存储的地点；将货品送到存储位置，扫描品种条码或托盘条码标签，如果系统要求，输入数量，然后扫描库位条码。上传相关信息到计算机主机或者实时的通信工程系统	最大的好处是消除了系统更新实际库存的滞后时间，消除了货品移动错误和识别错误的可能性

5.2.3　进出货作业的改善措施

1. 空间利用的指标及改善措施

（1）站台使用率

站台使用率=进出货车次装卸货停留总时间/（站台泊位数×工作天数×每日工作时数）

进货站台使用率=进货车次装卸货停留总时间/（站台泊位数×工作天数×每日工作时数）

出货站台使用率=出货车次装卸货停留总时间/（站台泊位数×工作天数×每日工作时数）

衡量站台的使用情况，是否因数量不足或规划不佳而造成拥挤和低效率。

改善措施：

1）增加停车泊位数量。

2）提高效率，做好车辆进出通行指示灯、行进方向与站台装卸货位置的指示标志，让进出配送中心的车辆能有序地行驶、停靠、装卸，加快车辆周转。

3）增加进出货人员，以加速作业进行，减少每辆车的停留装卸时间。

（2）站台高峰率

$$站台高峰率=高峰车数/站台泊位数$$

若"站台使用率"低，"站台高峰率"高，则表示虽然站台数量仍有宽裕，但在高峰时段进出货仍有拥挤现象。其主要原因是未控制好进出货时间带，造成高峰时间的作业冲突。

改善措施：

1）应要求，供应商依照计划时间准时送货，规划对客户交货的出车时间，尽量减少高峰时间的作业量。

2）若无法与供应商或客户协商分散高峰期流量，则应在高峰时间保持货品装卸的快速移动。

2. 人工产出的指标及改善措施

（1）每人时处理进出货总量

$$每人时处理进出货总量=\frac{进出货总量}{进出货人员数×每日进出货时间×工作天数}$$

$$每人时处理进货量=\frac{进货量}{进货作业总人时}$$

（其中：进货作业总人时=进货人员数×每日进货时间×工作天数）

$$每人时处理出货量=\frac{出货量}{出货作业总人时}$$

（其中：出货作业总人时=出货人员数×每日出货时间×工作天数）

（2）进出货时间率（指作业时间与上班时间的比率）

$$进出货时间率=\frac{每日进出货总时数}{每日工作时数}$$

$$进货时间率=\frac{每日进货时间}{每日工作时数}$$

$$出货时间率=\frac{每日出货时间}{每日工作时数}$$

以上指标考核进出货人员的工作量分配及作业速率，以及目前的进出货时间是否合理。每人时处理进出货量单位可以用金额、重量、箱数或体积等指标。

1）改善对策 1：

① 对于效率差的问题，除了随时督促、训练人员外，还应考虑缩减进出货人员，改进作业方式，提高作业效率。例如，使用单元装载、车尾附升降台装卸、滚筒式输送带、货车升降平台等。

② 若每人时处理进出货量高，且进出货时间率也多，表示进出货人员平均每天的负担不轻，原因是配送中心业务量非常大，可考虑增加进出货人员来减轻负担。

2）改善对策 2：

若每人时处理进出货量低，但进出货时间率高，表示虽然配送中心的每天工作时间长，但人均的进出货作业负担却较轻。

3）改善对策 3：

每人时处理进出货量高，且进出货时间率低，表示进货和出货时间过于集中在某个时段，形成作业瓶颈，以致作业人员在此时段承担过大的作业强度。为减轻人员工作量负担，避免造成站台拥挤的现象，可采取分散进出货时间的措施。

5.3　储存作业及其改善措施

5.3.1　储存作业的方法

储存作业的主要任务在于妥善保存货品，并对在库货品进行核验，善用空间，对存货进行科学管理。

1. 储存形式

储存形式有大批储存、中批储存、小批储存和零星储存 4 种形式。大批储存是指 3 个托盘以上的存量；大批储存均以托盘运作，地板堆垛或自动仓库储存。中批储存是指 1～3 个托盘的储存量。小批储存是指小于 1 个托盘储存，是以箱为发货拣选单位。零星储存是指零星区或拣选区使用货架储存，储存量小于整包的货品量。

根据货品储存的需要及仓储设备特性，储存形式大体归纳为以下几种：

1）少品种大批量采用地板堆垛储存或自动仓库。

2）多品种小批量采用托盘货架或中型货架储存。

3）大批量不可堆垛物采用驶入式货架。

4）小批量小体积货品采用储物柜、轻型重力货架或轻型货架。

为了减少库外温湿度变化对库存物资的影响，一般情况下，不允许将货堆、货架直接靠墙堆码和摆放，而需与仓库墙保持一定的距离，另外可兼作检查通道或作业通道。墙间距一般为 0.5m 左右，当兼做作业通道时，要按作业通道的要求增加宽度。

2. 在存储环节要重点抓好几项工作

1）分区分类、合理存放。

2）要研究和组织合理的存储，解决好合理存储量、货品的合理库存结构、合理储存时间和合理的存储网络等问题。

3）做好货品的养护工作，特别是食品的日期管理。具体规定是：收货时保质期还剩余

2/3 的时间以上，存储期间保质期还剩余 1/3 的时间，超出以上情况系统应做预警。

如有以下情况，向经营部门提交库存异常报表：

1）30 天无出货货品预警——久储未动造成积压的货品清单。

2）滞销货品库存——出货量小、库存量大的货品清单。

3）完全无动销库存——入库后未出货货品。

3．存储秩序

存储秩序一般应该按货品的库位编码目录顺序安排。对所有货品，应该按货品类别、品种、规格，依照货品库位编码目录的顺序，指定库位，依次存放。

1）对于笨重、移动困难的货品，应堆放在收发货地点附近或存入货架的底层。

2）大量常发的货品，应放于发货地点附近。

3）较轻的货品，可存入货架中层或上层。

4）不经常发出且较轻的货品，则可放在离发货区较远的货架顶部。这样，不但便于收发货作业，而且可充分利用储存设备或仓库面积。

5）同时订购相关性大的货品，应置于相邻货位。

6）把同一种货品存放在同一保管位置。

7）相容性低的货品不能储存在一起，以免损害品质，如烟、香皂和茶叶不可放在一起。

8）寿命周期短的货品，如食品、药品等，应先进先出。

9）为提高配送中心的空间利用率，能用托盘堆高的货品应尽量用托盘储存。

10）存放货品时，应让货品面对通道，以便于识别条码、标记和名称。

5.3.2　储存方式

1．地板堆垛储存

地板堆垛法是使用地板支撑的储存，分为将物品放于托盘上或直接着地储放两种。储存方式可分为行列堆垛及区域堆垛两种。

（1）行列堆垛

行列堆垛是指在堆垛之间留下足够的空间，使得任何一行（列）堆垛的托盘提取时不受阻碍。而当在一长行（列）储区中只剩少数托盘时，应将这些托盘转移至小批量储区，而让此区域能再存放大批产品。

（2）区域堆垛

区域堆垛是指行与行之间的托盘堆垛并不保留或浪费任何空间，这种方式能节省空间，但只能在储存大量产品时使用。采用区域堆垛时必须很小心，以免托盘互相联结，提取时很容易发生危险。

（3）地板堆垛储存的优缺点

优点：

1）不规则形状的储存：尺寸及形式不会造成地板堆叠的困难。

2）适合大量可堆叠货品的储存：能提供形状规则或容器化的物品三度空间的有效储存。

3）只需简单的建筑即可。

4）堆叠尺寸能依储存量适当调整。

5）通道的要求较小，且可简单改变。

缺点：

1）不可能兼顾先进先出。

2）堆叠边缘无法被保护，容易被搬运设备损坏。

3）地板堆叠容易不整齐，且特殊单位的拣取需要较多的搬移作业。

4）一些物品不适于储存，如易燃物，要放置在一定的高度上。

2. 货架储存

货架的样式很多，但大体可分为两面开放式及单面开放式两种。

（1）两面开放式货架

这种货架的前后两面都可用于储存与拣取，对于整个系统的设计较有弹性，且较易配合"先进先出"的原则。

（2）单面开放式货架

这种货架只有单面可供储存及拣取，因而在系统设计上弹性较差，要想"先进先出"就要花较大的工夫。

（3）货架储存的优点

1）存或取较便利。

2）品类数量不够多、不适合地板堆垛时适用。

3）做选择性提取时（如先进先出），采用货架储存较有利。

4）货架储存空间除适于多样规则性货品的储存外，也能用于不规则形状物的储存，但不能超出货架的范围。

3. 储物柜

单行的储物柜应背对背安排，若有可能，最好靠墙放置，因为靠墙放置能提供良好的位置来储存不规则形状的物品及需长时间储存的物品。使用不同样式的抽屉、盒子或篮子放在储物柜中来保存任何小物品，是货架等无法取代的功能。

5.3.3　储存管理的改善措施

1. 储区面积利用率

$$储区面积利用率 = \frac{储区面积}{仓库建筑面积}$$

储区面积利用率用来衡量仓库空间的利用率是否恰当。一般储区面积应占50%～70%。因此，如果储区面积比例不当，说明仓库布置规划存在问题。

2. 可供保管面积率

$$可供保管面积率 = \frac{可供保管面积}{储区面积}$$

可供保管面积率用来判断储区内通道规划是否合理。

改善措施：可设法移动货架位置来调整通道宽度，将通道改成必要的最小限度，以增加货架摆放量，或将多余空间移作其他作业使用。

3．库位容积使用率

$$库位容积使用率 = \frac{存货总体积}{总容积}$$

库位容积使用率用以判断库位规划及使用的货架是否适当，以有效利用库位空间。

4．平均每品项所占库位数

$$平均每品项所占库位数 = \frac{货架库位数}{总品项数}$$

平均每品项所占库位数用来判断库位管理是否合理有效。平均每品项所占库位数若能规划在 0.5～2 之间则比较合理，能方便迅速地存储和拣选，也可避免同一品项库存过多的问题。

若此指标较大，则说明每个品项所占库位数太多。产生的原因如下：①货品体积过大或库位空间太小；②同一品项库存过大；③随机库位。

若此指标较大，会产生以下问题：①难以实施先进先出管理；②库存积压造成货品破损、过期；③库位不足造成存储位置混乱（一个品项可能需放至三个不同区域），增加库位管理的困难。

改善措施：①有效地控制进货，以提高每库位的保管品项；②将随机存储改为分区随机存储。

若此指标很小，则说明每个库位保管的品项过多，易造成拣选作业错误。

改善措施：必须要做好详细的库位编号、货品编号标志，并且有良好的信息系统配合。

5.4 盘点作业及其改善措施

在配送中心里，由于货品不断进库和出库，在长期积累下，理论库存数与实际库存数有可能不相符；也可能某些货品由于存放过久、养护不当，导致质量受到影响，难以满足用户需要。为了有效地控制和掌握货品的数量和质量，必须定期或不定期地对所储存的货品进行清点、核查，这一作业过程称为盘点作业。

5.4.1 盘点的流程

1．盘点的目的

（1）确认实际的库存数量

通过盘点可以查清实际库存数量，并确认库存货品实际数量与库存账面数量的差异。账面库存数量与实际库存数量不符的主要原因通常是收发作业中产生的误差，如：记录库存数量时多记、误记、漏记；作业中导致的货品损坏、遗失；验收与出库时清点有误；盘点时误盘、重盘、漏盘等。如发现盘点的实际库存数量与账面库存数量不符，应及时查清问题的原因，并做出适当的处理。

（2）查清库房账面损益

库存货品的总金额直接反映企业库存资产的使用情况，库存量过高将增加企业的库存成本。通过库房盘点，可以定期核查企业库存情况，从而提出改进库存管理的措施。

（3）发现库房管理存在的问题

通过盘点查明盈亏的原因，可发现作业或管理中存在的问题，并通过解决问题来改善作业流程和作业方式。

2．盘点作业的内容

（1）查数量

通过盘点查明库存货品的实际数量，核对库存账面数量与实际库存数量是否一致，这是盘点的主要内容。

（2）查质量

检查库存货品的质量是盘点的另一项主要内容，主要检查在库货品的包装是否完好及是否超过了有效期和保质期，是否有长期积压等现象；必要时，还要对货品进行技术检验。

（3）查保管条件

检查保管条件是否与货品要求的保存条件相符，这是保证在库货品使用价值的一个基本条件。如堆码是否合理、稳固，库内温度和湿度是否符合要求，各类计量器具是否准确等。

（4）查安全

检查各种安全措施和消防设备、器材是否符合安全要求，建筑物和设备是否处于安全状态。

3．仓库盘点的流程

一般情况下，盘点作业可按以下程序进行，如图 5-4 所示。

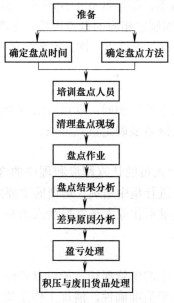

图 5-4　仓库盘点的流程

（1）盘点前的准备工作

盘点前的准备工作是否充分，关系到盘点作业能否顺利进行。事先对可能出现的问题以及盘点工作中易出现的差错，进行周密的研究和准备是相当重要的。准备工作主要包括以下内容：

1）确定盘点的程序和具体方法。

2）配合财务人员做好准备。

3）设计、印制盘点用的各种表格，盘点单的格式见表5-8。

4）准备盘点使用的基本器具。

表 5-8　盘点单

盘点日期：　　　年　　月　　日　　　　　　　编号：

区域号：_____　盘点人：_____　复核人：_____

库位号码	货品名称	规格	条码	赠品或配件	盘点数量	复核数量	差异

盘点人：_____　复核人：_____

（2）确定盘点时间

一般情况下，盘点在月末、财务决算前或淡季进行，因淡季储货量少，盘点容易，人力的损失相对降低，且调动人力较为便利。

从理论上讲，在条件允许的情况下，盘点的次数越多越好。但每一次盘点，都要耗费大量的人力、物力和财力，因此，应根据实际情况确定盘点的时间。物品周转频率比较低的企业，可以半年或1年进行1次物品盘点；物品周转量大的企业、库存品种比较多的企业可以根据物品的性质、价值大小、流动速度、重要程度来分别确定不同的盘点时间。盘点时间间隔可以是每天、每周、每月、每季、每年盘点1次不等。如可按ABC分类法将物品人为地分为A、B、C不同的等级，分别制定相应的盘点周期：重要的A类物品，每天或每周盘点1次；一般的B类物品，每2周或3周盘点1次；重要性最低的C类物品，可以每个月甚至更长时间盘点1次。

（3）确定盘点方法

不同的储存场所对盘点的要求不尽相同，盘点方法也会有所差异，为了尽可能快速、准确地完成盘点作业，必须根据实际需要确定盘点方法。

（4）培训盘点人员

盘点的结果如何取决于作业人员的认真程度和程序的合理性。为保证盘点作业顺利进行，必须对参与盘点的所有人员进行集中培训。培训的主要内容是：盘点的方法及盘点作业的基本流程和要求。通过培训使盘点作业人员掌握盘点的基本要领，以及表格和单据的填写要求。

（5）清理盘点现场

盘点现场就是仓库或配送中心的保管现场，所以盘点作业开始之前必须对其进行整理，以提高盘点作业的效率和盘点结果的准确性。清理工作主要包括以下几方面的内容：

1）盘点前对已验收入库的货品进行整理，归入库位；对尚未办理入库手续的货品应予以标明，不在盘点之列。

2）盘点场所关闭前，对已办理出库手续的货品，要提前通知有关部门，运到相应的配送区域。

3）账卡、单据、资料均应整理后统一结清。

4）预先鉴别变质、损坏货品。整理货品堆垛、货架等，特别是对散乱货品进行收集与整理，使其整齐有序，以方便盘点时计数。在此基础上，由保管人员进行预盘，以提前发现问题并加以预防。

5）检查计量器具，使其误差符合规定要求。

6）确定在途运输货品是否属于盘点范围。

（6）盘点作业

盘点人员按照盘点单到指定库位清点货品，并且将数量填入盘点单中的实盘数量处。盘点时可以采用人工抄表计数，也可以用电子盘点计数器。使用盘点机进行盘点，可以采用以下两种方式：①输入货品编码及数量；②逐个扫描货品条码。

（7）盘点结果分析

盘点的主要目的是希望通过盘点来检查当前仓库中货品的出入库情况及保管状况，解决管理及作业中存在的问题。需要通过盘点了解的问题主要有以下几个方面：

1）实际库存量与账面库存量的差异有多大？

2）这些差异主要集中在哪些品种上？

3）这些差异会对公司的损益造成多大影响？

4）平均每个品种的货品发生误差的次数情况如何？

通过对上述问题的分析和总结，找出管理流程、管理方式、作业程序要改进的地方，进而改善库存管理的现状，降低库存损耗，提高经营管理水平。

库存损耗的形式主要有自然损耗和异常损耗。

1）自然损耗。自然损耗是指由于货品本身的物理化学变化和外界自然因素的影响所造成的不可避免的自然减量，主要表现为干燥、风化、挥发、散失、黏结、破碎等。

自然损耗虽然是不可避免的，但只要采取一定的措施，自然损耗就可以得到有效控制。衡量自然损耗是否合理的指标是自然损耗率，即某种货品在一定条件下和一定时间内，其自然损耗与库存总量之比。自然损耗由货品本身的性质决定，并受包装状态、装卸搬运方式、储存地点、保管条件、保管季节、在库时间等因素的影响。因此，不同货品在不同流通条件下的自然损耗率也不同。

2）异常损耗。异常损耗是指由于非正常的原因，如保管保养不善、装卸搬运不当、管理制度不严、计划不周等，造成货品的散失、丢失、破损、燃烧、爆炸、积压、报废等损耗。

异常损耗是可以避免的，异常损耗程度直接反映仓储部门的工作质量。在仓储规范管理中，可以用完好率指标来考核。

（8）查清盘点差异的原因

盘点会将一段时间以来积累的作业误差及其他原因引起的账物不符暴露出来。当发现账物不符，而且差异超过容许误差时，应立即追查产生差异的原因。

（9）盘点结果的处理

查清原因后，为了通过盘点使账面数与实物数保持一致，需要对盘点盈亏和报废品一并进行调整。除了数量上的盈亏，有些货品还会通过盘点进行价格调整，这些差异的处理可以通过填写"盘点盈亏调整表"（见表 5-9），经有关主管审核签认后，登入存货账卡，调整库存账面数量。库存账卡的格式可参考表 5-10。

表 5-9　盘点盈亏调整表

物品编码	物品名称	单位	账面数量	实存数量	单价	盘盈		盘亏		备注
						数量	金额	数量	金额	

表 5-10　库存账卡

编号：

货品名称：　　　　货品编号：　　　　库位号：

订货点：　　　　经济订购量：

日期		订购		入库			出库		现存		记录人
月	日	数量	订单号码	数量	单价	总金额	数量	出库单号	数量	总金额	
合计											

（10）积压货品与废旧货品的处理

积压货品是指企业不需要或不对路的货品，或已过时被淘汰的货品。废旧货品是指已完全失去使用价值的货品。对于保管期过长、长期呆滞的积压货品，可采取降价出售或与其他企业调剂等措施。对于废旧货品，应报经批准后尽早报废处理，这对于改善流动资金结构和加速其周转期具有重要意义。

5.4.2　盘点方法

1. 账面盘点

账面盘点就是将每种货品分别设立"存货账卡"，将每天出、入库货品的数量及单价记录在系统或账簿的"存货账卡"上，连续计算汇总出账面上的库存结余数量及库存金额。

2. 现货盘点

现货盘点就是实际去储存场所清点货品数量，再依货品单价计算出实际的库存金额。现货盘点亦称为实地盘点。

现货盘点法按时间频率的不同又可分为期末盘点和循环盘点。所谓期末盘点是指在会计计算期期末统一清点所有货品的方法；循环盘点是指在每天、每周清点一部分货品，一个循环周期将每种货品至少清点一次的方法。

（1）期末盘点法

由于期末盘点是将所有货品一次点完，因此工作量大、要求严格，通常采取分区、分组的方式进行，其目的是为了明确责任，防止重复盘点和漏盘。分区就是将整个储存区域划分成一个个的责任区，不同的区由专门的小组负责盘点。因此，一个小组通常至少需要 3 个人：一人负责清点数量并填写盘点单；另一人复查数量并登记复查结果；第三人负责核对前两次盘点数量是否一致，对不一致的结果进行检查。待所有盘点结束后，再与系统或账面上反映的数量核对。

（2）循环盘点法

循环盘点通常是对价值高或重要的货品进行盘点的一种方法。因为这些货品属于重要物品，对库存条件的要求比较高，所以一旦出现差错，不但会大大影响配送中心的经济效益，而且有损企业的形象。因此，在仓储管理过程中，要按其重要程度对货品科学地分类，对重要的货品进行重点管理，加强盘点，防止出现差错。由于循环盘点只对少量货品盘点，所以通常只需保管人员自行对照库存资料进行盘点即可，发现问题及时处理。

循环盘点最常用的单据为"现货卡"，形式见表5-11。其使用方式为：每次出入库一面查看出入库单据，一面把出入库年月、出入库数量、传票编号、库存数登记在"现货卡"上。主要目的在于：

1）使作业者能确认出入库数量及库存数。

2）可协调出入库作业的分配管理，且在错误发生时能立即调查。

3）随时掌握库存品的流动性及库存量控制的情况。

表5-11　现货卡

编号：

货品编号		管理员姓名			
货品名称		供应商名称			
存放位置		包装单位			
日　期	出入库地点	单据编号	入库数	出库数	库存数	作业员签名

使用"现货卡"盘点较为烦琐，但对差异原因调查较为有利。以下为使用现货卡的循环盘点方式：

R：表示实际库存量。

r：表示"现货卡"上的库存数。

K：表示上月底的计算机库存数。

k：表示上月底的"现货卡"库存数。

F：表示上月底出库转次月库存数。

使用现货卡盘点步骤：

步骤1：决定将要进行循环盘点的品项，并把上月底的计算机库存数 K 记录下来。

步骤2：记录"现货卡"中的上月底库存数 k。

步骤3：前往盘点货品的位置，盘点货品，将实际库存数 R 以及"现货卡"中的库存数 r 记录下来。

步骤4：进行 $R-r$ 的运算。当 $R-r=0$ 时，进入步骤6；当 $R-r\neq0$ 时，进入步骤5。

步骤5：检查现货卡的出入库及库存数的记录中是否有计算错误：若有错误，则修改；若无错误，再次计算实际库存数 R。

步骤6：计算上月底的计算机库存数 K 与同为上月底的"现货卡"库存数 k 之间的差（$K-k$）：当 $K-k=0$ 时，进入步骤8；当 $K-k≠0$ 时，进入步骤7。

步骤7：调查上月底现货出库是否转入次月。

步骤8：利用以上步骤对照下式：（$R-r$）－（$K-k$）－$F=0$ 时，表示盘点无误差；（$R-r$）－（$K-k$）－$F≠0$ 时，表示盘点有误差，应实施误差原因再调查。

步骤9：做修正记录。

循环盘点单见表5-12。

表5-12　循环盘点单

编号：　　　　　　　　　　　　　　　　年　　　　月　　　　日

	项　　目	记　　号	初次检查	再　检　查	误差理由
当日库存	实际库存数	R			
	"现货卡"库存数	r			
	差额	$R-r$			
上月末库存	计算机库存数	K			
	"现货卡"库存数	k			
	差额	$K-k$			
	上月未做出库指示，次月才做出库数	F			
对照公式	当日物账差额－上月底物账差额－上月底出货转次月库存数量，即（$R-r$）－（$K-k$）－F				
判定	=0无误差，不调查；≠0有误差，调查				
异常出入库	过剩数：	不足数：	发现部门：	理由说明：	

3. 循环盘点与期末盘点结合

期末盘点是比较规范的盘点，但需要停业和消耗大量作业成本。循环盘点较能针对各货品物账差额做出适时调整，且易收成效。因此，将两种盘点方式相结合，平时针对重要货品做循环盘点，而至期末再将所有货品做一次大盘点，不仅能使循环盘点的误差渐渐减少，而且到了期末大盘点，由于循环盘点配合，能使误差率大幅降低，并缩短期末盘点的时间。期末盘点与循环盘点的比较见表5-13所示。

表5-13　期末盘点与循环盘点的比较表

盘　点　方　式	期　末　盘　点	循　环　盘　点
周期	期末（月度末或季度末），每年仅数次	平常每天或每周一次
时间	长	短
人员耗用	全体动员（或临时雇用）	专门人员
盘差情况	多且发现得晚	少且发现得早
对营运的影响	需停止作业数天	无
对品项的管理	平等	A类重点货品
盘差原因追究	不易	容易

5.4.3　人工盘点与使用条码盘点的比较

1. 人工盘点

人工盘点的缺点如下：

1）耗费人力。

2）作业准确率低。

3）影响正常的仓库作业。

4）盘点数据的输入和盘点报告打印造成时间延迟，无法有效实施循环盘点。

2. 使用条码盘点

由于使用条码盘点不存在数据输入的延迟时间，因此可以进行循环盘点。由于盘点速度较快，因此无须停业盘点。

（1）使用条码盘点的基本条件

需全面使用移动数据终端（PDTs）或无线数据终端（RF）。系统需做以下调整：保证系统的文件中含有数据收集处理时的库位编号和品种编号；确保主机系统能以批处理或无线连接方式提交和下载必要的数据；准备暂时不移动货品的库位和货品标签；运转主机程序，比较盘点数据和系统数据文件。

（2）使用条码盘点的优缺点和技术要求

使用条码盘点的优缺点和技术要求见表 5-14。

表 5-14　使用条码盘点的优缺点和技术要求

条码盘点模式	优 缺 点	技 术 说 明
数据终端批处理模式	移动数据终端的扫描和校验是与主机离线作业，作业完成后提交数据，其缺点是作业动作与数据更新之间的时间滞后	移动数据终端能从主机系统中下载品种、数量和库位信息，并与收集到的处理数据做比较 选择订单截止时间，集合并提交信息 移动数据终端需定时提交信息，主机程序才能比较盘点结果和系统文件，并报告差异。如果每小时定期处理，管理人员可以在盘点过程中处理差异问题
无线数据终端	无线数据终端最大的优点是能与计算机进行实时的数据传输，但价格昂贵	通过通信程序使无线数据终端能及时处理品种、数量和库位等信息 如果无线数据终端计算能实时比较，差异会被注明和及时报告。当数据输入时，管理人员就可以立即分析差异原因并及时处理

5.4.4　盘点后的改善措施

1. 盘点数量误差率

盘点数量误差率=盘点误差数量/盘点总数量

若盘点误差数量过高，表示企业的库存管理仍存在很大缺陷，应加强管理，减少以下作业错误：①出入库作业错误；②仓管员单据处理误差；③单据的系统输入错误；④运输过程发生损耗造成的盘点错误；⑤单据遗失，进出货未过账；⑥捆扎包装的错误；⑦货品基本信息的错误。

2．盘点品项误差率

$$盘点品项误差率 = \frac{盘点误差品项数}{盘点实际品项数}$$

（1）盘点数量误差率高，但盘点品项误差率低，表示虽然发生误差的货品品项较少，但发生误差的品项所对应的货品数量较大。原因可能是验收入库和单据处理错误，应对以上品项进行重点管理。

（2）盘点数量误差率低，但盘点品项误差率高，表示虽然盘点误差量整体有下降趋势，但发生误差的货品种类却增多了，并影响了出货速度，导致后续的更正量增加。原因大多是拣选误差累计的结果，应加强对拣选作业的管理。

3．平均每件盘差货品金额

$$平均每件盘差货品金额 = \frac{盘点误差金额}{盘点误差货品数量}$$

若此比率高，表示盘点发生误差的情况大多集中在相同的品项中，特别是高金额货品的误差发生率较大，应集中调查这些品项的差异原因，并实施物品重点管理：①重要管制物品应全数点清；②其余抽盘 40%，一旦有短缺，则应再全数清点。

5.5 订单处理及其改善措施

从接到客户订货开始到准备拣选为止的作业阶段，称为订单处理作业。少量的订单可采用人工处理，但对于要求处理速度快、差错极少的大量订单，通常采用计算机化的处理方式，其不但速度快、效率高，而且成本低。

5.5.1 订单处理流程

订单处理的流程如图 5-5 所示。

1．订单资料输入

接到订单以后，第一步要进行订单资料的输入。根据配送中心设备的配置不同，分为人工输入与电子输入。

2．订单资料核查确认

接下来第二步要进行资料的核查与确认。对订单的资料进行基本检查，对于错误的下单资料，传回给客户修改再重新传送。

（1）订单形态确认

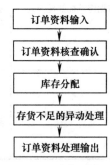

图 5-5 订单处理流程图

配送中心虽有整合传统批发商的功能以及有效率的物流和信息处理功能，但在面对众多的交易对象时，仍然根据客户的不同需求而有不同的做法，这反映到接受订货业务上，可看出其具有多种订单交易形态，即配送中心根据不同的客户或不同的货品有不同的交易及处理方式。

1）一般交易订单。

交易形态：正常、一般的交易订单。接单后按正常的作业程序拣选、出货、配送、收款结案的订单。

处理方式：接单后，将资料输入订单处理系统，按正常的订单处理程序处理，资料处理完后进行拣选、出货、配送、收款结案等作业。

2）现销式交易订单。

交易形态：与客户当场直接交易、直接给货的交易订单。如业务员至客户处巡选、铺销所得的交易订单，或客户直接至配送中心取货的交易订单。

处理方式：订单资料输入后，因其货品已交予客户，故订单资料不需再参与拣选、出货、配送等作业，只记录交易资料，以便收取应收款项。

3）间接交易订单。

交易形态：客户向配送中心订货，但由供应商直接配送给客户的交易订单。

处理方式：接单后，将客户的出货资料传给供应商由其代配。此方式要注意客户的送货单是自行制作还是委托供应商制作，要进行出货资料（送货单回联）的核对确认。

4）合约式交易订单。

交易形态：与客户签订配送契约的交易。如签订某期间内定时配送某数量货品。

处理方式：约定的送货日来临时，将该配送的资料输入系统处理以便出货配送；或一开始便输入合约内容的订货资料并设定各批次送货时间，以便在约定日期来临时系统自动产生送货的订单资料。

5）寄库式交易。

交易形态：客户因促销、降价等市场因素而先行订购某数量货品，往后视需要再要求出货的交易。

处理方式：当客户要求配送寄库货品时，系统应检核客户是否确实有此项寄库货品，若有，则出此项货品，并且扣除此项货品的寄库量。注意：此项货品的交易价格应依据客户当初订购时的单位计算。

6）兑换券交易。

交易形态：客户兑换券所兑换货品的配送出货。

处理方式：将客户兑换券所兑换的货品配送给客户时，系统应核查客户是否确实有此兑换券回收资料；若有，依据兑换券兑换的货品及兑换条件予以出货，并应回收客户的兑换券。

不同的订单交易形态有不同的订货处理方式，因而接单后必须再对客户订单或订单上的订货品项加以确认其交易形态，以便让系统针对不同形态的订单提供不同的处理功能，例如，提供不同的输入画面或不同的检核、查询功能，不同的储存档案等。

（2）客户档案的查询与确认

客户档案包含订单处理及物流作业的相关资料，客户资料项目说明见表 5-15。

表 5-15　客户资料项目说明表

客户资料项目	说　　明
客户姓名、代号、等级	
客户信用额度	批发用户或第三方物流的客户
客户销售付款及折扣率的条件	批发用户或第三方物流的客户
开发或负责此客户的业务员	经营批发业务的配送中心或第三方物流的客户
客户配送区域	
客户收款地址	

（续）

客户资料项目	说　明
客户配送路径顺序	根据区域、街道、客户位置，将客户分配于适当的配送路径
客户点适合的车辆类型	客户送货上门点的街道有车辆大小的限制，因此需将适合该客户的车辆类型记录在系统中
客户点卸货的特性	客户所在地点或客户位置，由于建筑物本身或周围环境特性（如地下室有限高或高楼层），可能造成卸货时有不同的卸货需求，在车辆及工具的调度上需加以考虑
客户配送要求	客户对配送时间有特定要求或有协助上架、贴标等要求
延迟订单处理指示	延迟订单的处理方式，可事先约定规则，避免过多的临时询问或紧急处理

3. 存货查询及订单分配存货

（1）存货查询

确认有效库存是否能够满足客户需求，通常称为"事先拣货"。库存货品资料一般包括品项名称、储存单位（SKU）、号码、产品描述、库存量、已分配存货、有效存货及客户要求的送货时间。输入客户订货货品名称、代号时，系统即应查对存货档的相关资料，看此货品是否缺货。若缺货，则应生成相应的采购订单，以便与客户协调订替代品或是允许延后出货，以提高人员的接单率及接单处理效率。

（2）分配库存

订单资料输入系统并确认无误后，最主要的处理作业是如何进行有效的汇总分类，调拨库存，以便后续的物流作业能有效地进行。库存分配模式可分为单一订单分配及批次分配两种。

1）单一订单分配

单一订单分配为在线即时分配，在输入订单资料时，就将存货分配给该订单。

2）批次分配

批次分配是指累积汇总已输入订单资料后，再一次分配库存。配送中心每天固定配送次数，因此通常实行批次分配以确保库存能做最佳的分配。

实行批次分配时，应注意订单的分批原则，即批次的划分方法。配送中心的批次划分原则说明见表5-16。

表5-16　批次划分原则说明表

批次划分原则	说　明
按接单时序	将整个接单时间划分成几个时段，若一天有多个配送时段，则将订单按接单先后顺序分为几个批次处理
按配送区域路径	将同一配送区域、路径的订单做汇总处理
按流通加工需求	将有加工或流通加工的需求订单做汇总处理
按车辆需求	若配送货品需特殊配送车辆（如低温车、冷冻车、冷藏车），可汇总合并处理

确定参与批次分配的订单后，若某货品的总出货量大于可分配的库存量，则可根据以下原则分配有限的库存，见表5-17。

表 5-17　有限库存分配原则说明表

批次划分原则	说　明
特殊优先权者先分配	缺货补货订单、延迟交货订单、紧急订单或远期订单，应确定这些订单的优先分配权
依客户等级来取舍，对客户重要程度高的做优先分配	对客户按 ABC 分类进行库存分配
依订单金额	对公司贡献度大的订单做优先处理
客户信用等级	信用较好的客户订单做优先处理
系统定义优先规则	建立一套订单处理的优先系统

4. 分配后存货不足的异动处理

若现有存货数量无法满足客户需求，且客户又不愿接受替代品时，则依据客户意愿与公司政策来决定对应方式，见表 5-18。

表 5-18　分配后存货不足的异动处理表

情　况　类　别	约　束　条　件	处　理　说　明
客户不允许过期交货	公司无法重新调拨	删除订单上不足额的订货，或取消订单
	重新调拨	重新调拨分配订单
客户允许不足额订单		若公司政策不希望分批出货，则只好删除订单上的不足额部分
客户允许不足额订货补送	等待有货时再予以补送	等待有货时再予以补送
	处理下一张订单时"补送"	与下一张订单合并配送
	有时限延迟交货，并一次配送	客户允许一段时间的过期交货，并要求所有订单一次配送
	无时限延迟交货，并一次配送	若不论需等多久，客户皆允许过期交货，且希望所有订货一起送达，则等待所有订货到达后再出货
客户希望所有订单一次配达，且不允许过期交货		将整张订单取消
根据公司政策		允许过期分批补货 由于分批出货的额外成本高，不愿意分批补货，宁可客户取消订单，或要求客户延迟交货日期

5. 订单排定出货日程及拣货顺序

对于已分配存货的订单，通常根据客户要求、拣取标准时间及内部工作负荷来确定出货时间和拣货顺序。订单经过以上处理，便可开始打印出货单据，以进行后续的物流作业。主要的单据类别如下：

（1）拣货单（出库单）

拣货单提供货品出库指示，作为拣货的依据。拣货单的格式应配合配送中心的拣货策略及拣选作业方式，以提供有效的拣货信息，便于拣货的进行。拣货单应考虑货品库位顺序，以减少人员的行走距离。

（2）送货单

交货时交送货单据给客户清点签收，作为收货凭证。要确保送货单上的资料与实际送货相符，除了出货前的清点外，出货单据的打印时间及订单的异动信息也非常重要。

1）单据打印时间。最能保证送货单与出库单完全相符合的方法是使用手持终端对货品条码进行扫描，在计算机上修改完毕后，再打印出库单。但要求打印机的打印速度较快。

2）送货单资料。送货单据上的资料除了基本的出货信息外，还需注明订单异动情形，如缺货品项或缺货数量等信息。

（3）缺货资料

库存分配后，对于缺货的货品或缺货的订单信息，系统应提供查询或报表功能，以便及时处理。

1）库存缺货货品。提供按货品类别或供应商类别查询的缺货货品资料，以提醒采购人员紧急采购。

2）缺货订单。提供按客户类别查询的缺货订单资料，以便对订单做跟踪处理。

5.5.2 改善订单处理效率的措施

1. 订单延迟率

$$订单延迟率 = \frac{延迟交货订单数}{订单数量}$$

订单延迟率反映交货的延迟状况。延迟交货产生额外的出货延迟成本，包括：①客户不满意所导致的收益损失；②时间管理成本；③额外处理的成本，包括退货。

改善对策 1：若订单延迟率过高，表示企业没有按照计划与客户要求日期交货，可采取以下措施：①找出瓶颈作业，进而分析瓶颈作业；②串联作业改为并联作业，以短缩出货时间；③调整出车时间；④掌握路况；⑤改进缺货情况；⑥与客户重新协定配送时间。

改善对策 2：订单延迟率低，但订单货品延迟率高，表明订货件数较多的客户交货延迟比率较高。应实施客户 ABC 分析法。

2. 订单货品延迟率

$$订单货品延迟率 = \frac{延迟交货量}{出货量}$$

订单货品延迟率可以用来评价公司是否应实施客户重点管理。

3. 紧急订单交货率

$$紧急订单交货率 = \frac{未超过12h出货订单}{订单数量}$$

紧急订单交货率用来监测公司接单至交货的处理周期，以及紧急订单的需求情况。接单至交货周期短于 12h，将有利于增强企业的竞争力，提高客户的满意度。

改善对策 1：为能更迅速地缩短接单至交货的时间，达到全面 12h 出货的目标，可采取以下措施：①制定快速作业处理流程与规范；②对快速送货的成本进行核算，控制费用开支。

改善对策 2：超过 12h 出货来自突发性的紧急订单或是因客户随意地和缺乏计划地紧急插单，这些很容易影响配送中心的正常作业，降低作业效率和增加不必要的费用开支，可以采取以下措施：①减少紧急插单率；②规划一个完善的紧急插单处理系统。

4. 商店退货率

$$商店退货率 = \frac{顾客退货数}{出货量}$$

$$商店退货率 = \frac{商店退货金额}{营业额}$$

商店退货率用于监测商店退货情况，以采取相应的改进措施。

改善对策：退货与销货折让通常是因产品品质不良引起的。通过以下措施可以减少退货及销货折让概率：①加强配送中心的货品品质管理；②加强对供应商的评估考核和新货品管理，重视对采购货品的品质管理；③改进拣选机器设备与作业方式；④重视顾客反映的情况；⑤审核商店退货、折让协定内容的合理性。

5. 缺货率

$$缺货率 = \frac{接单缺货数}{出货量}$$

缺货率是指客户订货时，库存缺货以致无法接单或无法按时出货的比率。该指标反映存货对订单的满足水平，改善措施为调整订购点与订购量的基准。产生缺货的原因是：①存量控制不好，或库存资料不正确；②采购时机未掌握好；③供应商交货日程和因品质问题造成的延误；④配送中心信息系统货品基础资料与客户订货数据的差异。

缺货成本包括以下内容：

1）有形缺货成本：销售机会损失、延期交货成本。

2）无形缺货成本：公司信誉与客户丧失所造成的损失、员工士气与工作效率的损失。

改善对策：①加强存货管理，发生库存异动需即时登录并尽量向客户提供实时信息；②掌握采购时机；③严格监督和管理供应商，保证准时送货；④核对订货资料的正确性；⑤加强对缺货成本的控制。

5.6　拣选作业及其改善措施

5.6.1　拣选作业的信息传递方式

为提高拣货效率，就必须缩短拣货时间及行走距离，降低拣错率。拣取作业时能否迅速地找到需拣取货品的位置，信息指示系统、库位标志与位置指示非常重要。

1. 主要拣选作业的信息传递方式

拣选作业首先需要将作业信息有效地传递给作业人员，拣选作业的信息传递方式主要有以下几种：

1）订单传票。直接以客户订单或以配送中心送货单作为拣选作业指示凭据。这种方法只适合订购数量较少和批量较小的情况。由于订单在作业时容易受到污损，比较容易导致作业错误。

2）拣货单。将客户订单输入计算机系统，生成拣货信息，并打印拣货作业单。拣货单的优化主要取决于信息系统相应的支持功能。

3）灯光显示器。通过安装在库位上的灯光显示器或液晶显示器传递拣选作业信息，该系统可以安装在重力货架、托盘货架和轻型货架上，以提高拣选作业的效率和准确率。

4）无线通信（RF）。通过安装无线通信（RF）设备，将应该从哪个库位拣选何种货品和数量的信息实时通知拣选作业者，此系统适合用于大批量的拣选作业。

5）计算机辅助拣选车。通过在台车等装置上安装计算机辅助终端机，向拣选作业者传递拣选作业指令，此系统适合用于多品种、小批量、体积小、价值高的货品拣选。

6）自动拣货系统。

2. 拣货单的格式

在设计拣货单时，应根据货架编号、货号、数量、品名排列顺序，以免拣货时发生混淆。设计拣货单时应避免发生以下问题：

1）一位多物，即数种货品放在同一库位，按货架编号指示拣取的准确性会受到影响。

2）一号多物。外包装相同，但颜色、花样不同的货品，当使用相同的货品编码时，无法利用货号来拣取货品。因此，在建立货品编号时，应预留货品码数，以区分货品的颜色、花样等。

3）单据数字混淆。若拣货单的上下行或相邻列容易混淆，导致因看错数量而拣取错误，则应多考虑利用计算机辅助拣货设备，或以编号明确区分，以降低失误。

拣货单的格式见表5-19。

表 5-19　拣货单

拣货单号：　　　　用户订单号：　　　　拣货时间：　　起　　止
用户名称：　　　　　　　　　　　　　　复核时间：　　起　　止
拣取库位：　　　　　　　　　　　　　　拣货员签名：
出货日期：　　　　　　　　　　　　　　复核员签名：

序号	库位号码	货品名称	货品编号	包 装 单 位				拣货转换	拣取数量	备注
				箱	盒	散品	零散总数			
	合　　计									

5.6.2　拣选作业的方法

拣选作业又称配货拣选，是配送中心根据客户提出的订单所规定的货品品名、数量和储存库位地址，将货品从货垛或货架上取出，搬运到理货场所。货品拣选作业一般有两种方法：摘果法和播种法。

1. 摘果法

作业人员巡回于储存场所，按某要货单位的订单挑选出每一种货品，巡回完毕即完成了一次拣选作业。将配齐的货品放置到发货场所指定的货位，然后再进行下一个要货单位的配货。

摘果法具有下列优点：

1）作业方法简单。

2）订单处理前置时间短。

3）导入容易且弹性大，对机械化和自动化没有严格的要求。

4）作业人员责任明确，派工容易、公平。

5）拣选后不必再进行分拣作业，适用于量大、少品种订单的处理。

缺点是：

1）货品品种数多时，拣货行走路线过长，拣取效率降低。

2）拣取区域大时，搬运系统设计困难。

3）少量、多批次拣取时，会造成拣货路径重复费时，效率降低。

4）用户数量太多时，需串联等待。

2．播种法

将每批订单上的同种货品各自累加起来，从储存库位上取出，集中搬运到理货场所，然后将每一要货单位所需的数量取出，分放到该要货单位货品暂存待运货位处，直至配货完毕。

采取播种法拣选有以下优点：

1）适合订单数量庞大的系统。

2）可以缩短拣取时的行走搬运距离，增加单位时间的拣取量。

3）越要求少量、多批次的配送，批量拣取就越有效。

其缺点是：

对订单的到来无法及时做出反应，必须等订单达到一定数量时才做一次处理，因此会产生停滞的时间。

播种法拣选的订单分批原则如下：

（1）合计量分批原则

在拣选作业前，将所有累积订单货品按品项合计总数量，再根据总数量进行拣取的方式，适合固定送货点的定时配送。

优点：一次拣出货品总量，可使平均拣货距离最短。

缺点：必须经过功能较强的分类系统完成分类作业，订单数不可过多。

（2）时窗分批原则

如果从订单到达至出货期间时间非常紧迫，可利用分批方式开启短暂时窗，例如 5min 或 10min，再将此时间段到达的订单作为一个批次处理，比较适合处理密集、频繁到达的订单，也很适合满足紧急插单的需求。

（3）定量分批原则

订单分批按先进先出（FIFO）的基本原则，当累计订单数到达设定的固定量，再开始进行拣选作业。

优点：维持稳定的拣货效率，使自动化的拣选、分类设备得以发挥最大功效。

缺点：订单的货品总量变化不宜太大，否则会造成分类作业成本上升。

（4）智能型的分批原则

订单汇总后，由计算机按预先设计的程序，将拣取路线相近的订单集中处理，求得最佳的订单分批，可大大缩短拣货时的行走和搬运距离。采用智能型分批原则的配送中心通常将前一天的订单汇总后，经过计算机处理，在当日下班前产生明日的拣货单，所以发生紧急插单时处理作业较为困难。

优点：分批时已考虑到订单的相似性及拣货路径的顺序，使拣货效率进一步提高。

缺点：需要较强的信息系统支持，而且信息处理的前置时间较长。

3. 复合拣选

为了提高拣选效率、降低成本，应充分研究上述两种办法的优缺点，甚至可根据两种办法各自的适用范围，有机地将两者混用。例如，当储存区面积较大时，拣选作业中往返行走所费时间占很大比重，此时"一人一单"拣选到底的方法就不宜采用。如果适当分工，按货品的分区储存，每一拣选人员各拣选订单中的一部分，如一层库房、一座仓间或几行货架，就既能减少拣选人员的往返之劳，又能驾轻就熟、事半功倍，几个拣选人员所费工时之和往往低于一个人拣选的总工时。

5.6.3 拣选作业的装备配置

1. 摘果法拣选的装备配置

1）人力拣选+手推作业车拣选。人力拣选可与普通货架配合，也可与重力货架配合，按单拣货，直到配齐。

人力拣选主要适用拣选量较少，拣选物的个体重量轻且体积不大，拣选路线不太长的情况。如化妆品、文具、礼品、衣物、小工具、小量需求的五金、日用百货、染料、试剂、书籍等。

2）机动作业车拣选。拣选员操作拣选车为一个用户或几个用户拣选，车辆上分装拣选容器，拣选的货品直接装入容器，在拣选过程中就进行了货品装箱或装托盘的处理。由于利用了机动车，因此拣选路线长。

3）传送带拣选。拣选员固定在一个货位前，不进行巡回拣选，只在附近的几个货位上进行拣选操作。在传送带运动过程中，拣选员按指令将货品取出放在传送带上，或置于传送带上的容器中，传送带运动到端点时即配货完毕。

4）旋转式货架拣选。拣货员于固定的拣货位置上，按用户的配送单操纵旋转货架，待需要的货位回转至拣货员面前时，将所需的货品拣出。这种配置方式的拣选适用领域较窄，只适用于旋转货架货格中能放入的货品。由于旋转货架动力消耗大，一般只适合仪表零件、电子零件、药材、化妆品等小件物品的拣选。

2. 播种法拣选的装备配置

1）人力+手推车作业。配货员将手推车推至一个存货点，将各用户共同需要的某种货品集中取出，利用手推车的机动性可在较大范围内巡回分放。这种方式是人工取放与半机械化搬运相结合。存货一般采用普通货架、重力货架、回转货架或其他人工拣选式货架。所分货品一般是小包装或拆零货品。适合人力分货的有药品、钟表、仪表零部件、化妆品、小百货等。

2）机动作业车分货。用台车、平板作业车、叉车、巷道起重机以单元装载方式一次取出数量较多或体积和重量较大的货品，然后由配货人员驾驶车辆巡回分放。

3）传送带+人力分货。传送带一端与货品存储点相接，传送带主体和另一端分别与各用户的集货点相接。传送带运行过程中，由存储点一端集中取出各用户共同需要的货品置于传送带上，各配货员从传送带上取下该位置用户所需的货品，如此反复直到配货完毕。采用这种方式时，传送带的取货端往往选择重力货架，以减少传送带的安装长度。

4）分拣机自动分货。这是分货的高技术作业方式，目前高水平的配送中心一般都有自动分拣机。分拣机在一端集中取出共同需要的货品，随着传送带的运行，按计算机预先设定的指令，通过自动装置送入用户集货终点货位。

自动分拣系统具有以下优点：可提高单位时间内的货品处理量，一台自动分拣机每小时的分拣量可达 6 000~10 000 箱；可提高物流服务品质，使货品在物流作业过程中的货损率大大低于人工作业；降低分货的差错率，自动分拣系统的分拣错误率通常在万分之零点几，这是人工作业所无法比拟的；自动分拣机成倍地缩短了分拣作业的前置时间、降低了物流成本，同时解决了劳动力不足的问题，把配送中心人员从繁重的分货作业中解放出来。

5.6.4　拣选作业的改善措施

拣选作业差异类型、产生原因及改善措施见表 5-20。

表 5-20　拣选作业差异、产生原因及改善措施

差异类型	现象	原因	改善措施
拣选指示错误	库位指示错误	计算机系统库位信息更新延迟 货品放置错误	加快信息处理速度 保证库位即时更新 彻底执行货品管理
货品拿取错误	看错货品规格 拣取货品规格和数量错误	照明不足 角度问题 单据问题	增加照明亮度 以箭头标清货架库位 核对单据格式和打印质量
	货品不容易识别	货品代码接近 货品形状相似 包装外形类似	集中分区管理，加上"容易出错"的标志；相似箱子的颜色管理
	作业员注意力不集中	连续作业时间长，噪声太大，身体不适	改良作业环境和作业时间
货品拿取错误	上下层拣取错误	库位标志置于货架两层中央，造成混淆	明确库位标志，库位标志应分别张贴，并标上方向箭头
	左右库位拣取错误	显示器置于柱的中央	
	作业员无责任感	对拣取作业的规则不明确	提高作业积极性
货品存放差异	放置空间不够 储放位置不清楚	淘汰品与正常货品混合	增加库存状态的管理 设置异常货品库位
库存数据错误	无仓卡管理 库存资料未更新 退货资料未输入 无货品条码 无库位标签	无样品和货品出库规则 出库资料输入麻烦 无明确退货处理规则	实施基础信息和库存信息的管理维护 使用条码标签
单据错误	无店别分类 货品分类和编码规则错误 计算机印刷不明 单据混杂	货品代码无一定顺序 途中弄混单据	选择最佳分类原则 选择最适编码原则 追加订单

5.7 补货作业

补货作业的目的是保证拣选区有货可拣。通常是以托盘为单位，从储存区将货品移到另一个按订单拣取的拣选区，然后将此移库作业做库存信息处理，补货作业的流程如图 5-6 所示。

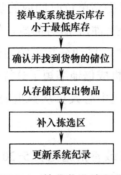

图 5-6 补货作业流程图

5.7.1 补货方式

与拣货作业息息相关的是补货作业。补货作业的筹划必须满足两个前提："确保有货可配"和"将待配货品放置在存取都方便的位置"。通常，配送中心主要采用以下两种补货方式。

1）由储存货架区与重力货架组成的存货、拣选、补货系统，如图 5-7 所示。

拣选作业：拣货员从重力货架上拣取单品放入周转箱后，由输送机运到出货区。

补货作业：作业员至储存区取出货品，以手推车或叉车载至拣选区，由重力货架的后方（非拣取面）补货。

适用货品：体积小且少量多样出货的货品。

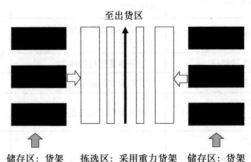

图 5-7 补货系统（一）

2）将货架的上层作为储存区，下层为拣选区，货品由上层货架向下层货架补货的系统，如图 5-8 所示。

拣选作业：拣货员开电动托盘搬运车到拣选区拣选。

补货作业：作业员将上层保管区的货品搬至下层拣选区补货。

适用货品：体积不大，每品项存货量不高，且出货多属中小量（以箱为单位）的货品。

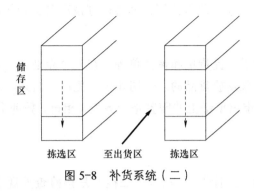

图 5-8　补货系统（二）

5.7.2　补货时机

补货作业发生与否主要看拣选区的货品存量是否符合需求，因此究竟何时补货要看拣选区的存量，以避免出现在拣选中途才发现拣选区货量不足需要补货，而影响整个拣选作业的情况。通常，可采用批次补货、定时补货或随时补货三种方式。

1．批次补货

在每天或每一批次拣取之前，经计算机计算所需货品的总拣取量，再查看拣选区的货品量，然后计算差额并在拣选作业开始前补足货品。这种"一次补足"的补货原则比较适合于一天内作业量变化不大，紧急追加订货不多，或是事先掌握每一批次拣取量的情况。

2．定时补货

将每天划分为若干个时段，补货人员在时段内检查拣选区货架上的货品存量，如果发现不足，马上予以补足。这种"定时补足"的补货原则，较适合于分拣货时间固定、处理紧急追加订货的时间也固定的情况。

3．随机补货

这是一种指定专人从事补货作业的方式，这些人员随时巡视拣选区的分批存量，发现不足随时补货。这种"不定时补足"的补货原则，较适合于每批次拣取量不大、紧急追加订货较多，以至于一天内的作业量不易事前掌握的场合。

5.8　出货作业

完成拣取后的货品按订单或配送路线进行分类，再进行出货检查，装入适当的容器或进行捆包，做好标志和贴印标签的工作，根据客户和行车路线等指示将货品运至出货准备区，最后装车配送。这一过程构成出货作业的基本内容。

5.8.1　出库作业流程

1．出库之前的准备

为保证货品能及时迅速发给客户，仓库应积极与业务主管部门联系，以便做好货品出库的准备，如编制货品出库计划、发运计划、准备计划及准备适用工具等。

2．对出库凭证

出库凭证有发货通知书、提货单和调拨单等。在一个企业内，出库凭证应统一规格。

仓库是根据出库凭证来发放货品的，一切非正式凭证、白条、便条都不生效。仓库接到出库凭证后，作业人员应审核单证上的印鉴是否齐全、相符，凭证上所列货品的名称、规格、数量等是否有误。

3．复核

复核的内容可归纳为"二检""一核"。"二检"是指检查外观质量是否完好合格，技术证件是否齐全；"一核"是核对出库凭证上所列货品的名称、规格、数量是否与实物相符。

复核的形式有：保管员自己复核，指定专人复核，保管员之间相互交替复核，包装人员或负责运输的人员复核。凡是需要包装货品或委托运输部门代运的，可由包装人员或运输人员进行复核。经过复核无误后，由保管员和复核员盖章。

就质量与包装的检验而言，纯人工方式逐项或抽样检查的确有其必要性；但对于货品品项和数量的核对，需耗用大量的时间和人力，而且差错仍在所难免，因此作业的效率经常是大问题。如今，在现代化的配送中心里，对出货的品项和数量的核对检查已有不少新的突破。例如，利用货品条码的检查方法，这种方法最大的原则是要导入条码，让条码跟着货品走，当进行出货检查时，只需将拣出货品的条码用扫描器读出，计算机便自动将出货资料与出货单对照，以此来检查是否有数量或品项上的差异。

4．交点和清理

货品经过复核后，如果是使用单位自行提货的，即可将货品随同证件向提货员当面点交，办理交接手续；若是代运的货品，则要办清内部交接手续，向负责代运或包装组点交清楚。

货品点交清楚，办完交接手续后，该货品的保管阶段就基本结束，仓库工作人员应立即做好清理工作。

1）清理现场。一批货品出库后，该并垛的要并垛，垛底要整理；该清点的要清点，收检苫垫材料，以便新料入库时使用。

2）清理账目。账册要日清月结，随发随销。货品出库后，根据出库凭证在货品保管账上注销，算出结余，并查对与账卡上的余额是否相符；如发现问题，要及时查明原因，研究处理。

5.8.2　人工出货作业与使用条码出货作业的比较

拣选、包装和出货功能包括多种作业活动。在人工的作业系统中，这些活动被视为独立的功能；然而，在条码的作业系统中，这些活动会集成为一体。

问题多数来源于公司是否有较多的客户以及每张订单的品种数量。如果每张订单的品种数量较小，那么拣选作业也是比较单纯的作业；如果每张订单的数量较大，品种数较多，可以使用条码作业的方法来执行订单。

1. 人工出货作业的流程及缺点（见表5-21）

表5-21　人工出货作业的流程及其缺点

人工出货作业流程	缺　点
① 订单被处理 ② 检查是否有充足的库存，检查客户的信用和价格 ③ 打印拣选单，仓管员前往库位拣选货品 ④ 仓管员将货品拿到包装处，将货品与拣选单核对后包装 ⑤ 送货结束时的作业包括：注明货品更换和数量变化的处理情况；注明货品重量和运输收费 ⑥ 拣选单的一份复印件可以作为包装单。如果由本公司的货车送货，第二联的复印件送货随行，并由收货者签名 ⑦ 拣选单需交回输入，当单据书写不清晰时须重新确认 ⑧ 如果出现货品更换和货品不足，有时送货会暂停	① 较高的拣选错误率 ② 缺乏有效的方法确认出货差异

2. 使用条码出货作业的流程及优点（见表5-22）

表5-22　使用条码出货作业的流程及其优点

使用条码出货作业流程	优　点
（1）小型订单 　　如果库存检查和单据准备完毕，拣选单上应有一个订单编号。但号码必须同时以条码和数字标志，如果使用RF，相关作业可以无纸化。拣选作业员从库位将货品移动到包装处，在此使用扫描器扫描订单号码和每一个品种。对于太小而不能贴条码标签的品种，可以提供印有条码的货品目录，通过与计算机的电子图像加以匹配，校验拣选的准确性。当传输处理完毕后，通知系统并生成装箱单 （2）大型订单和大量拣选 　　拣选作业员使用带扫描器的手持终端进入拣选作业区域，订单已经下载或无线传输进入主机系统，需拣选的品种和数量会在手持终端上显示。拣选作业员前往拣选作业库位，扫描库位条码和货品条码，系统校验品种是否被正确拣选。拣选完成后，将拣选货品（包括增加和替换的货品）装箱，拣选作业员发出完成拣选的信号，计算机会生成相应的单据	能识别订单中的品种是否被正确拣选，从拣选、送货作业到系统库存更新的迟延时间被缩短或完全消除。货品不会被错误识别，因此出货准确率接近100%

课后案例　AA有限公司物流服务外包项目投标书
（限以上海为中心的"长三角"地区）

一、上海某国际物流有限公司简介

略

二、AA有限公司物流外包项目初步管理方案

（一）业务流程设计

由于主要货品是家电产品（如微波炉等）、袋装食品（如方便面等）、日化用品（如洗发水等）和蔬菜，比较复杂，以下提供了RF（无线扫描）、单据、电子标签等多种作业方式，以适应不同的货品特点。

1. 进货（RF方式）

进货（RF方式）的流程如图5-9所示。

2. 进货（单据方式）

进货（单据方式）的流程如图 5-10 所示。

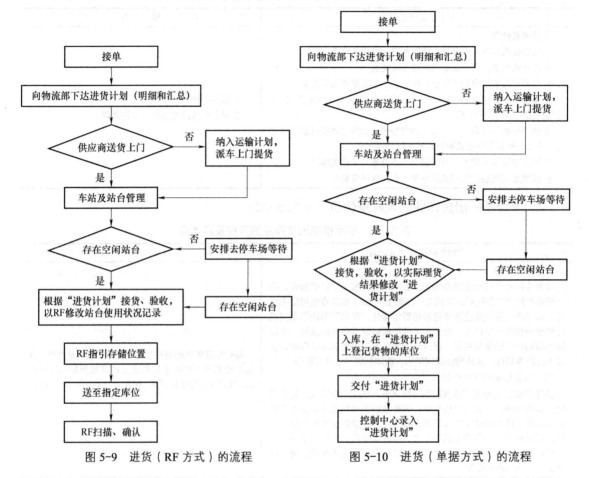

图 5-9　进货（RF 方式）的流程　　　　图 5-10　进货（单据方式）的流程

3. 分拣（RF 方式）

分拣（RF 方式）的流程如图 5-11 所示。

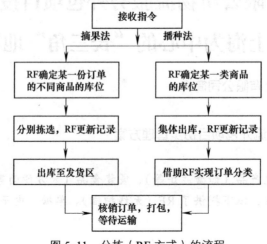

图 5-11　分拣（RF 方式）的流程

4. 分拣（单据方式）

分拣（单据方式）的流程如图 5-12 所示。

5. 分拣（电子标签）

分拣（电子标签）的流程如图 5-13 所示。

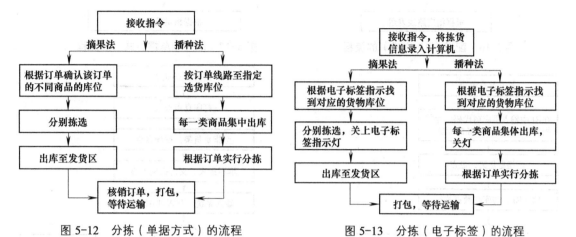

图 5-12　分拣（单据方式）的流程　　　图 5-13　分拣（电子标签）的流程

6. 补货（RF 方式）

补货（RF 方式）的流程如图 5-14 所示。

7. 补货（单据方式）

补货（单据方式）的流程如图 5-15 所示。

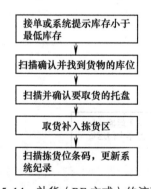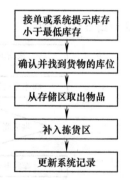

图 5-14　补货（RF 方式）的流程　　　图 5-15　补货（单据方式）的流程

8. 配送（RF 方式）

配送（RF 方式）的流程如图 5-16 所示。

9. 配送（单据方式）

配送（单据方式）的流程如图 5-17 所示。

10. 盘点（RF 方式）

盘点（RF 方式）的流程如图 5-18 所示。

11. 盘点（单据方式）

盘点（单据方式）的流程如图 5-19 所示。

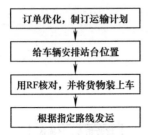

图 5-16 配送（RF 方式）的流程

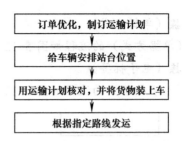

图 5-17 配送（单据方式）的流程

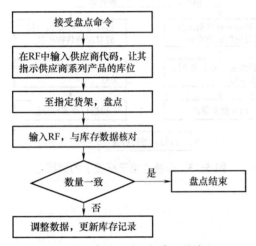

图 5-18 盘点（RF 方式）的流程

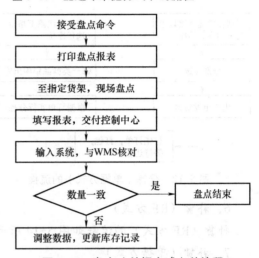

图 5-19 盘点（单据方式）的流程

12. 退货

退货的流程如图 5-20 所示。

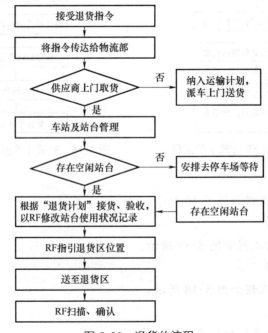

图 5-20 退货的流程

13. 流通加工

流通加工的流程如图 5-21 所示。

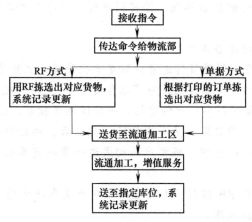

图 5-21 流通加工的流程

（二）流程管理初步方案

以下流程管理包含了进货、储存、补货、选拣、分拣、配送、流通加工、盘点、退货等各个物流环节，提供了 RF（无线扫描）、单据、电子标签等多种作业方式，以适应货品的多样性。根据成本及信息系统的复杂程度、整个配送中心的规模，并综合考虑了系统的完整性（例如进货、入库储存是一个连贯的流程，需选用同种方式）、可扩展性（未来与服务客户的系统接口或未来的规模扩张）、弹性等因素。

1. 登记（初始化）

1）确定服务范围，收费标准，并签订合约。

2）对客户信息、新商品信息进行登记，录入信息系统。

客户信息：客户代码、客户名称、税务登记号、邮编、电话、联系人、备注。

商品信息：商品代码、商品名称、规格、长、宽、高、重量、制造商、保质日期、报警设置、批号、价值、收费基数。

其他信息登记，如员工信息等。

2. 进货管理

以下运用仓库管理系统。

（1）RF 方式进货

RF 方式为信息系统全程管理，可实现实时数据交换无纸化。

1）进货信息下达。

根据客户指令，向物流部下达"进货计划"。

进货计划（明细）：进货计划号、日期、顺序号、商品代码、品名、规格、比例、参数（单位/箱或箱/托盘）、批号或生产日期、数量、供应商代码、供应商名称。

进货计划（汇总）：日期、进货计划号、商品类别、数量、供应商代码、供应商名称、进货方式（送货、提货）。

注：若进货方式为提货，则纳入运输计划。

2）车辆及站台管理（此项功能由客户确定是否使用）。

驾驶员携进货计划至门卫处，保安输入编号，确认任务类型及车辆目的地——配送中心，系统自动检索站台车位情况，如有空站台，则保安将该站台号配于该货车，否则提供排队号，指引货车至停车处。停车处的显示牌或广播将引导停车场车辆的工作顺序。

3）验收。

物流部按进货计划安排准备工作。

货车驶至指定卸货站台，驾驶员将进货计划交于收货员，收货员使用 RF（无线扫描）扫描进货计划条码，系统自动更改站台状态为"站台使用中"，扫描托盘条码、商品条码并输入或修改各项信息，完成收货并签字，一份留档，一份返还驾驶员。收货信息与信息主机同步。

进货计划可以按不同进货日期、货车来执行，完成后，由物流部提出建议，结束收货。

不同的货物有不同的验收标准，根据产品构成进一步确定其验收标准。

4）入库。

验收后的托盘货物，经 RF 指引，由托盘搬运车或叉车送至指定货架位或堆垛区，扫描托盘条码及货架条码，确认入库。

（2）清单方式进货

1）进货信息下达。

根据客户指令，向物流部下达"进货计划"。

进货计划（明细）：进货计划号、日期、顺序号、商品代码、品名、规格、比例、参数（单位/箱或箱/托盘）、批号或生产日期、数量、供应商代码、供应商名称。

进货计划（汇总）：日期、进货计划号、商品类别、数量、供应商代码、供应商名称、进货方式（送货、提货）。

注：若进货方式为提货，则纳入运输计划。

物流部打印进货计划，一式两份。

2）车辆及站台管理（此项功能由客户确定是否使用）。

驾驶员携进货计划至门卫处，保安输入编号，确认任务类型及车辆目的地——配送中心，系统自动检索站台车位情况，如有空站台，则保安将该站台号配于该货车，否则提供排队号，指引货车至停车处。停车处的显示牌或广播将引导停车场车辆的工作顺序。

3）验收。

物流部按进货计划（两联）安排准备工作。

卡车驶至指定卸货站台，驾驶员将进货清单（两联）交于收货员，收货员通过对讲机通知控制室"站台使用中"，将产品堆码在托盘上，并在进货计划上修改各项信息，完成收货，在进货清单上签字，一份进货清单留档，一份返还驾驶员。

进货计划可以按不同进货日期、货车来执行，完成后，由物流部提出建议，结束收货。

不同的货物有不同的验收标准，需要根据产品构成进一步确定其验收标准。

4）入库。

将货架区及堆垛区划分为若干区域，如家电产品区（如微波炉等）、袋装食品区（如方便面等）、日化用品区（如洗发水等）和蔬菜区等，并将每一区域划分为若干小区域，如日化用品区再分为纸制品区、洗漱用品区、化妆品区等。

验收后的托盘货物，由托盘搬运车或叉车送至指定区域货架位、堆垛位，将货架号、垛号登记在进货计划上。

进货计划一联随送货清单一起交仓库留存，另一联由控制中心输入信息系统确认并留存。

3．订单处理

（1）RF 方式订单处理

1）订单传送。

客户通过互联网、专线、传真等多种方式传递信息。供应商传递取货信息，连锁超市传递需求信息。

2）订单确认。

需验证供应商取货指令或经过 AA 有限公司授权的连锁超市的需求信息。对于供应商取货指令，需验证取货时间、商品名称、规格、数量、批号、客户名称、取货地址、取货服务要求。对于经 AA 有限公司授权的连锁超市的需求信息，进一步核实客户资信情况、权限范围，然后确认订单。

3）订单优化。

通过信息系统向物流部传送订单指令，列明配送时间，并由系统对订单进行过滤（如废单、损益、奖励等）。物流部通过系统按过滤后的订单及时间，根据系统作业优化原则排序优化，制订作业计划，并通过 TMS 系统（即运输管理系统）制订运输计划（含配送计划），安排运输时间、车辆和车次。

制订配送计划，线路综合优化。

4）订单释放。

订单按作业计划和分配策略，分组释放。

（2）清单方式的订单处理

1）订单传送。

客户通过互联网、专线、传真等多种方式传递信息。供应商传递取货信息，连锁超市传递需求信息。

2）订单确认。

需验证供应商取货指令或经过 AA 有限公司授权的连锁超市的需求信息。对于供应商取货指令，需验证取货时间、商品名称、规格、数量、批号、客户名称、取货地址、取货服务要求。对于经 AA 有限公司授权的连锁超市的需求信息，进一步核实客户的资信情况、权限范围，然后确认订单并打印（打印可分为摘果式、播种式两种格式）。

① 摘果式订单（两联）：一联由控制中心留存，另一联为发货联。订单内容包括：日期、订单号码、门店代码、门店名称、门店地址、顺序号、商品代码 1、商品名称 1、批号、货位号码、数量、价格、金额；商品代码 2、商品名称 2……

② 播种式订单（两联）：一联由控制中心留存，另一联为发货联。订单内容包括：日期、订单号码、商品代码、商品名称、批号、货位号码、数量、门店代码 1、门店名称 1、价格、金额；门店代码 2、门店名称 2……

3）订单优化。

通过系统向物流部传送订单指令，列明配送时间，并由系统对订单进行过滤（如废单、损益、奖励等）。物流部通过系统按过滤后的订单及时间，根据系统作业优化原则排序，制订作业计划，并通过 TMS 系统制订运输计划（含配送计划），安排运输时间、车辆、车次。

4. 分拣管理

（1）RF 方式分拣

选择 RF 中的订单选取功能，来实现选拣货物至指定出货缓冲区。

1）摘果式。

使用 RF 按顺序启动某一门店的选拣工作。根据区域及所需商品的货架位置，提示选取路线；至指定货架位，扫描货架条码，选取指定数量至空托盘上，并确认；然后进行下一商品的选取，完成后放至该门店的出货缓冲区。所有区域完成后，打印该客户的送货清单，准备配送。

2）播种式。

系统将某一时段的配送需求，根据浮点批次处理原则及取货线路进行优化。将货架区设为若干个工作区域，来优化平衡操作。

根据 RF 提示至指定选货位，扫描货架条码、商品条码，选取指定数量的商品至空托盘上，然后进行下一个产品的选取，空托盘堆满后，送至出货缓冲区。

在出货缓冲区，使用 RF 的分拣功能，扫描商品条码，根据提示（如 1 区门店 A 配 3 箱，3 区门店 D 配 2 箱）送至指定门店区域并确认，然后继续下一品种的操作。如某门店所需配送商品已全部分拣完毕，控制中心将自动打印送货清单。该门店配送后，系统将此出货缓冲区域分配给下一门店。

（2）清单方式分拣

1）摘果式。

使用订单来拣选（摘果式），按照所列区域及所需商品的货架位置的路线至指定货架位，选取指定数量至空托盘上，然后进行下一商品的选取，完成后放至该门店的出货缓冲区，所有区域完成后，将订单交给控制中心核销。准备配送。

2）播种式。

使用订单来拣选（播种式），按照订单线路至指定选货位，选取指定数量的商品至空托盘上，然后进行下一商品的选取，空托盘堆满后，送至出货缓冲区。

在出货缓冲区，使用清单将商品分送至所列每一门店的区域（如 1 区门店 A 配 3 箱，3 区门店 D 配 2 箱）并确认，继续下一品种的操作。门店所需配送商品全部分拣完毕后，控制中心将自动打印送货清单。

（3）电子标签方式分拣

将货架划分为若干区域（划分方式同方式二），每一区域配有一台计算机，将门店代码输入计算机，该区域的电子标签灯亮（每个产品一个电子标签），显示需选取的数量。将产品按显示数量放入空托盘，按电子标签，灯暗。继续下一产品操作，直至该区域电子标签全部灯暗，开始下一区域操作。同时，开始第一区域的第二个门店的选取。如此往复。选满的托盘按门店送往指定出货缓冲区。

5. 补货管理

（1）RF 方式补货

根据市场需求状况及门店需求情况、产品到货周期等因素，对每一产品设置最高及最低库存量。当产品数量低于最低库存时，信息系统自动提示补货（或由系统提示），这将启动一个新的进货计划。

配送中心内，当某一选货货位的产品数量小于所需选取数量时，RF 将提前得到一个补货指令（由于订单排序策略，可以提前获悉选货位数量是否可以满足下一选取操作的需要），扫描补充托盘所在货架的条码，确认取出，补入选货货位，扫描选货货位条码进行确认，并将数量合并，完成补货作业。

（2）清单方式补货

根据市场需求状况及门店需求情况、产品到货周期等因素，对每一产品设置最高及最低库存量。当产品数量低于最低库存时，信息系统自动提示补货，这将启动一个新的进货计划。

配送中心内，当某一选货货位的产品数量小于所需选取数量时，取出上层（3~6 层）托盘，补入选货货位，完成补货作业。

6. 配送管理

TMS 系统中记录有货车的车型、吨位、车龄、行驶公里数、车辆长宽高、可装运体积、载重、通行证等综合信息。在订单优化后，制订运输计划（含配送计划）。

（1）RF 方式配送确认

根据配送计划及出货站台作业情况，仓库管理系统分配每辆货车一个站台位置，操作员用 RF 核对特定订单的客户路线，将货物装上货车，再确认。

货车根据指定路线送至不同门店，综合使用 GPS、GIS 技术。

（2）清单方式配送确认

根据配送计划及出货站台作业情况，仓库管理系统分配每辆货车一个站台位置，操作员根据清单将货物装上货车，再确认。

货车按照指定路线送至不同门店，综合使用 GPS、GIS 技术。

7. 盘点管理

（1）RF 方式盘点

AA 有限公司要求盘点库存（随机盘点），物流部定期盘点。

使用 RF 盘点，至货架位，扫描货架条码，清点货物数量并输入，系统自动核对信息。如盘点指定供应商托管产品，输入供应商代码，RF 显示该供应商的系列产品的货位，根据以上步骤盘点，打印盘点报表。

损益（调整），通过 RF 调整对话框进行，输入货位号码，调整数量，库存自动更正。（需由管理人员进行）

可通过调整功能，来调整货位、货码或商品保质期信息。

（2）清单方式盘点

AA 有限公司要求盘点库存（随机盘点），物流部定期盘点。

打印库存报表（或盘点报表），可以按区域或按产品打印，至货架位，清点货物数量。如为库存检查，则打印产品（无数量），由盘点人员填写数量，控制中心输入后系统核对。

损益调整通过信息系统调整对话框进行，输入货位号码，调整数量，库存自动更新。（需由管理人员进行。）

可通过调整功能，调整货位、货码或商品保质期信息。

8. 退货管理

（1）协议退货

根据供应商的产品召回要求或与 AA 有限公司签订的退货协议，接受退货，将退货指令下达给物流部。

物流部按进货方式来接收退货，并将退回产品移至退货区域或货位加锁来解决。然后按指令返给供应商或销毁。

（2）自动报警设置

对于产品设置临近保质期的自动报警或其他原因的自动报警，通过自动报警提示，将货物移至退货区域或货位加锁，并反馈给 AA 有限公司。

9. 流通加工管理

（1）以 RF 方式来处理流通加工信息

根据指令，通过 RF 提示选取批量货物，在加工区按客户要求进行增值服务，并通过 RF 将加工好的产品放入指定货架区，系统通过进出货或调整功能来进行货位、批号的变更。

如：100 个产品 A 粘贴防伪标签，然后再放入货架区，产品的批号将变更。

（2）以清单方式来处理流通加工信息

打印加工清单（两联，一联为提取联，另一联为返回联），通过清单选取批量货物。在加工区按客户要求进行增值服务，将加工好的产品放入指定货架区，系统通过进出货或调整功能来改变货位、批号。

如：100 个产品 A 粘贴防伪标签，然后再放入货架区，产品的批号将变更。

10. 包装管理

（1）RF 方式处理包装作业

根据指令，通过 RF 提示选取批量货物。在加工区按客户要求进行增值服务，并通过 RF 将包装好的产品放入指定货架区，系统通过进出货或调整功能来进行产品、数量、货位、批号的变更。

如：取出 100 个产品 A，200 个产品 B，包装成 100 个产品 C（即 1 个 A 产品和 2 个 B 产品，组合成一个 C 产品）。

（2）清单方式处理包装作业

打印加工清单，通过清单提示选取批量货物。在加工区，按客户要求进行增值服务，并通过清单将包装好的产品放入指定货架区，系统通过进出货或调整功能来改变产品的数量、货位、批号。

如：取出 100 个产品 A 和 200 个产品 B，包装成 100 个产品 C（即 1 个 A 产品，2 个 B 产品，组合成一个 C 产品）。

11. 现场管理

配送中心必须做到现场整洁有序，按先进先出制度定置摆放（可根据发货要求），按客户或商品类别做好明显标志（可采用标牌）。标牌上应标明商品的名称、编号、规格、型号批次及收、发、存情况。

呆滞品、待处理品、不合格品必须与正常商品严格隔离，做好醒目标志，并由物流部协同 AA 有限公司有关部门及时处置。

库管员要做好防火、防潮、防盗工作，对库存商品的安全负责，否则应承担相应的责任。

12. 信息增值服务

提供库存分析报告及下阶段库存能力预测。

1）每天商品进、出、存日报。

2）每周库存分析报告（对不同商品的库存天数、周转速度进行分析）。

3）呆滞品、待处理品、不合格品、即将到期商品报告。

4）每周报告预计下一周可提供的空余库位数量。

（三）常用单据设计

1.入库单

入库单的格式见表5-23。

表5-23 入库单的格式

入 库 单

入库日期：			入库单号：			订单号：		
仓库：			部门：			采购员：		
供货单位：						备注：		
存货编码	存货名称	规格型号	计量单位	数量	单价	金额	税额	价税合计
制单人：						审核人：		

2.出库单

出库单的格式见表5-24。

表5-24 出库单的格式

出 库 单

出库类型：		出库日期：			出库单号：			
门店名称：					发货单号：			
仓库：					备注：			
存货编码	存货名称	规格型号	计量单位	数量	单位进价（不含税）	税金	销售成本（不含税）	价税合计	备注
制单人：					审核人：			

3.发货单

发货单的格式见表5-25。

表5-25 发货单的格式

发 货 单

仓库：			日期：		订单编号：		
门店名称：					发货单号：		
备注：							
存货编码	存货名称	规格型号	计量单位	数量	单价	金额	税额	价税合计	备注
门店签收：					日期：		
制单人：					审核人：		

4．送货单

送货单的格式见表5-26。

表5-26　送货单的格式

部门：　　　　　　　　　　　　　　　　　　　　　　　　　编号：

存货编号	存货名称	规格型号	计量单位	数量	销售单价	金额	税额	价税合计	备注
合计									

交货日期：　　年　　月　　日	客户签名：
购买门店地址：	电话：
业务员签名：	
备注：	
制单人：	审核人：

地址：		邮编：		总机：		传真：	

5．门店调拨申请单

门店调拨申请单的格式见表5-27。

表5-27　门店调拨申请单的格式

调入门店名称：　　　　　　　　　　年　　月　　日　　　　　编号：

编号	商品编号	项目名称	单位	数量	单价	税率	税额	价税金额
合计								

调拨原因：

6．调拨单

调拨单的格式见表5-28。

表5-28　调拨单的格式

调　拨　单

单据号：		日期：	转出门店：		转入门店：	
转出配送中心：			转入配送中心：			
出库类别：			入库类别：			
经手人：			备注：			

存货编码	存货名称	规格型号	计量单位	数量	单价	金额

制单人：		审核人：		记账人：	

7. 退货单

退货单的格式见表 5-29。

表 5-29　退货单的格式

编号：

商 品 编 号	商 品 名 称	规 格 型 号	单 位	数 量	退 货 原 因	检 测 状 况

退货门店：	退货人签名：	退货日期：
检测人签名：		检测日期：
配送中心签名：		收货日期：
备注：		

三、AA 有限公司物流外包项目仓库初步设计

(一) 仓库 A 区功能图（家电产品、袋装食品、日化用品）

仓库 A 区功能图如图 5-22 所示。

(二) 仓库 B 区功能图（蔬菜）

仓库 B 区功能图如图 5-23 所示。

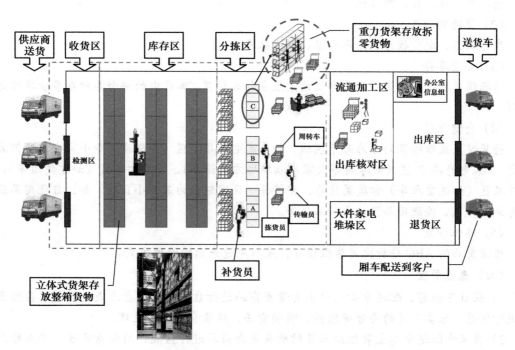

图 5-22　仓库 A 区功能图（家电产品、袋装食品、日化用品）

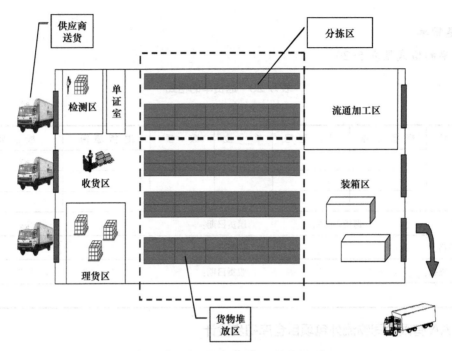

图 5-23　仓库 B 区功能图（蔬菜）

（三）库存管理

（1）包装种类、计量单位

箱、个、托、盒、捆（组）。

（2）货物的状态

库存状态、配货状态、出库状态、在途状态。

（3）安全库存

根据销售原则来确定安全库存的设置点在什么位置，库存中的每个品种在多少单位时需提醒。

（4）仓储保管

将货架区及堆垛区划分为若干区域，如：家电产品 1 区（如微波炉等小家电以货架方式储存）、家电产品 2 区（如冰箱等大家电以堆垛方式储存）、袋装食品区（如方便面等）、日化用品区（如洗发水等）和蔬菜区等，并将每一区域划分为若干小区域，如：日化用品区再分为纸制区、洗漱用品区、化妆品区等。

（5）库位设置

根据商品的 ABC 分析决定库位设置，采取先进先出的管理方式。

（四）盘点管理

1）每日下班前，配送中心应对主要贵重商品进行盘点，编制盘点表，并与库存账面余额进行核对，账实不符的要分析原因、明确责任，提请有关部门处理。

2）月末由配送中心主管组织人员对所有库存商品进行盘点，编制盘点表，并与账面余额核对，账实不符的要分析原因、明确责任，提请有关部门处理。

3）年中和年终，配送中心应协同 AA 有限公司财务部和其他有关部门对库存商品进行全面盘点，编制盘点表，并与账面余额核对，账实不符的要分析原因、明确责任，提请有关部门处理。

4）盘点过程中应对残、次、冷、背等库存商品做标签，并隔离摆放。

5）对盘赢、盘亏商品编制盘赢、盘亏商品报表，经 AA 有限公司财务部经理和总经理审批后，进行账务处理。

四、配送方案

（一）上海市

上海市辖区的大部分可实现当天配送或次日可配送。

（二）江浙两省

原则上，江浙两省的门店由供应商送货上门，对于需要集中配送的商品由我公司送货，是否需要建立中转仓库对某城市已形成规模数量的门店进行分级配送，将和贵公司进一步商讨。

（三）分段式分拣配送作业的时间管理

分段式分拣配送作业的时间管理如图 5-24 所示。

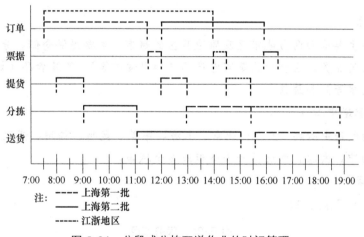

图 5-24 分段式分拣配送作业的时间管理

五、报价

略

六、可能存在的问题及预案

可能存在的问题及预案见表 5-30。

表 5-30 可能存在的问题及预案

	问 题	对 策
仓库	库存突然增加	选择我公司外仓临时存放
	订单突然增加或繁忙时段	部署临时仓库内人员/雇用临时工
	紧急订单	按照 AA 有限公司的对应方法
配送	订单突然增加	增调便捷车辆/活用我公司丰富的运输资源
	车辆途中遇到故障	调动周围便捷车辆/活用我公司丰富的运输资源

该参考案例通过全国首届"络捷斯特"杯物流岗位就业能力测评活动第二轮投标方案设计，进入第三轮现场操作决赛并获得优秀指导教师奖。

实　　训

AA 有限公司是一家大型连锁超市企业集团。销售网点覆盖全国 21 个省、市、自治区，营业面积近 40 万 m²，平均月销售近 6 亿元，安排就业人员近 4 万人。

公司以上海为战略指挥及营运中心，辐射全国大部分地区，在浙江、江苏、安徽、山东、北京、广东、云南、内蒙古、黑龙江、四川、贵州等地均有分公司。

公司为适应业务的快速发展，满足物流服务向纵深化、精细化方向发展的需求，公司高层领导经过市场调研，大胆调整公司业务，决定将物流业务外包给其他公司。现诚邀拥有良好配送网络资源、具有先进管理水平和优秀服务理念的物流服务提供商，参与 AA 公司的公开招标。

1．功能要求

外包的业务主要是面向当地市区及周边县区的超市，主要提供仓储、分拣、运输、流通加工和配送方面的服务。主要货品是家电产品（如微波炉等）、袋装食品（如方便面等）、日化用品（如洗发水等）和蔬菜。

2．招标的配送中心

本次招标的配送中心共 12 个：北京、上海、东莞、昆明、福州、武汉、大连、济南、青岛、天津、南宁、太原。可选择一个城市或多个城市。

3．服务需求

相关服务项目见表 5-31。

表 5-31　服务项目

序　号	服　务　项　目
1	产品的仓储及保管服务，根据订单收发货物、验收货物，并提供出、入库、发运等所需的文件及存档，能进行库位管理
2	能提供产品的分拣配货
3	能提供流通加工服务，如：蔬菜的清洗和包装，货物包装的更换（如大包装换小包装）等
4	能提供运输和配送服务
5	货品跟踪查询

4．投标书编制要求

（1）标书的基本内容

1）公司情况简介，包括组织结构；人员构成；公司硬件设施，如车辆、仓库信息等；运输网络；公司的信息系统建设等。

2）业务流程规划，包括收货、理货、入库、仓储保管、补货、分拣、流通加工、配送等流程。

3）公司仓库布局方案，提供具体说明及分析，提供仓库布局图、物流流向图及人流流向图等。

4）仓储保管方案设计，如不同货物的保管方式、盘点计划等。

5）分拣方案。

6）流通加工方案。

7）配送方案设计，包括车辆管理及调度方案。

8）常用单据设计。

9）收费方案。

10）公司的成功案例。

（2）投标人提供的物流服务应达到或超过本说明书的要求，并在应答建议中明确说明，否则可能影响评标结果。

（3）以上要求仅是招标方的基本要求，投标人在完全应答以上要求后，要说明其所建议（方案）的其他功能和特色，招标方将以其作为评标的参考依据。

项目 6
物流中心规划基础

项目学习目标

通过本项目的学习，了解物流中心规划的程序，熟悉物流中心规划资料的调查与分析方法，掌握物流中心作业区域的规划方法，掌握物流中心设施规划的计算方法，能够选择物流中心的软硬件设备。

本项目中应掌握的知识点

1. 物流中心的规划流程
2. 物流中心规划资料的调查与分析
3. 物流中心作业功能区域构成
4. 物流中心作业区域的规划方法
5. 储存区域面积计算
6. 拣选作业区域规划
7. 仓库设施规划
8. 仓库外设施规划
9. 仓库动线设置
10. 柱子间隔、梁下高度及通道设计
11. 物流中心储存设备的选择
12. 物流中心搬运设备的选择
13. 物流中心输送设备的选择
14. 物流中心信息系统功能规划

▰▰▰▰ 导入案例 ▰▰▰▰

某物流中心规划的经验教训

在建设一个物流中心之前，可以去参观各种各样的物流中心，但很难看到两个物流中心的功能完全相同。在没有弄清情况之前就盲目模仿，甚至全盘照搬，必定会付出巨大的代价。目前我国的物流中心建设就有这种倾向，值得引起注意。下述某物流中心就是参照了 20 世纪五六十年代西安国家物资储备库的模式进行规划建设的。

1．某物流中心简介

某第三方物流公司在西安兴建了 3 万 m^2 的物流中心，对于其中的规划与设计由设计院完成，现将失误总结如下，希望其他公司在建设物流中心时引以为鉴。

1）库房摆布凌乱，导致人无法辨别寻找所去库房。

2）办公区与库区重合，导致库区无法清楚地执行出库任务，闲杂人员与车辆影响出库。

3）道路规划狭窄，导致 10m 以上车辆无法在 4、5、6 号库之间转弯。

4）没有设计公寓区，导致库区不能准确实行 24h 作业。

5）集中卸货区与 4、5、6 号库距离太远，无法实施集货作业。

6）库区无雨棚，影响雨天作业。

7）转弯角度为 90°，影响车辆转动。

8）流动为单向流动，导致道路作业负载太大。

9）缺少绿化带，导致库区灰尘较大，影响储藏商品。

10）单个库房单位面积小，导致使用效率、容积率下降。

11）库房高度为 5.2m，导致库房在实施货架方案时受到限制。

12）无装卸平台，货物上下移动多，导致装卸困难。

就以上问题得出结论：要建设物流中心，必须明确回答下面这个问题：

2．物流中心在供应链中处于什么位置

原材料供应商、制造商、分销商、零售商、专业物流业者都需要物流中心，他们也都可以自己建设物流中心。由于在供应链中所处的位置不同，他们所需要的物流中心的功能不完全相同。

原材料供应商需要物流中心将原材料配送给工厂，物流中心的客户主要是工厂，物流中心处理的对象主要是生产商品所需的原材料和零部件。原材料与零部件的数量之间有固定的比例关系，原材料与零部件的品种数会随着产品种类的增加而快速增加，物流中心的功能应该强调原材料的配套储存、分拣、及时配送、加工和预处理等方面。

制造商需要的物流中心有两种：一种是为制造活动提供支持的物流中心，它的功能要求与原材料供应商需要的物流中心相同；另一种是为制造商的产品分销提供支持的物流中心，这类物流中心的市场覆盖面广、分销能力强，市场信息的收集与传递要及时，因此在短时间内在区域市场上运输和配送商品的能力要很强，需求预测及订单处理功能要完善。

分销商一般从事专业批发业务，物流作业具有大进大出、快进快出的特点，它强调的是批量采购、大量储存、大量运输的能力，大型分销商需要大型的仓储、运输设施。另外，分销商属于中间商，需要与上游、下游进行频繁的信息交换，因此需要有与上游、下游具有良好信息接口的高效信息网络。

零售商需要的多为配送中心，以作为供应链的末端机构。零售商，尤其是采用连锁组织形式的零售商，需要配送中心提供订单处理、采购、分拣、选拣、配送、包装、加工、退货等全方位的服务，其功能要求比较复杂。

第三方物流业者利用物流中心这一载体向客户提供物流服务，它所需要的物流中心可以是具有某一种功能（如仓储、运输、配送）的专业物流组织，也可以是具有综合功能的物流中心，还可以是具备集商流、物流、信息流及其他延伸的增值服务于一体的物流组织。它提供的物流服务必须高度专业化。

一条供应链可能由几个物流中心组成，因此必须清楚要建设的物流中心在供应链中处于哪个环节，要满足的客户是哪些，进而才能决定需要哪些功能才能满足目标客户的需求。而上述案例中的物流中心从一开始就忽视了这一点。

3．物流中心规划理念

根据某物流中心的经验教训，总结出以下几条物流中心的规划原则：

1）有效管理。

2）运作效率化。

3）作业单纯化。

4）作业需有扩展性。

5）空间需有扩展性。

6）在符合上述方向的前提下，成本必须具备经济性。

4．物流中心设计应该考虑的因素

1）根据选定的物流中心地址的形状来决定整个库区的布局。通过考虑建筑利用率、容积率等因素，决定可用的物流中心面积，选择最佳的建筑方位和进出口。

2）根据选定的物流中心地址的形状来决定整个库区的动线。动线基本上分为：Ｉ形、Ｌ形和Ｕ形。

大区域规划包括进货和出货暂存区、库存储存区、拣货区、流通加工区、退货暂存区、自动分货区等的规划。

3）商品的种类数量分析（IQ分析）及商品种类库存数量。商品的种类数量分析（IQ分析）主要是将商品进行ABC分类，然后应用于物流中心的布置规划及物流设备的选择上。物流中心的布置规划把A类品尽量置于靠近走道或门口的地方，而C类品则尽量置于仓库的角落或较偏远的地方，B类品则置于A类品及C类品之间的地方。

另外，计算分析商品种类及库存数量，以决定货架库位的数量，在此的库位是储存商品的库位，大部分是以托盘储存的库位，是由品项数乘以库存量；另外，拣货区几乎每一种商品都有一个库位，有时候还同时有托盘储存的库位及整箱储存的库位。

6.1 物流中心规划概述

6.1.1 物流中心的规划流程

建设物流中心需要一笔巨大的投资，因此物流中心投资具有高风险特征。为避免由于规划错误而产生投资风险，规划者必须遵循正确的规划程序对物流中心建设进行项目规划。图 6-1 是物流中心的规划流程，对物流中心规划人员有一定的参考意义。

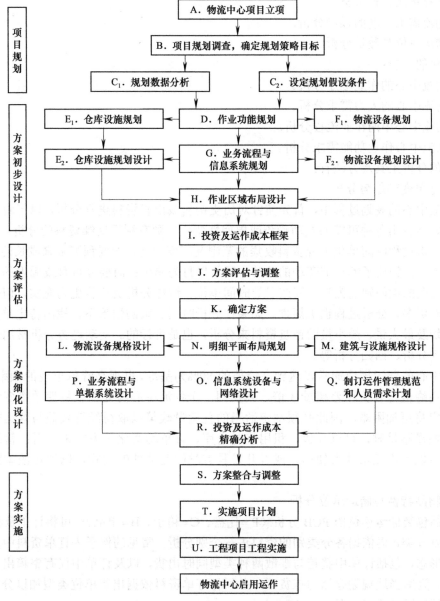

图 6-1 物流中心的规划流程

6.1.2 物流中心规划资料的调查与分析

1. 物流中心基础规划资料

规划分析者最容易犯的错误，通常在于无法确定分析的目的，仅将搜集获得的资料做一番整理及统计计算处理，而最后只得到一堆无用的数据与报表，却无法与规划设计的需求相结合。因此，在资料分析过程中，建立计划性的分析步骤并有效地掌握分析数据，是规划设计成功的关键。基础规划资料的分析包括定量化的分析和一些定性化的分析。

定量化的分析：

1）物流中心中储存的品类与数量分析。

2）储存物品特性分析。

3）物流需求变动的预测分析。

4）储运单位与数量分析。

定性化的分析：

1）物流中心的作业顺序分析。

2）物流中心的人力需求分析。

3）物流中心中的作业流程分析。

4）物流中心作业功能需求分析。

重要的分析工具及方法有：

（1）订单变动趋势分析

在物流中心的规划过程中，首先需针对历史销售或出货资料进行分析，以了解销货趋势及变动。如能找出各种可能的变动趋势或周期性变化，则有利于后续资料的分析。

一般分析过程时间单位需视资料收集的范围及广度而定，如要预测未来成长的趋势，通常以年为单位；如要了解季节变动的趋势，通常以月为单位；而要分析月或周内的倾向或变动趋势，选取的期间则需为旬、周或日等时间单位。这样分析资料将更为充实，但是花费的时间也相对更多，分析过程也更烦琐。如果在分析时间有限的情形下，找出特定单月、单周或单日平均及最大量、最小量的销货资料来分析，也是可行的。变动趋势分析常用的方法包括时间数列分析、回归分析等。

物流中心的营运规模通常以达到高峰值的 80% 为基准，再视高峰值出现的频率来调整。若曲线的高峰值与谷值相差超过 3 倍，要在同一个物流中心内处理就将使效率变低，营运规模的确定将更加困难，因此必须制定适当的营运量政策以取得经济效益与营运规模的平衡。营运规模不足时，可以外包、租用临时仓库、订单均衡化等方式来应对；营运能力剩余时，则可以考虑租给他人使用，或者开发具有时间互补性的货物，以消化淡季的剩余储运量。

（2）物品特性与储运单位分析

对物品包装储运单位的 PCB 分析（P =托盘、C =箱子、B =单品），可将订单资料以 PCB 的单位加以分类，再依据各分类别的资料进行个别分析。常见的例子为订单资料中同时含有各类出货形态，包括订单中整箱与零散两种类型同时出货，以及订单中仅有整箱出货或仅有零星出货。为适当地规划仓储与拣货区，必须将订单资料依据出货单位类型加以分割，以正确计算各区实际的需求，见表 6-1。

表 6-1　物品储运单位分析表

入 库 单 位	存 储 单 位	拣 货 单 位	出 货 单 位	运 输 单 位

P：托盘　　　　　　　　　C：箱子　　　　　　　　B：单品

物品的特性资料也是产品分类的参考因素，如根据存储保管特性分为干货区、冷冻区及冷藏区，或按产品重量区分为重物区、轻物区，也可根据产品价值区分为贵重物品区及一般物品区等。一般基本物品特性的分析要素，见表 6-2。

表 6-2　物品特性分析表

特　性	项　目	明　细
物品性质	物态	□气体　□液体　□半液体　□固体
	气味特性	□中性　□散发气味　□吸收气味　□其他
	存储保管特性	□干货　□冷冻　□冷藏
	温湿度需求特性	＿＿＿℃，＿＿＿%
	内容物特性	□坚硬　□易碎　□松软
	装填特性	□规则　□不规则
	可压缩性	□可　□否
	有无磁性	□有　□无
	单品外观	□方形　□长条形　□不规则形　□圆筒　□其他
单品规格	重量	（单位：　　）
	体积	（单位：　　）
	尺寸	长×宽×高（单位：　　）
	物品基本单位	□个　□包　□条　□瓶　□其他
基本包装单位规格	重量	（单位：　）
	体积	（单位：　）
	外部尺寸	长×宽×高（单位：　　）
	基本包装单位	□个　□包　□条　□瓶　□其他
	基本包装规格	（个/包装单位）
	包装材料	□纸箱　□捆包　□金属容器　□塑料容器　□袋□其他
外包装单位规格	重量	（单位：　　）
	体积	（单位：　　）
	尺寸	长×宽×高（单位：　　）
	基本包装单位	□托盘　□箱　□包　□其他
	包装单位个数	（个/包装单位）
	包装材料	□泡膜　□纸箱　□金属容器　□塑料容器　□袋□其他

（3）物流与信息流分析

进行物流中心规划的过程中，除了数量化信息的分析以外，一般物流与信息流流程等定性化资料分析也有必要，包括：

1）作业流程分析。可针对一般常态性及非常态的作业加以分类，并整理出物流中心的基本作业流程。由于产业与货物种类的不同，物流中心的作业流程亦不尽相同，可根据个别企业的特性找出原有作业流程，并逐步分析其必要性与合理性。经合理化分析以后，再依序建立其作业流程。作业流程分析内容见表 6-3。

表 6-3　作业流程分析表

资 料 类 别	作 业 项 目	作业说明	作业区域	作业量	装载单元	作业设备	作业人员
常规物流作业	车辆进货						
	进货卸载						
	进货点收						
	理货						
	入库						
	调拨补充						
	订单拣取						
	分类						
	集货						
	流通加工						
	品质检验						
	出货点收						
	出货装载						
	货物运送						
	其他						
退货物流作业	退货						
	退货卸载						
	退货点收						
	退货责任确认						
	退货良品处理						
	退货瑕疵品处理						
	退货废品处理						
	其他						
换货补货作业	退货后换货作业						
	误差责任确认						
	零星补货拣取						
	零星补货包装						
	零星补货运送						
	其他						
流通加工作业	拆箱作业						
	裹包						
	多种物品集包						
	外部外箱包装						
	出货物品秤重						
	附印条码文字						
	印贴卷标						
	其他						
物流配合作业	车辆货物出入管制						
	装卸车辆停泊						
	容器回收						
	空容器暂存						
	废料回收处理						
仓储管理作业	定期盘点						
	不定期盘点						
	到期物品处理						
	即将到期物品处理						
	移仓与储位调整						
	其他						

2）单据流程分析。物流中心内与物流作业相对应的是相关单据流程的执行运作，作业过程中以结合物流、信息流及相关流程为主。基本上可依据个别企业的特征找出原有信息流程步骤、输入方式、输出方式及资料接口传递方式等现况，并逐步分析其必要性与合理性。经与信息接口合理化以后，再依序建立起作业流程的规划。单据处理流程分析表见表6-4。

表6-4　单据处理流程分析表

资 料 类 别	作 业 项 目	作 业 说 明	单 据 名 称	作 业 人 员	作 业 量
订购作业	客户资料维护				
	订单数据处理				
	订单资料维护				
	订单资料异动				
	退货数据处理				
	客户咨询服务				
	交易分析查询				
	其他				
出货作业	出货数据处理				
	出货资料维护				
	出货与订购差异处理				
	换货补货处理				
	紧急出货处理				
	其他				
采购作业	供应商资料维护				
	采购数据处理				
	采购数据维护				
	采购资料异动				
	货源规划				
	其他				
进货作业	进货数据处理				
	进货资料维护				
	进货与采购差异处理				
	进货日程管理				
	其他				
库存管理作业	产品资料维护				
	库位管理作业				
	库存数据处理				
	到期物品管理				
	盘点数据处理				
	移仓数据处理				
	其他				
订单拣取作业	配送计划制作				
	拣取作业指示处理				
	配送标签打印处理				
	分类条码打印处理				
	其他				

（续）

资料类别	作业项目	作业说明	单据名称	作业人员	作 业 量
运输配送作业	运输计划制作				
	车辆调度管理				
	配送路径规划				
	配送点管理				
	货运公司基本资料维护				
	运输费用数据处理				
	其他				
财务会计作业	一般进销存账务处理作业				
	成本会计作业				
	相关财务报表作业				
	其他				
人事管理	出勤数据处理				
	人事考核作业				
	薪资发放作业				
	员工福利				
	教育培训				
	绩效管理				
	其他				
厂务管理	门禁管制作业				
	公共安全措施				
	厂区整洁维护				
	一般物料订购发送				
	设备财产管理				
	其他				
决策支持管理	配送成本分析				
	营运绩效分析				
	配送点与道路网络分析				
	其他				

3）作业时序分析。在规划物流中心的过程中，需了解过去的作业形态及作业时间的分布。物流中心内拣货及分货作业需配合配送时段的需求，向前或向后调整，然后才考虑厂商进货时段的确定。对商品或渠道主导权较大的物流业者常约束厂商进货的时段，以有效规划作业人力及设施的利用。若不限定厂商进货时段，则容易造成进出货同时进行，人力与设备调度困难及作业空间混淆等问题。

4）人力需求与素质分析。对物流中心使用人数、背景及各层级人数进行分析，并考虑劳动人数及劳动强度，以作为后续规划物流中心经营效率、设备自动化与机械化程度的参考。

5）自动化水准的分析。就现有设备自动化设置程度进行分析，是否有过度依赖劳动力的现象或自动化设备因不当设置而有不适用之处，其分析结果可作为后续规划物流中心设备的参考依据。

在后续物流中心的自动化水准分析中，可将人员、设备与作业互动的关系分成五级，见表 6-5。

表 6-5　自动化水准分析

级　别	自动化水平	说　明	储 存 模 式	分 拣 模 式	装卸搬运方式
一	人工	完全人力作业方式	低层货架/地面托盘	手工分拣	人工小车+托盘堆高机
二	手动+机械	机械化设备辅助以完成作业	托盘货架/叉车存放	重力货架+分拣堆高机分拣到小车	叉车叉取货物/输送机
三	半自动	人员经由简易的操作、键入动作，通过自动化机械设备完成作业，但无任何控管作业	高架库存储和堆垛机出货	计算机辅助分拣到输送带	自动输送机
四	全自动+人工监控	虽由机械设备自动完成相关作业，但需人员进行监视及核对	自动仓库	自动分拣机	
五	全自动	由自动化设备完成相关作业，自动核对修正、自动收集资料、自动回馈与监控	自动仓库	自动分拣机	AGV

由于我国的土地资源和劳动力资源相对丰富，加上市场竞争对企业低成本运作的要求越来越高，因此比较适合我国物流中心的自动化水平是"手动+机械"和"半自动"两种。

2．物流中心规划条件

在分析各阶段所得信息之后就可以逐步进行各项规划条件的设定，此条件将作为后续规划中参考的基本参数。它包括：

（1）物流中心基本储运单位的确定　物流中心中各区域的储运单位通常不尽相同，如进货时为托盘进货，储存时以箱储存，出货时以箱或单品出货等。在此须强调，在进行后续分析及物流中心各项设备选择时，必须先确定基本储运单位。

（2）物流中心的基本运转能力的确定　它包括进货区、仓储区、拣货区、出货区的基本运转能力的估计及规划。除需考虑基本作业需求量以外，亦需配合作业弹性及未来发展趋势。

（3）自动化程度的确定　一般物流中心的经营者常将现代化物流中心与自动化设备直接联系起来，这是不正确的观念，因为经合理化分析及改善后，根据实际需求及改善效益而引进的自动化设备，才能发挥自动化整合的效果。而如果只是按照经营者片面的要求引进自动化设备，往往缺乏规模经济效益或因弹性不足而导致失败。因此，在制定未来物流中心的自动化水平时，规划者应进行周全的考虑。

6.2　物流中心作业区域规划

6.2.1　物流中心初步规划

1．物流中心设施需求分析

物流中心的设施需求分析基本上有三类：物流作业区域设施、辅助作业区域设施、仓库建筑外围设施。

（1）物流作业区域设施

物流中心内的主要作业活动基本上均与物流仓储、搬运、拣取等作业有关，因此，在进行物流中心规划的过程中，对于物流设备的确定选用是规划过程的重心。不同类型、功能的物流设备会影响物流中心中库房的布置和储存面积的需求,因此必须依据实际需求决定适合的设备。

（2）辅助作业区域设施

在物流中心的营运使用过程中,虽然辅助作业区域（如查验区、发货区）设施的需求类型及功能与物流作业程序并无直接关联,但是相关因素决定仍须在物流作业区域规划完成后再进行;实践中通常与物流作业区域的设施确认同步进行,以后再就相关因素做适当调整。

物流中心内主要的辅助设施包括:

1）办公设施:如办公桌椅、会议演示文稿设施、文件保管设备、休闲娱乐设施等。

2）计算机与计算机外设设施:如信息系统设施、计算机主机、网络设施及相关外围设施等。

3）劳务设施:如盥洗室、娱乐室、休息室、餐厅、司机休息室、医务室等。

（3）仓库建筑外围设施

为配合整体物流中心的运作与使用,所需相关水电、动力、土木、空调与安全消防等仓库建筑的外围设施等,在物流中心仓库布置规划时,亦须配合考虑,并针对主要设施进行确认。因为部分与建筑主体有关的设施的类型、跨距等因素,均将影响后续规划的内容。

2. 物流中心作业功能区域构成

在物流中心的作业中,有货物的进出货、仓储、流通加工、订单拣取、配送作业、贴标签、包装、处理退货品的分类、保管及退回等活动。在经过基础资料分析与基本条件设定之后,应该对这些活动的特性做进一步的分析及检查,并确定合理的作业程序,作为后续设备选用及空间规划的参考。物流中心的作业特性包括操作、搬运、检验、暂存、储存等,其中在物流中心的操作作业以上货、下货、拣取、补货等作业为主。其物流作业流程的分析程序可利用作业流程分析图来进行,逐步将操作、搬运、检验、暂存、储存保管等不同性质的工作加以分类,并将各作业阶段的储运单位及作业数量加以整理统计,标出该作业所在区域,即可得知各项物流作业的物流量大小及分布。一般物流中心作业功能区域的构成见表 6-6。

表 6-6　物流中心的主要作业功能区域

功 能 区	主 要 功 能
管理区	它是中心内部行政事务处理、信息处理、业务洽谈、订单处理以及指令发布的场所,一般位于物流中心的出口
进货区	负责货物的收、卸、检查、搬运和暂存
理货区	对货物进行简单处理,将货物区分为直接分拣配送、入库加工、待加工和不合格需要清退的货物,然后分别送往不同的功能区
存储区	对暂不配送但要作为安全储备的货物进行保管和保养的场所,通常配有多层货架和用于集装单元化的托盘
加工区	根据流通或销售的需要进行必要的生产性和流通性加工（如剪裁、包装等）的区域
分拣配货区	根据收到的订单进行货物的拣选、分类和配货的区域
发货区	对所要配送的货物进行检查、待送前暂存和发货的区域
退货处理区	存放进货残损,或不合格,或需要重新确认的等待处理的货物的区域
废弃物处理区	对废弃包装物（塑料袋、纸箱等）、破碎货物、变质货物、加工残屑等废料进行清理或回收利用的地方
设备存放维修处	存放堆高机、托盘等设备及其维修工具（充电、充气、紧固等）的地方

一般确立物流中心各区需求时，应以物流作业区为主，再延伸至相关外围区域。而就物流作业区的规划而言，可依流程出入顺序逐区规划。另外，因相关的信息不够完备而无法逐区进行分析确认时，建议可针对仓储及拣货区进行较详细的需求分析，再依据仓储及拣货区规划的运转能力向前后作业进行确认。

在完成相关作业程序、需求功能及其需求能力的规划后，可依据作业流程的顺序，整理各程序的作业物流量大小，将物流中心内由进货到出货各阶段的物品动态特性、数量及单位表示出来。因作业顺序安排、批次作业的处理周期等因素，可能产生作业高峰及瓶颈，因此须调整原先确认的需求量，以适应实际可能发生的高峰需求。而由于主要物流作业均具有程序性的关系，因此亦须考虑前后作业的平衡性，以避免因需求能力规划不当而产生作业瓶颈。

6.2.2　物流中心作业区域的规划方法

作业区域是物流中心的重点，而物流中心作业区域规划的重点是存储区及拣货区，然后再根据存储区和拣货区规划的运转能力对前后作业的设施进行规划。

要确定作业区域的面积需求，必须先确定物流单位以及作业量。对存储区和拣货区而言，就是计算物流中心运作后，进货、存储、拣选和出货等作业所需要的物流储运能力。

1. 存储区的储运量规划

物流中心存储区运作能力规模的计算方法主要有以下两种：

（1）周转率估计法

对物流中心存储量的初步规划中，该法为简易快捷的方法，可作为初步规划或储量概算的参考，并于后续规划过程中逐步修正为精确的需求规模。其主要步骤见表 6-7。

表 6-7　周转率估计法步骤表

计 算 步 骤	计 算 说 明
年运转量计算	将物流中心的各品项进出产品换算成相同单位的存储总量，汇总各品项全年的总量后，可得到物流中心年运转量。实际计算时，如果产品物性差异很大（如干货与冷冻品）或基本储运单位不同（如箱出货与单品出货），可以分别加总计算
估计周转率	定出未来物流中心仓储量周转率目标，目前一般食品零售业的年周转次数为 20～25 次，制造业为 12～15 次。零售企业在设立物流中心时，可针对经营品项的特性、产品价值、附加利润、缺货成本等因素，决定仓储的周转次数
估算仓容量	以年仓储吞吐量除以周转次数来计算仓容量
估计宽放比	估计仓储运转的变动弹性，以估算的仓容量乘以变动幅度，求出规划仓容量，以对应高峰时刻的高运转量，如 10%～25%。如果物流中心商品进出货物有周期性或季节性的明显趋势时，则须研究整个仓储营运政策是否须涵盖最大需求，或者可经由采购或接单流程的改善来达到需求平稳化的目的，以避免宽放比过高，增加仓储空间，造成投资浪费
汇　　总	实际在规划仓储空间时，可依商品类别分类计算年运转量，并根据产品特性分别估计年周转次数及计算总仓容量后汇总

周转率估计法计算表格见表 6-8。

表 6-8　存储区以周转率计算仓容量表格

商 品 名 称	年 运 转 量	周 转 次 数	估计仓容量=仓储吞吐量/年周转次数	变动幅度（%）	规划仓容量=估计仓容量×（1+变动幅度）

（2）商品送货频率估计法

如果能搜集产品类别的年储运量及工作天数，针对供应商的商品送货频率进行分析，或进一步设定送货间隔天数的上限，则可以此估算仓储量的需求。其步骤见表 6-9。

表 6-9　商品送货频率估计法步骤表

计 算 步 骤	计 算 说 明
年运转量计算	将各类产品换算成相同单元负载单位的年储运总量
估计工作天数（出货天数）	依产品类别估计年出货天数
计算平均出货单日的储运量	将各产品类别的年运转量除以年出货天数
估计送货频率	依产品类别估计厂商送货频率
估算仓容量	以平均单日储运量乘以送货频率
估计高低峰变动幅度	估计仓储运转的高低峰变动弹性，乘以估算的仓容量，求出规划仓容量，以支持高峰时期的高运转需求

如果可依产品类别送货频率进行 ABC 分析，那么不同的产品群可设定不同的送货频率，并分别计算所需的仓容量，再予以加总求得总需求量。实际上，工作天数的计算可采用两种基准，一种为年工作天数，另外一种是可以各产品类别的实际出货天数为单位。若有足够的信息反应各产品类别的实际出货天数，则以此计算单日的平均储运需求量会较接近真实状况。但是需特别注意，当部分产品的出货天数很少并集中于少数几天出货时，易造成仓容量计算偏高，使储运空间闲置或库存积压。建议针对平均出货天数和出货量进行 ABC 分析，再与实际年出货量进行交叉分析。对于年出货量小但是单日出货量大者，基本上不适用上述估算法，建议可将其归纳为少量机动类商品，以弹性库位规划；而其订货时机应采用机动形式，在订单需求发生时再予订货，以避免平时库存积压。

2. 拣货区的储运量规划

规划物流中心拣货区的运转量，与存储区的规划方法类似，但是应注意存储区的容量要满足一定期间（厂商送货期间）内的出货需求，因此对进出货的特性及处理量均应加以考虑；而拣货区则以单日出货货品所需的拣货作业空间为主，故以品项数及作业面为主要考虑因素。一般拣货区的规划不需包含当日所有的出货量，当拣货区货品不足时，由存储区进行补货。其规模计算的步骤及方法分别见表 6-10 和表 6-11。

表 6-10　拣货区规模计算步骤表

计 算 步 骤	计 算 说 明
年出货量计算	将物流中心的各项进出货品换算成相同拣货单位的拣货量，并估计各产品类别的年出货量，如果产品物性差异很大（如干货与冷冻品）或基本储运单位不同（如箱出货与单品出货），可以分别加总计算
估计各产品类别出货天数	按产品类别估计年出货天数
计算各产品类别平均出货天数的出货量	将各产品类别的年出货量除以年出货天数
ABC 分析	按产品类别进行年出货量及平均出货天数的出货量 ABC 分析，并确定出货量高、中、低的等级及范围，如图 6-2 所示。在后续规划设计阶段，可针对高、中、低类的产品族群做进一步的物性分析，以进行适当的分类及分组。若欲进行初步的拣货单位估算，可依出货高、中、低类别，设定不同的拣货区存货水准，再乘以各类别的货品品项数，即可求得拣货区储运量的初估值
ABC 交叉分析	如需进一步考虑货品出货的实际情形，需将年出货量配合单日出货量加以分析。针对年出货量及平均出货天数出货量的高、中、低分类进行组合交叉分析，其出货类型可按照出货特性做适当的归类，再做不同存量水准的规划

表 6-11　产品分类与拣选方式表

产品分类 拣选方式	AA	A	B	C	D	备　注
库外中转						无库存
直通						无库存
机械分拣						重型货物
分拣到皮带						用分拣机
分拣到容器						用分拣机
分拣到托盘						

出货量 ABC 分类图如图 6-2 所示。

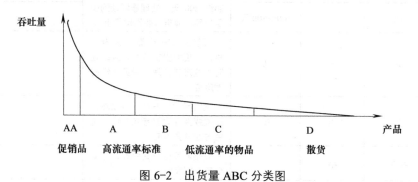

图 6-2　出货量 ABC 分类图

注：AA 指促销品，A 和 B 指高流通率货品，C 指低流通率的货品，D 指零星出货的散货。

ABC 组合交叉分析：在出货特性的分析过程中，如有足够的分析数据并配合计算机系统，可将各类产品的出货天数和平均单日出货量及年出货量三项因素综合考虑，进行交叉分析和综合判断，以更有效地掌握产品出货特征。针对各类产品出货天数进行高、中、低群的分类，再与上述年出货量及平均出货日出货量的 5 种产品群进行组合交叉分析，依其出货特性的不同做适当的归并后，再做不同存量水准的规划。

假设大多数物流中心年工作天数为 300 天，则定义出货天数范围为 200 天以上、30～200 天及 30 天以下三个等级，将各类产品依出货天数群分为高、中、低三群，实际上天数分类范围需视业者现况而定。拣货区出货分类的产品族群性质说明见图 6-3 和表 6-12。

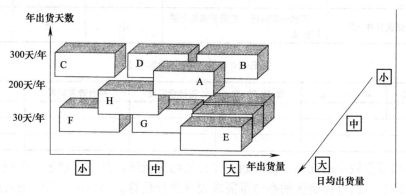

图 6-3　拣货区按出货类型分类

表 6-12　按出货类型分类表

ABC 组合分析法					
分　类	年 出 货 量	日均出货量	出 货 天 数	存　储　方　式	拣　选　方　式
A	大	大	200～300 天	出货最多的主力产品群,仓储拣货系统的规划应有固定库位,并有较大的存量水准	估计所需拣货空间时,则须提高其宽放率
B	大	小	200 天	虽然单日出货量不大,但因出货日数频繁,仍须妥善规划,以固定库位方式为主,但存量水准可较低	估计所需拣选空间时则可减少其宽放率,减少多余的拣货空间,当实际拣货作业发生缺货时,再以补货方式补足拣货区的存量
C	小	小	大于 200 天	出货量不高,但是出货天数超过 200 天,处理最烦琐的少量货品,通常可能为单品出货	
D	中等	小	200～300 天		
E	大	大	少	可能集中于少数几天内出货,可视为出货特例,应以临时库位方式处理,避免全年占据库位	
F	小	小	少	通常品项数很多,可以临时库位或弹性库位方式处理,避免占据过多库位	
G	中等	小	少	以临时库位方式处理,避免全年占据库位	
H	中等		30～200 天	以固定库位方式为主,但存量水准亦为中等	

　　以上所述分类为参考性原则,实际规划过程中仍需视服务需求及出货特性来调整分类范围及类型的分组,以掌握实际出货的动态特性。拣货区规划及拣货区储存容量规划见表 6-13 和表 6-14。

表 6-13　拣货区规划表

拣货区规划	作 业 方 式	拣 货 量	出 货 频 率	适 用 类 型
拣货区与存储区分区规划	由存储区补货至拣货区	中	高	零散出货
拣货区与存储区于同一区分层规划	由上层存储区补货至下层拣货区	大	中	整箱出货
拣货区与存储区合并规划	不另设存储区,直接于库位上进行拣货	小	低	少量零星出货

表 6-14　拣货区存储容量表

商 品 名 称	年 运 转 量	周 转 次 数	估计仓容量	高低峰差异率	规划仓容量

　　对于年出货量较小的商品,在规划中往往省略拣货区,并与存储区一并规划,即存储区兼拣货区,因此可结合存储区的存储量需求模式进行估算。另外,当系统加入拣货策略判断时,拣货量的估算必须进一步进行检查及修正。

3. 物量平衡分析

在完成相关作业程序、需求功能及其需求能力的规划后，可按照作业流程的顺序整理各程序的作业物量大小，将物流中心内由进货到出货各阶段的物品动态特性、数量及单位表示出来。因作业时序安排、批次作业的处理周期等因素，可能产生作业高峰及瓶颈，因此须调整原规划的需求量，以应对实际可能发生的高峰需求，而且主要物流作业均具有程序性的关系，还须考虑前后作业的平衡性，以避免因需求能力规划不当而产生作业的瓶颈。因此，应进一步进行物量平衡分析，定义各作业的调整值，来修正实际的合理需求量。在此定义，此调整值的参数为频率高峰系数，物流中心作业流程物量平衡分析表见表 6-15。

表 6-15 物流中心作业流程物量平衡分析表

作业程序	主要规划指标参数	平均作业频率	规 划 值	频率高峰系数	调整值=规划值×（1+频率高峰系数）
进货	进货货车台数				
	进货厂家数				
	进货品项数				
存储	托盘数				
	箱数				
	品项数				
拣货	托盘数				
	箱数				
	品项数				
	拣货单数				
	出货品项数				
	出货客户数				
集货	托盘数				
	箱数				
	出货货车数				
	出货客户数				

物流中心作业区域面积分析见表 6-16。

表 6-16 物流中心作业区域面积分析表

作业区域	基本预估面积		区域面积调整比率（%）					调整后需求面积	
	面积/m²	长×宽	作业活动空间	内部通道预留	外部通道预留	扩充空间预留	配套项目预留空间	面积/m²	长×宽
进货区									
退货区									
进货暂存区									
存储区									
拣货区									
集货区									
加工区									
出货暂存区									
出货区									

6.2.3 存储区域面积计算

1. 预测托盘地面堆垛储存的面积需求

1）物品以托盘堆垛方式储存，堆垛高度为一层，如图 6-4 所示。
从天花板俯视的平面图如图 6-5 所示。

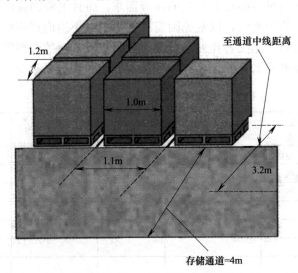

图 6-4 托盘堆垛储存示意图

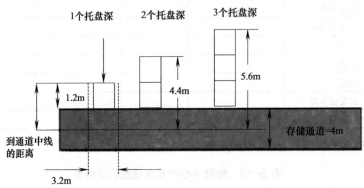

图 6-5 俯视平面示意图

托盘地面堆垛（一层）需求面积计算见表 6-17。

表 6-17 地面托盘堆垛（一层）面积计算表

计算公式	深度=1/2 通道宽度+托盘长度×托盘行数
	宽度=托盘宽度+托盘间距
	每个托盘的占地面积=（深度×宽度）/托盘数
每个托盘的储存面积	1 个托盘深的存储面积=（3.2m×1.1m）/1=3.52m²/托盘
	2 个托盘深的存储面积=（4.4m×1.1m）/2=2.42m²/托盘
	3 个托盘深的存储面积=（5.6m×1.1m）/3=2.05m²/托盘

2）物品以托盘堆垛方式储存，堆垛高度为多层，储存面积计算见表 6-18 所示。

表 6-18　储存面积计算

托盘深	1 层高	2 层高	3 层高	4 层高
1 个深	3.52m²/托盘	1.76m²/托盘	1.17m²/托盘	0.88m²/托盘
2 个深	2.42m²/托盘	1.21m²/托盘	0.81m²/托盘	0.61m²/托盘
3 个深	2.05m²/托盘	1.03m²/托盘	0.68m²/托盘	0.51m²/托盘
4 个深	1.87m²/托盘	0.94m²/托盘	0.62m²/托盘	0.47m²/托盘

2. 预测使用托盘货架储存的面积需求

若使用托盘货架来存储物品，则计算存货空间时的考虑因素除了货品尺寸、数量、托盘尺寸、货架形式及货架层数外，托盘货架因存取所需的通道空间也需一并计入，因为该通道已非部门间通道，而是属于存储区的作业通道。一般而言，通道约占全部面积的 35%～40%。因此，存货所需的基本托盘地坪面积为：

$$P=（每一库位面积×平均存货量）/（平均每托盘堆栈货品箱数×立体货架层数）$$

6.2.4　拣选作业区域规划

1. 存储区和拣选区合一的模式

存储货架和拣选货架不分开，即直接从存储保管区的货架拣取货品，不通过专门的拣选货架，具体包括以下两种模式：

（1）使用两面开放式货架

货架的正面和背面呈开放状态，两面可以直接存放或拣取货品，或者可以从一面存入、另一面取出。还可以配合传送带进行作业，货品可以按先进先出原则流向拣选区。由进货→保管→拣货→出货都是单向通行的流动线。在入货区把货品直接从货车卸于入库输送机上，入库输送机就自动将货品送到存储区。在存储区采用重力货架来保管货品，作业员在重力货架补给侧将货品放入，货品便自动流向拣货区侧，从而提高了拣货效率。而在拣货区，因所有货品皆被整齐地排列，故很容易进行拣货。拣货后，将所拣完的货品立即放在出库输送机上，出库输送机会自动把货品送到出货区。所以，出入库非常频繁和拆零作业比例较多的连锁企业物流配送中心适合采用这种布局模式。使用两面开放式货架的拣选模式如图 6-6 所示。

此模式的优点：

1）使用重力货架，仅在拣货区的通路侧上行走就可拣出各种货品。

2）使用出库输送机，可减少拣货作业时的行走距离。

3）入库输送机与出库输送机分开，可同时进行入库、出库的作业。

（2）使用单面开放式货架

货架只能从单面存取货物，货品的入库和出库必须在货架的同一侧进行，由同一条输送带送入、送出商品。这种模式可以节省货架的占用空间，但入库作业和拣选出库作业的时间必须分开，否则容易造成作业冲突和作业错误。使用单面开放式货架的拣选模式如图 6-7 所示。

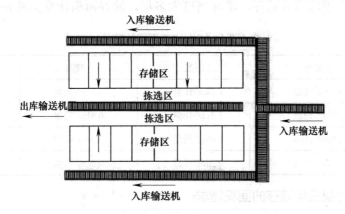

图 6-6　使用两面开放式货架的拣选模式

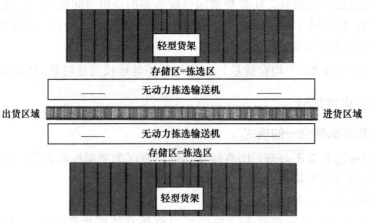

图 6-7　使用单面开放式货架的拣选模式

（3）货架上下层分开作业方式

针对上述基本模式，若欲在有限的空间里处理大规模的货品，也可考虑采用阁楼式货架的方式：下层规划重型货架，采用 P→C 拣货模式；上层负重轻，安排轻型货架，采用 C→C 拣货模式。用上下层将不同货品分开处理，不仅能够提高空间利用率，还可将 P→C 与 C→C 两种拣货模式组合起来。

2. 存储区与拣选区分离模式

将货品的储存功能与拣选功能分离，货品入库后保管在储存保管区，拣选前先由存储区通过"补货作业"，将货品补充到拣选货架上，再从拣选货架上拣取货品。此模式适用货品品种数量较大，进出的物流单位较大，进出频率较高，而且出货单位属于拆零的货品拣选。例如，以托盘或箱为单位进货，以内包装和单品为单位出货的货品，可以通过补货拆装后补充到拣货区，再在拣货区拣取货物。存储区与拣选区分离的拣选模式如图 6-8 所示。

存储区与拣选区分离的优点如下：

1）实施有效的库存管理，提高相关作业的效率。

2）减少拣选作业的行走距离，提高拣选作业效率。

3）对货品的储存和拣选库位进行分类，实施 ABC 管理，优化作业功能。

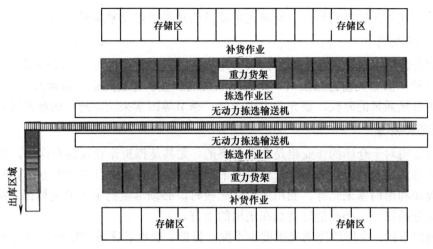

图 6-8　存储区与拣选区分离的拣选模式

6.3　物流中心设施规划

6.3.1　仓库设施规划

1. 建筑物形式

仓库的建筑形式主要有砖混结构和轻钢结构两种，两者的优缺点见表 6-19。

表 6-19　仓库建筑形式比较表

建筑形式	优　点	缺　点
砖混结构	建筑成本较低 受外界温度、湿度影响相对较小	施工工期较长 柱子较多，空间使用率较低 不利于自然采光和设施安装 当仓库需要调整时，扩展性较差
轻钢结构	立柱较少，空间利用率高 作业动线流畅 容易做夹层结构	需要定期维修 受外界温度、湿度影响相对较大

2. 屋顶及屋高

常见的仓库屋顶建造材料有彩色钢板、石棉瓦、库体板等几种，目前以彩色钢板最为普遍。由于建造方式不同，屋顶的样式也不同，有平屋顶、单面斜度及两面斜度等几种。必须要注意屋顶斜度，因为屋顶斜度的大小会影响屋高及梁高。目前，屋顶斜度从 5/100～20/100都有；5/100 的斜度是指 100m 长的屋顶，高有 5m。

3. 门窗

仓库的门有手动卷门、电动卷门及手动快速门等几种，手动卷门价格比较便宜但费力，电动卷门及手动快速门价格比较贵但比较省力。门宽一般为 2.44～3.04m，门高一般为3.04～3.66m。

窗户尽量规划在较高的地方，开窗的主要目的是采光以及紧急时逃生。

4．仓库的换气

在规划仓库时也必须注意仓库的换气，尤其是夏天，应及时使热空气排出。仓库的换气方法有很多种，例如天窗自然换气、门窗自然换气、强制性通风器（自动）、空调系统等几种。在利用自然通风的时候，要充分考虑天气、季节等因素来决定通风的起止时间。

5．采光及照明

采光及照明对于仓库的作业也是非常重要的，尤其是拣货作业及检查作业，如果光线不足容易造成拣货错误，因此必须注意仓库的采光及照明。仓库的自然采光方法有两种：利用屋顶采光板和利用门窗采光等。利用屋顶采光板时，必须尽量把采光板规划在走道的上方；同理，在规划照明时，必须把灯规划在走道的上方。

依区域的不同，仓库的照明光照度也不同。目前，仓库各区域的照明光照度至少应该保证如下所列的光照度：进出货暂存区 100～200lx，库存储存区 100～200lx，拣货区 200～300lx，检查区 200～400lx，办公室 200～300lx 以上的光照度。

6．地面承重和地面材料

在仓库内部的地面承重及地面表面材料是很重要的，尤其是多层楼式或是有地下室的楼库，我们常常可发现地面承载、承重不足的情形，例如地面不正常的龟裂，或者是结构严重受损的情形。储放的货品不同要求其地面承重不同，一般而言，办公室每平方米应承重 300kg，服饰商品则每平方米应承重 300～500kg，杂货商品则每平方米应承重 500～1 000kg，而饮料商品则每平方米应承重 2 000kg 以上；除此之外，最好再考虑该层的楼层高度或储放商品的高度。一般的地面负荷强度见表 6-20。

表 6-20　地面负荷强度表

楼层	地面负荷强度（t/m²）
一层	2.5～3
二层	2～2.5
三层	1.5～2

（1）地面承重的计算

1）货架和货物的载重。

2）堆高机的轮压。

$$堆高机轮压 = 安全系数 \times \frac{（堆高机自重 + 货物载重）}{4}$$

安全系数是考虑到堆高机作业时对地面的冲击力而预留的 1.3～1.5 倍的负荷能力。

（2）地面的平整度

地面的平整度通常由堆高机作业对货品的稳定性要求和速度限制，以及货架高度等因素决定。通常，仓库地面的水平精确度为 1%。直线测量每 3m±3cm 的水平误差。通过表面处理可以维持较清洁的环境，且便于堆高机作业。

（3）地面材料

有时我们会发现地面表面起砂的情况非常严重，因此地面表面材料的选用非常重要，目前的地面表面材料种类很多，主要有水泥地面、金刚砂水泥地面、塑料地砖地面、无缝树脂地面等，需要针对储放货品的特性选择较耐用的材料。目前使用最多的是金刚砂水泥地面，其价格非常合理。

6.3.2　仓库外设施规划

1. 货车通道

在物流中心内部的货车车道，单向车道的宽度一般为 3.5m，双向车道的宽度为 7m，车道的地面必须是能承担每轴 10t 的地面。

2. 货车回转区

在物流中心的货车回转区，应该有可以使大货车容易停靠的站台，这非常重要但又常常被忽视的一点。货车回转区的长度根据货车长度的不同而不同，原则上是货车全长的两倍；更明确的数字如，2 吨车为 11m，4 吨车为 13m，11 吨车为 20m，及拖车、厢式货车为 33m。

3. 站台高度

物流中心的站台是进出货的必经之路，站台高度应配合货车货台的高度，但是货车的车型非常多，且高度也都不一样；另外，空车的高度与承重车的高度也不一样。因此，往往必须引进油压升降平台来辅助装卸。一般而言，进货的货车较大，可能是 11 吨大货车或是厢式货车、拖车；而出货的货车较小，大部分是 3.5 吨货车及 7 吨货车。另外，货车因厂家不同，货台高度也不同。一般而言，站台的高度 2 吨车约为 0.7m，4 吨车约为 0.9m，11 吨车约为 1.2m，而拖车及厢式货车约为 1.3m。在站台上面也必须考虑防撞的装置，避免站台遭货车撞坏。低温仓库则必须配备密封设备。

4. 遮阳（雨）棚高度及长度

在物流中心站台的遮阳（雨）棚也是进出货必备的设备，因为有的货品对湿度及太阳直射非常敏感，因此进出货的地方必须有足够多的遮阳（雨）棚。遮阳（雨）棚离站台的高度至少需要 3m，离地面的高度至少需要 4m，遮阳（雨）棚的长度至少需要 5m；而且最好是往内部倾斜，避免雨水滴落到车厢后被风吹进站台，甚至弄湿了货品。另外，有一种车厢是以左右两边开启的，称为海鸥式车厢，使用此种车厢时则遮阳（雨）棚的高度从地面算起至少需要 5.5m。

5. 消防的设备

物流中心的消防非常重要，必须设置足够的消防设备。消防设备的种类及功能有许多种，常见的有：烟感报警器、消火栓、灭火器、自动洒水系统、自动二氧化碳灭火系统等；消火栓及灭火器的价格比较便宜，但是必须由人操作，自动洒水系统及自动二氧化碳灭火系统的价格比较贵，但是效果比较好。

6.3.3　仓库动线设置

仓库动线设置按照用地面积及物流种类的不同，可分为 I 形动线流程、L 形动线流程和 U 形动线流程三种。

1. I 形动线流程

I 形动线流程如图 6-9 所示。

2. L 型动线流程

L 型动线流程如图 6-10 所示。

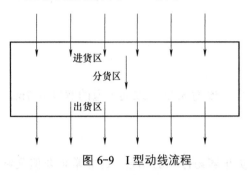

图 6-9　I 型动线流程

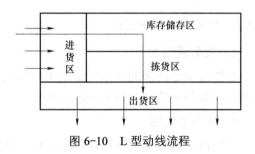

图 6-10　L 型动线流程

3. U 型动线流程

U 型动线流程如图 6-11 所示。

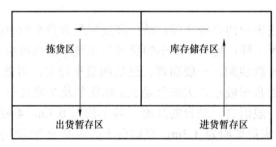

图 6-11　U 型动线流程

6.3.4　柱子间隔、梁下高度及通道设计

有三种因素极大地影响着仓库保管空间的使用率：柱子间隔会影响货架的摆放，搬运车辆的移动，输送分类设备的安装；梁下高度限制货架高度并影响商品的堆叠高度；通道影响保管使用面积及搬移的方便性；所以保管空间的布置重点是柱子间隔、梁下高度及通道设计三方面。

1. 柱子间隔

柱子间隔一般以建筑物的楼层数、楼层高度、地板承重、抗震等条件来设计。但以保管空间来讨论，除了包括上述基本建筑设计条件外，还须考虑一般建筑物内的保管效率及作业效率。不规则的柱子间隔会形成高风险区，会增加搬运设备的损耗以及面积利用率、作业效率的损失。物流中心仓库内保管空间的柱子间隔设计影响因素有：

（1）保管区域存放设备的种类及尺寸

保管空间的设计首先考虑所选用保管设备的布置效率，其空间的设计尽可能大而完整，以供设备的安置，所以要配合设备的规划来决定柱子的间隔。

1）托盘货架正面宽度方向柱子排列。

➥**例题**　托盘宽 $W_p=1m$，托盘数 $N_p=7$ 块，托盘间的间隔 $C_p=0.05m$，侧面间隔尺寸 $C_o=0.05m$，求内部柱间距尺寸？

$$W_i=W_p×N_p+C_p×（N_p-1）+2×C_o=1m×7+0.05m×6+2×0.05m=7.4m$$

2）托盘货架纵深方向柱子排列。

➥例题 托盘深度 L_p=1m，通道宽度 W_L=2.5m，托盘（货架）背面的间隔 C_r=0.05m，平房建筑，柱子间隔二节距（N=2），求内部柱间距尺寸？

$$W_c=（W_L+2\times L_p+C_r）\times N=（2.5m+2\times 1m+0.05m）\times 2=9.1m$$

（2）保管区域与出入口的关系

当确定保管区域时，必须考虑其前方是否有柱子，因受电动叉车出入口、输送带安装及吊车的移动等限制，此时柱子的间隔设计是按照通道宽度及存储设备间隔等尺寸来计算的。

➥例题 货架深度 L_p=1.2m，存取机通道宽度 W_L=1.3m，托盘（货架）背面的间隔 C_r=0.1m，货架节距数二节距（N=2），求内部柱间距尺寸。

$$W_i=（W_L+2\times L_p+C_r）\times N=（1.3m+2\times 1.2m+0.1m）\times 2=7.6m$$

2. 梁下高度

在保管空间中，梁下的高度理论上是越高越好，但实际上受货物所能堆积的高度、叉车的提升高度、货架高度等因素限制，太高反而会增加成本及降低建筑物单位高度的楼层数。影响仓库梁下高度的因素有：

（1）保管货品的形态、保管设备的形式和堆积高度

由于所保管货品的形态及所采用的保管货架的形式都和高度有关，采用托盘地面堆垛或采用高位货架两者所需要的堆积高度差距非常大，耐压的坚硬商品及不耐压的商品同样以地面堆垛方式，对梁下高度的要求就有很大的差异，因此必须以所采用的保管设备与堆积方式来决定梁下高度。

（2）所使用堆高搬运机器的种类

由于各类叉车、吊车等堆高搬运设备均有其特定的规格，对这些规格所产生的限制会影响到梁下高度的设计，例如，叉车提升高度便直接影响到堆货的高度，其梁下高度可依此估算。

（3）所采用的储存保管设备的高度要求

由于各种货架都有基本架设高度，安装货架时必须达到此高度才有经济效益，因此，梁下高度的设计必须符合所采用保管储存设备的基本高度要求，再加上梁下间隙尺寸。

阁楼式货架的搬运是以人力来作业的，所以每一层的货架高度都必须考虑人力作业的高度，其最上层货架的高度是二层货架高度加上货架隔板尺寸，梁下的有效高度即最上层货架的高度加上梁下间隙尺寸。

（4）梁下间隙尺寸

在梁下为了消防、空调、采光等原因，必须放置一些配线、风管、消防设备、灯光照明等。因此，必须预留这些管线、灯具的安装尺寸，在所有梁下高度的计算中都必须把梁下间隙考虑进去。

$$梁下有效高度=最大提升高度+梁下间隙尺寸$$

➥例题 货架高度 H_r=2.4m，隔板尺寸 H_f=0.4m，梁下间隙尺寸 a=0.6m，求最上层货架高度与梁下有效高度。

$$最上层货架高度 H_L=2.4m\times 2+0.4m=5.2m$$

$$梁下有效高度 H_e=5.2m+0.6m=5.8m$$

一般仓库采用一层，梁下高度8m；仓库楼层梁下高度见表6-21。

表 6-21　仓库楼层梁下高度表

仓库类型		梁下高度
单层仓库		8～10m
多层楼库	一层	5.5～6m
	二层	5～6m
	三层	5～5.5m

3．通道设计

通道的正确安排及尺寸是影响物流作业效率的一个关键因素。作为存储区与进出货区的通路，通道的设计应能提供存货的正确存取、装卸设备的进出及必要的服务区间。影响通道的主要因素有：通道形式，搬运设备的形式、尺寸、转弯半径，装载单元，存储货品的尺寸，存储的批量，与进出口及装卸区的距离，防火墙的位置，行列空间等。

（1）通道设计的原则

空间分配最重要的因素是通道的设置及宽度，因此，良好通道的设计应注意以下要点：

1）流量经济：让所有仓库通道的人、物移动都形成路径。

2）空间经济：通道通常占用不少空间，因此仔细地设计通道能带来直接的利益。

3）设计的顺序：主要通道，如出入部门及仓库间的通道，必须首先设计，然后设计服务设施的通道，最后再设计次要通道。

4）大规模仓库的空间经济：一个 6m 宽的仓库可能有一条宽约 1.5～2m 的通道，约占有效地面空间的 25%～30%；而一个 180m 宽的仓库可能有 3 条宽 3.6m 的通道，只占所有空间的 6%，即使再加上次要通道，亦只占 10%～12%。因此，大仓库在通道设计上可达到规模空间经济性。

5）直线原则：所有通道均应以直线为原则。

6）危险条件：必须随时要求通道够空旷，当发生危险时能够尽快逃生。

7）通道宽度：在大仓库中，主要通道的宽度可能是 3.5～6m。一般来说，3m 能容纳叉车通过，再加上人员的步行；人行通道及内部通道可能是 0.75～1m 宽，但移动较受限制。

8）楼层间的交通：电梯是通道的特例，其目的在于将主要通道的货品运至其他楼层，但又要避免阻碍到主要通道的通行。通常，此通道的宽度至少要与电梯相同，距离主要通道或交叉通道约 3～4.5m。

因此，要满足上述的考虑，最好的通道形式应属中枢通道，即主要通道经仓库中央，且尽可能直穿，使起点及终点分别在出入口，且连接主要交叉通道。

（2）通道的类型

通道主要影响仓库的作业能力和效率。库内通道最主要的部分是主通道和存储通道：主通道连接仓库的进出口和各作业区域，道路最宽，与装卸平台的方向平行；存储通道是主通道连接各作业区域的通道，通常垂直或平行于主通道，不应与仓库墙壁临近。

（3）通道宽度的计算公式和参考值

1）通道宽度计算公式。

$$主通道宽度=2 辆叉车的宽度+0.9m$$

若主通道兼有人行通道，则在此基础上加上 1～2m。

主通道宽度如图 6-12 所示。

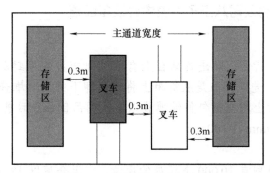

图 6-12 主通道宽度示意图

存储通道宽度如图 6-13 所示。

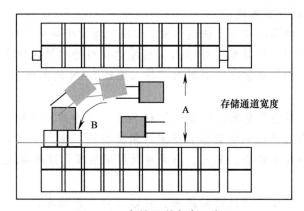

图 6-13 存储通道宽度示意图

存储通道宽度=叉车转弯半径+0.1m

2）通道宽度参考值

通道宽度参考值见表 6-22。

表 6-22 通道宽度参考值

通道类型和使用设备	宽 度	转 弯 半 径
中枢主通道	3.5～6m	
辅助通道	3m	
人行通道	0.75～1m	
小型台车	0.7～1.2m	
手动堆高机	1.5～2.5m	1.5～2.5m（视载重而定）
平衡重式叉车	3.5～4m	3.5～4m
前移式叉车	2.5～3m	2.5～3m
巷道式堆垛机	2～2.5m（1 100mm×1 100mm 托盘）	1.7～2m
手推车	1m	

案例 6-1 日本安利公司八王子物流中心设备配置

1. 进货站台

一层是进货货车卸货区，在进货站台上有 8 个地方装有门封及油压升降平台，以便于叉车上下货柜作业，进口商品是从货柜上将商品卸下的同时堆叠在托盘上，国内商品则是整托盘入库，托盘上均有捆包伸缩薄膜以防止商品倒塌。目前，该物流中心使用 T-11型的标准托盘（1 100mm×1 100mm）。

2. 托盘货架

该物流中心大约规划有 10 000 个托盘的库位，定温仓库以 18～20℃为储存条件，通道以窄道式的堆垛机来规划，其通道的宽度只有 1.5m 左右，仓库空间的利用率非常高。其他常温的仓库则是以叉车作业，因此通道较宽，约 3m。

3. 堆垛机的无线导引系统

为了使堆垛机在狭窄的通道上快速作业，地板上埋设有导引电线，像 AGV 无人搬运车一样的电磁导引可以在计算机上指示入、出库的资料给堆垛机作业人员，这样就可以提高堆垛机作业人员的作业效率。同时预订导入无线 LAN 的系统。

4. 危险品仓库

将可燃的喷雾商品当作危险品处理，约有 800 个托盘的库存量，规划在相隔一定距离的其他仓库里。仓库的顶部设置了自动泡沫消防系统，当发生火灾时就会自动启动泡沫灭火，现场的安全度非常高。其入、出库可以用高层窄巷道堆垛机作业。

5. 纸箱成型机

纸箱成型机是分拣发货线的开始源头，可以针对不同的客户订单、订货数量、容积大小，提供大、中、小三种不同规格的纸箱给分拣线，全部是由计算机根据客户的订单自动计算之后选择决定的。

另外，客户以信件、电话、传真及电子邮件等方式传来的订单，将从总公司的计算机中以在线方式传送到物流中心的计算机中，以保证信息传递的快速性和准确性。

6. 自动标签机

纸箱成型之后，以输送机运送 3 种规格的纸箱，在合流的地方将已打印完成的标签用空气自动标签机喷贴到纸箱上。不论纸箱的规格大小，一律贴在定点的位置，标签上有订购者姓名、配送地址及订单内容等对应的资料。

7. 电子标签分拣线（DPS）

以数字显示的无纸化分拣系统分成三条分拣线，是以商品的重量、尺寸、大小及高度等来区别分拣的。电子标签分拣线规划可以用跳跃式的分拣方式作业，操作工人核实显示器所显示的号码与到达的纸箱号码是否一致，经确认之后再根据货架的灯号及显示数量的号码，分拣放到相应的纸箱里。一条分拣线约可以识别 400 种商品。

8. 重量检查机

通过电子标签分拣后的纸箱，当经过重量检查机时，若纸箱的重量与设定的重量相差 10g，马上可以自动排除，再经过人工复查确认。这样做可以降低分拣的错误率，提高分拣精度及解决人工检查作业时人工不足的问题，同时可以提升企业物流作业的效率。

9．自动分拣系统（APS）

继东京及神户物流中心之后，八王子物流中心也引入 A 型单品自动分拣机 3 台，总共可以自动处理 120 种小商品的分拣。分拣的速度一般为 3s 内完成一个客户的订单。

经过电子标签分拣及重量检查机之后的纸箱，被运送到自动分拣机的工作站，对应相同的订单将商品自动拣出，并投入纸箱内。自动分拣机的工作原理是将最下层的商品推出，因此必须注意皮带及滑槽的材质，以防商品受损。

10．装进物流箱内

在输送机的末端将 APS 分拣出来的商品装进物流箱内，为了防止商品被损坏，当商品装进物流箱时，物流箱底部会有一个上升动作，减少输送机与物流箱的落差高度，同时在物流箱的底部垫有海绵，以防止商品破损。

11．自动分拣系统的补货

自动分拣系统（APS）的补货是从重力货架补货到 APS 的，补货作业是在 A 型自动分拣机的左右各配置一人，以人工目视 A 型自动分拣机，当发现库存量低于补货点时，以人工方式从重力货架上拣货，再补货到 A 型自动分拣机上。

12．合流装箱工作站

从电子标签分拣线拣出的纸箱内商品与自动分拣系统拣出的物流箱商品在这里会合，上层是物流箱的储放规划，同时有数字显示器显示与订单对照。在数字显示器的下面有镜子，可以一目了然，避免纸箱内商品没被全部取出。这样的系统每小时可以处理 600 张订单，三条线总共可以处理 1 800 张订单。

13．垂直输送机

安利公司的物流中心采用立体构造，各楼层之间利用箱式垂直输送机搬运，其优点是节省空间且搬运速度很快。整个物流中心共有 30 台垂直输送机。

14．包装线

从合流装箱工作站完成的纸箱，利用垂直输送机运送到一层，然后再利用自动分类机分配到左右的 30 个工作站去包装。包装作业员排列纸箱内商品，放入送货单及缓冲的材料，再利用输送机将其输送到自动封箱机上去封箱。

15．封箱机

在两条发货输送线中均设置有自动封箱机，当纸箱到达时就会自动封箱，封箱机采用 RANDOM 型的机型，也就是不论纸箱尺寸的大小，封箱机可以自动识别并自动调整高度进行封箱。

16．自动分类机

封箱完成的商品利用输送机分别用自动分类机分货。自动分类机采用条码扫描方式，条码扫描机设置在输送机的上方，当纸箱到达时就会自动读取条码并根据条码读取的信息自动分类到指定的滑槽。自动分类机共有 9 个滑槽，自动分类完成后的商品马上装载到货车上。安利的配送委托给了日本大和（黑猫人队）运输公司，因此，自动分类完成后的工作完全由大和运输公司来运作。商品的发货检查则是利用自动分类机的条码扫描与主机计算机自动对点的方式。

6.4 物流中心设备规划

6.4.1 物流中心储存设备的选择

选择储存设备时需考虑的因素有物品特性、存取性、出入库量、搬运设备、仓库架构等，最主要的就是依据保管区的功能做出适当的选择。例如，保管区的主要功能是供应补货，则可选用一些高容量的货架；而拆零区的主要功能是提供拣货，则可以选用一些方便拣货的重力货架，以方便作业。

1. 物品特性

物品的尺寸大小、外形包装等将会影响储存单位的选用。由于储存单位的不同，使用的储存设备就不同，例如，托盘货架适用于托盘储存，而箱式货架则适合箱子储存；若外形尺寸特别，则有一些特殊的储存设备可供选用；而如果商品本身的材料特殊，如易腐性或易燃性商品，在储存设备上就必须做防护考虑。

2. 存取性

一般存取性与储存密度是相对的。也就是说，为了得到较高的储存密度，就必须相对牺牲货品的存取性。有些货架形式虽然储存密度较佳，但会使库位管理较为复杂。唯有立体自动仓库可往上发展，存取性与储存密度俱佳，但相对投资成本较为昂贵。因此，选用何种形式的储存设备，可以说是各种因素的折中。

3. 出入库量

某些形式的货架虽然有很好的储存密度，但出入库量却不高，因此只适合于低频度的作业。出入库量是非常重要的数据，可由此来选用适当的储存设备。储存设备与出入库频率，见表6-23。另外，还要考虑是否有先进先出的需求，如食品，因此必须兼顾库存管理的方式。

表 6-23　储存设备与出入库频率

储存单位	高频率	中频率	低频率
托盘	托盘重力式货架 立体自动仓库 水平旋转自动货架	托盘式货架	移动式货架
容器	容器重力式货架 轻负载自动仓库 水平旋转自动货架 垂直旋转自动货架	重量型货架	移动式货架
单品	单品自动拣取系统	轻量型货架	抽屉式货架

4. 搬运设备

储存设备的存取作业是以搬运设备来完成的。因此，选用储存设备要一并考虑搬运设备。货架通道宽度直接影响到叉车的使用形式，不但要考虑是平衡重式还是前移式叉车，还须考虑举升高度及举升能力。

5．仓库架构

梁下有效高度、梁柱位置会影响货架的配置；地板承重的强度、平整度也与货架的设计和安装有关；另外，必须考虑防火设施和照明设施。

6.4.2　物流中心搬运设备的选择

在选择搬运及输送设备时，要考虑商品的特性、单位、容器等因素，以及人员作业时的流程与状况，再加上库位空间的配置等来选择合适的搬运及输送设备。而对选定设备的工作效率、自动化的程度还要综合考虑成本及作业需求之间的平衡，并应注意设备的保修问题。

除了搬运车辆外，手推车也是常用的搬运设备，另外，在拆零区，拣货车也属于一种常用的搬运设备。因此，搬运设备要与储存设备搭配选用（见表 6-24）。

表 6-24　搬运设备与储存设备的选用参考

储存设备	搬运设备								
	无动力拣货车	动力拣货车	动力牵引车	叉车	手推平板车	搭乘式存取机	无动力输送机	动力输送机	计算机辅助拣货车
托盘货架	◎	◎	◎	◎				◎	
轻型货架	◎	◎	◎		◎			◎	◎
储物柜	◎	◎							◎
重力货架	◎						◎	◎	
高位货架						◎			

6.4.3　物流中心输送设备的选择

运输单元包括托盘、纸箱、塑胶箱容器及其他固定尺寸单位的货品。

因为输送物品的表面与输送带直接接触，因此物品的特性直接影响设备的选择及系统的设计。输送物品的特性包括尺寸、重量、表面特性（软或硬）、处理的速率、包装方式及重心等，这些均是要考虑的因素。规划时，应将欲输送的所有物品列出，例如，最小的及最大的，最重的及最轻的，有密封的及无密封的。并非仅最大的或最重的物品会影响设计，较轻的物品也可能使传感器无法探测，较小的物品也会影响设备形式的选择。在规划时，主系统并不需要处理所有货品，可以用第二套系统或人工的方式来处理较不常用的货品，这样可能会较为经济。

环境条件也是主要的考虑因素，大部分的仓库是在没有空调的环境下作业的，选用皮带、轴承或其他驱动单元时应予以考虑，虽然仓库是相对干净的环境，但是输送带系统可能必须连接较干净的区域与较恶劣的环境（如废纸箱区）。有些货品基于健康、安全的因素，必须隔离，这些因素也会影响输送系统及储存区域的设计。

所有的货品搬运设备都需要进行不同程度的维护。对于重力式系统，通常只需定期检查，以确保滚轴的转动正常；较复杂的系统，则应由制造商定期提供维护。在初步规划阶段，对于复杂的搬运系统，维护成本必须列入采购预算中，而维护的需求也必须列入系统的选择及评价的考虑因素之中。

新的输送系统，可能会加上一些信息管理系统的功能。控制系统的复杂程度、输送带控制的信息来源及系统信息的功能，都应在设计输送带控制系统时优先考虑。

6.4.4 物流中心信息系统功能规划

在完成作业流程分析及设备规划选用程序后，可依据各项作业的功能特性及物流中心业主对管理策略运用的需求程度，规划物流中心信息系统的功能需求，并建立其功能架构。物流中心主要的信息功能需求一般包括：

1）销售管理功能：以商业活动的相关业务为主，如订单处理、采购议价、市场分析等。

2）仓储保管功能：以仓库运作的相关业务为主，如进销存数据管理、库位管理、库存管理等。

3）输配送功能：以配送运输的调度与分配为主，如拣货计划、配派车辆、路线规划等。

4）信息提供功能：进一步提供汇总分析的管理信息，如绩效管理、决策支持分析、资源计划等。

就现代化的物流中心而言，信息系统的功能已不再只是作业信息的处理层次，而是进一步向绩效管理与决策支持分析的层级发展。因此，在规划物流中心信息管理系统的功能架构时，基本上应包括以下五个单元：

1. 采购进货管理系统

货品入库是物流中心实体物流的起始点，必须自订单发出时便掌握确实的信息。其相关功能应包括：

（1）厂商资料文件维护

它包括供货厂商的基本资料、交易形态（如买断、代理、委托配送等）、交货方式、交货时段等项目。

（2）采购订货数据处理

它以采购作业及预定交货资料为主，包括供货厂商、预定交货日期等基本资料，另外应特别注意交货前置时间、最小订货单位等项目。

（3）进货操作系统

除了基本进货验收与稽核外，还需考虑是否有进一步的管理需求，如制造日期及到货日期的核对、入库标准建议、进货卷标处理等，另外，必须考虑实际进货品类、数量、日期等信息与预定交货信息的差异及调整办法。

（4）采购时间管理系统

必须对采购货品交货时间与预定交货期的准确性进行管理，并适时修正采购前置时间，并加入采购点预警建议功能。

（5）货源与报价管理

它是指对于货品取得货源、替代品及厂商报价等记录进行定期维护管理。

2. 销货出货管理系统

需提供完整、准确的出货相关信息，以供执行处理出货作业程序所需，并对业务人员、产品企划人员、物流经理及客户服务人员等，提供及时的出货信息。其主要系统功能包括：

（1）客户资料文件维护

以配送客户的基本资料维护为主，并配合配送作业所需，建立相关客户信息，如：

1）配送区域分类：基于地理及交通路线特性将客户分类在不同区域。

2）适用配送车辆的类型：基于客户所在地的交通限制，决定适合该客户特点的车辆类型。

3）下货特性：注明客户因建筑环境（如地下室、高楼层）或设施不足可能造成下货不同的需求及难易程度，以利于调派车辆及人员，另外，需考虑是否要配合客户上架及进行现场贴标签作业。

4）收货时段：注明客户有无收货时段的特定要求及限制。

（2）订单数据处理

订单资料在输入后，如何有效率地汇总及分类，是后续拣货及车辆调派成功与否的关键，其中有一些重要因素必须掌握。包括：

1）预定送货日管理：确认客户对于送货时间的要求，并作为订单处理批次分类的依据。

2）订单状态的掌握：订单进入物流中心后，其处理状态将一直随作业流程而变动，需有效掌握订单处理的阶段。一般可将处理状态分为：输入、确认、批次汇总、出货指派、拣货、装载上车、客户签收和完成确认。

3）订单汇总条件：包括单一订单处理，以客户通路特性分批处理，以配送区域或路线分批处理，以流通加工需求分批处理，以车辆需求形态分批处理，再以批量拣货条件分批处理。

（3）出货排序计划

以客户预定送货日为主要依据，并核对库存量，进行库存分配及保留，并需考虑有无紧急出货的插单需求，以及配送资源与车辆等的分配。

（4）拣货指令指派

依出货排序计划安排拣货指令及打印拣货单据（一般为拣货单及出货单）。

（5）车辆配派计划

需配合客户配送路线、客户特性及产品特性，来安排集货与装载上车的顺序及车辆司机的指派。

（6）折扣促销作业

物流中心常因下游零售通路的行销策略而有配合折价促销的活动，因此需特别注意活动时间、促销条件、搭赠赠品、赠品的另行包装及折扣计价等问题。

（7）换货退货作业

需注意退货原因的分类、退货客户的统计、退货的分类处理及再入库等问题。

（8）客户交易咨询服务

可供物流中心管理人员及客户及时查询订单执行状态、交易内容及相关订单信息。

3. 库位管理系统

（1）商品资料文件维护

建立商品基本资料、包装特性、包装规格、储存环境需求特性，以及进货有效周期等信息。

（2）库位管理维护系统

依存储区及库位的配置，记录库位储存内容、储存单位及相对位置等信息，并配合商品品类新增变动进行维护和调整。

通常把货架纵向数称为"排"，每排货架水平方向的货格数称为"列"，每列货架垂直方向的货格数称为"层"。一个货架系统的规模可用"排数×列数×层数",即货格总数来表示。例如:50 排×20 列×5 层,其货格总数为 5 000 个。

在一个货架系统中,某个货格的位置也可以用其所在的排、列、层的序数来表示,称之为货格的位址(location),例如,"03-15-04"即表示第 3 排、第 15 列、第 4 层的位址。用位址作为货格的编号,简单明了。

(3)库存控制系统

一般的系统应进行进、销、存数据处理及所有进出库记录明细的维护。进一步则可考虑进行商品库存的动态管理,包括:

1)在库量:在仓库内的实际货品数量。

2)订单保留量:客户订单输入系统后所预定分配的出货量。

3)在途量:即将交货或由其他仓库调拨的库存量。

4)可用库存量:尚可接受订单的剩余库存量,即在库量与订单保留量的差额。若考虑到交货期因素,可将预定出货日之前的在途量并入计算。

$$可用库存量=在库量-订单保留量+在途量$$

(4)到期日管制系统

它包括对商品进货日期及出货有效周期的管理,商品先进先出作业的管制,以及对已过期或即将到期商品的分析及处理。

(5)盘点操作系统

它包括库存冻结作业、盘点窗口打印、盘点资料输入处理、盘差分析、盘盈盘亏调整及库存解冻作业等。

4. 财务会计系统

(1)人事薪资系统

它包括人事资料的文件维护、薪资统计、薪资单打印、银行计算机转账等项目。

(2)一般会计处理

经由采购进货、销售出货、库存等系统,将相关进出货资料转入此系统,制作会计总账、分类账及各类财务报表,并考虑加入现金管理、支票管理等功能。

(3)应收账款系统

它主要将订单资料配合出货资料转成应收账款系统,并加入已收款项统计、到期日管理、催收管理、客户信用记录分析等功能。

(4)应付账款系统

它主要将采购资料配合进货资料转成应付账款系统,并配合已付款项统计、到期日管理等功能。

(5)物流成本分析系统

在现代化的物流中心中,除一般财务会计系统功能外,尤应加强成本分析,包括:

1)物流作业定量分析。将物流作业量做进一步整理分析,包括入库作业人数、入库量、出库作业人数、出库量等作业信息的收集、分析,以作为成本分析的基础。

2）依据分析项目分类。可依据会计科目类别、作业阶段类别、商品类别及订单类别，进行不同分摊基础下的成本项目分析，以找出不同项目下的物流成本。

3）物流直接费用分析。从财务会计的相关科目中找出与物流量直接相关的费用科目，如输送费、包装费、保管费等，以掌握各阶段的主要物流成本。

（6）物流计费管理系统

它考虑物流成本及市场接受程度，配合物流成本分析系统，快速且准确地提供客户计费账单，主要用于本身不进行商品买卖的第三方物流供应商，包括仓储保管费、配送处理费、运输费用等，并依据客户类别、区域类别、订购量类别、出货单位、紧急出货等不同层级的计费标准，建立适用各类客户需求的计费标准，并做定期更新及维护。

5. 营运绩效管理系统

由各项系统取得分析资料，再配合相关外部信息及参考数据，以找出可供经营管理者参考的管理项目。系统功能可包括：

（1）物流日记维护

定义物流中心内的主要作业区域，收集并管理每一个物流作业区的货物进出量、进出时间、作业人数及每一天的订单完成状态、达标率、错误率等信息。

（2）绩效项目管理

通过各项营运数值分析项目的建立，定期收集各项营运数据，进行各项营运绩效的比较分析，如订单延迟率、退货率、缺货率、拣误率、存货周转率等。

（3）成本差异分析

物流中心在经营管理上除可分析各项作业成本外，亦可根据历史资料配合作业程序的分析，制定物流作业标准成本，再于各项支出费用实际发生后定期进行成本差异分析及检查，以加强对物流成本的控制与管理。

课后案例 　某国际空港物流中心规划方案

案例请参见本教材配套资源。

本案例获得浙江省教育厅高等教育处等单位组织的浙江省第五届高校教师自制多媒体教学课件评比三等奖。

实　训

参观当地的物流中心，根据相关工作人员的介绍，绘制平面布置草图，并说明该物流中心规划的优缺点，就规划中存在的问题提出改进建议。

参 考 文 献

[1] 储雪俭. 现代物流管理教程[M]. 上海：上海三联书店，2003.

[2] 姚城. 物流配送中心规划与运作管理[M]. 广州：广东经济出版社，2004.

[3] 储雪俭. 现代物流基础与实务教程[M]. 上海：上海三联书店，2004.

[4] 徐天芳，江舰. 物流方案策划与设计[M]. 北京：高等教育出版社，2005.

[5] 张理. 现代物流案例分析[M]. 北京：中国水利水电出版社，2005.

[6] 储雪俭. 物流管理基础[M]. 北京：高等教育出版社，2005.

[7] 吴清一. 现代物流概论[M]. 北京：中国物资出版社，2005.

[8] 储雪俭. 物流配送中心与仓储管理[M]. 北京：电子工业出版社，2006.

[9] 杜睿云，蒋侃. 新零售：内涵、发展动因与关键问题[J]. 价格理论与实践，2017（4）：139-141.

[10] 智研咨询. 2017 年中国物流行业发展现状分析及未来发展前景预测[EB/OL]. [2017-4-27]. http://www. chyxx.com/industry/201704/517777.html.

[11] 凤凰网财经. 全国首个商贸物流银行联盟在京成立[EB/OL]. [2018-4-2]. http://finance.ifeng.com/ a/20180402/16055746_0.shtml.

[12] 中储发展股份有限公司. 业务简介[EB/OL]. http://www.cmstd.com.cn/index.php?id=250.

[13] 第一财经. 机器人当主角，京东首度对外揭秘亚洲一号无人仓[EB/OL]. [2018-5-24]. http://baijiahao. baidu.com/s?id=1601352922634069175&wfr=spider&for=pc.

[14] 彭倩. 京东"亚洲一号"仓实现全流程无人，承包江浙沪 90%的手机订单[EB/OL]. [2018-5-24]. https://36kr.com/p/5135494.

[15] 物联云仓. 京东无人仓库在哪？揭秘京东无人仓里的"黑科技"! [EB/OL]. [2018-10-19]. https://www. 50yc.com/information/hangye-cangchu/13577.

[16] 张庆英. 物流案例分析与实践[M]. 3 版. 北京：电子工业出版社，2018.